国家社会科学基金教育学一般课题
"基于供给侧改革的残疾人职业教育支持保障体系构建的实证研究"
(BJA170099)项目成果

残疾人职业教育
供给侧改革的
实证研究

郭文斌◎著

ZHEJIANG UNIVERSITY PRESS
浙江大学出版社
·杭州·

图书在版编目（CIP）数据

残疾人职业教育供给侧改革的实证研究 / 郭文斌著
. 一杭州:浙江大学出版社，2023.9
ISBN 978-7-308-24141-0

Ⅰ.①残… Ⅱ.①郭… Ⅲ.①残疾人－职业教育－教育改革－研究－中国 Ⅳ.①G769.2

中国国家版本馆 CIP 数据核字(2023)第 164144 号

残疾人职业教育供给侧改革的实证研究
CANJIREN ZHIYE JIAOYU GONGJICE GAIGE DE SHIZHENG YANJIU

郭文斌　著

策划编辑	吴伟伟
责任编辑	陈逸行
文字编辑	梅　雪
责任校对	马一萍
封面设计	雷建军
出版发行	浙江大学出版社
	（杭州市天目山路 148 号　邮政编码 310007）
	（网址:http://www.zjupress.com)
排　　版	浙江大千时代文化传媒有限公司
印　　刷	广东虎彩云印刷有限公司绍兴分公司
开　　本	710mm×1000mm　1/16
印　　张	18.75
字　　数	317 千
版 印 次	2023 年 9 月第 1 版　2023 年 9 月第 1 次印刷
书　　号	ISBN 978-7-308-24141-0
定　　价	88.00 元

序

    《特殊教育提升计划（2014—2016年）》要求"经过三年努力，初步建立布局合理、学段衔接、普职融通、医教结合的特殊教育体系"，明确提出要积极开展"非义务教育阶段特殊教育"。从现代社会对个体发展的要求来看，人的一生应该接受学前、小学、初中、高中、大学及以上等不同阶段的教育。每一教育阶段都有自身的任务和价值，对人的成长发挥着独特的作用。因此，《特殊教育提升计划（2014—2016年）》从完善残疾人教育体系，使我国残疾人教育事业符合经济社会发展的角度，适时提出在三个非义务教育阶段积极发展特殊教育的任务。一是要求各级政府"要将残疾儿童学前教育纳入当地学前教育发展规划，列入国家学前教育重大项目。支持普通幼儿园创造条件接收残疾儿童。支持特殊教育学校和有条件的儿童福利机构增设附属幼儿园（学前教育部）"。二是拓展残疾学生的高中阶段教育，"普通高中和中等职业学校要积极招收残疾学生。鼓励特殊教育学校根据需要举办残疾人高中部（班）。扩大残疾人中等职业学校招生规模，紧密结合经济社会发展需求和残疾人特点合理调整专业结构，为残疾学生提供更多选择"。三是发展残疾人的高等教育，"有计划地在高等学校设置特殊教育学院或相关专业，满足残疾人接受高等教育的需求"，高等学校要为残疾人接受成人高等学历教育提供便利。

    近些年，伴随经济社会的发展和政策环境的改善，我国特殊教育发生了一系列巨大变化，逐步从以往的慈善型、福利型转变为保障型、权益型。扩大非义务教育阶段特殊教育办学规模是适应我国特殊教育发展的必然趋势。首先，残疾儿童的学前教育是我国学前教育整体发展中的一个重要组成部分。当前学前教育处在一个前所未有的大发展时期，残疾儿童的学前教育和康复已经纳入国家和地方发展学前教育的行动计划。特殊教育的理论研究和实践证明，对特殊儿童的早期发现、早期干预和早期教育能起到事半功倍的作用，但错过了时机往往事倍功半，甚至是效果甚微。因此，发展学前阶段的特殊教育可以改变我国已入学的学龄残疾儿童多半错过学前康复与教育最佳期的现状。同时，学前特殊教育的开展还将促进特殊教育整体水平的提高。其次，发展非义务教育阶段的高中、大学特殊教育是满足残疾学生日益增长的接受高层次教育需求的必然要求。现在，越来越多的残疾学生希望进入高中和高等院校学习，以适应现代社会对人基本素质的要求。一些经济比较发达的地区已经开始形成从学前教育、义务教育、高中教育、高等教育及继续教育的特殊教育体系。这些都说明了发展非义务教育阶段的特殊教育时机已经成熟。最后，应该看到，义务教育阶段的特殊教育为残疾学生奠定了良好的发展基础，而要实现更高更宽程度的发展，就必须帮助残疾学生继续接受非义务教育阶段的高中和高等特殊教育。所以，高中阶段和高等特殊教育所实施的更高一级文化科学知识教育、生计教育、职业教育，是对义务教育阶段特殊教育成果的巩固，也是为了提高残疾学生生活自理能力、劳动就业能力，真正实现学校教育与劳动就业之间的转衔，使残疾学生成为社会主义事业的建设者和接班人，使其能够用与社会发展相适应的知识和技能服务祖国和人民。因此，发展学前、高中和高等教育这三个非义务教育阶段的特殊教育，进一步体现了我国政府保障和改善民生，推进教育公平的坚强决心，适应了我国社会经济发展和教育发展的需要，有利于落实国家中长期教育改革和发展规划，也更符合当代特殊教育发展的内在规律。

在如何发展非义务教育阶段的特殊教育方面，《特殊教育提升计划（2014—2016年）》强调了三个路径。其一，普通教育机构与特殊教育机构要同时采取行动。《特殊教育提升计划（2014—2016年）》在学前教育、高中教育、高等教育三个阶段首先要求普通幼儿园、普通高中和中等职业学校、普通高校积极招收残疾学生，同时鼓励特殊教育学校增设学前班或附属幼儿园，举办残疾人高中部（班），高校设置特殊教育学院或相关专业。其二，在高中教育阶段，强调要"紧密结合经济社会发展需求和残疾人特点合理调整专业结构，为残疾学生提供更多选择"；在高等教育阶段，要将残疾人接受高等教育与加强其职业培训、提高其就业创业能力结合起来。也就是说，发展高中教育阶段和高等教育阶段的特殊教育时一定不能忽视职业教育，在学校设置和专业设置的比例上应该更多向职业教育方向倾斜。这种政策导向既符合我国社会发展对人才类型、结构的需要,也更符合残疾人融入社会的需要。其三,发展非义务教育阶段特殊教育由政府主导、社会参与。发展非义务教育可以更多地吸引社会力量和民间资本的参与,公立、民办并举,实现加速发展。这样可以给残疾人及其家庭更多的选择,以适应不同层次的需求。

国家也敏锐地意识到了加速发展残疾人非义务教育阶段特殊教育的重要性。教育部等四部门 2018 年发布《关于加快发展残疾人职业教育的若干意见》,明确指出:"加快发展残疾人职业教育,有利于更好满足残疾人受教育的权利,提升残疾人受教育的水平,促进教育公平,推进基本实现教育现代化;有利于帮助残疾人提高就业创业能力,促进残疾人就业和全面发展,更好融入社会,平等享有人生出彩的机会;有利于帮助贫困残疾人脱贫增收,阻断贫困代际传递,加快残疾人小康进程,确保全面小康路上不让一个人掉队。"加快发展残疾人职业教育,加快推进残疾人小康进程。

郭文斌作为我博导生涯中指导的第 23 名博士研究生,也是我的关门弟子,是我认为最努力、最勤奋好学的研究生之一。他 2015 年 8 月调动工作回到陕西师范大学之后,也敏锐地意识到了开展残疾人职业教育的重要性,其于 2017 年作为主持人申报并中标了国家社会科学基金教育学一般课题"基于供给侧改革的残疾人职业教育支持保障体系构建的实证研究"(BJA170099)项目。此后,郭文斌一直致力于残疾人职业教育领域的研究。即将出版的《残疾人职业教育供给侧改革的实证研究》既是郭文斌带领他门下的硕士、博士研究生在深圳元平特殊教育学校、温州市特殊教育学校、宁波市特殊教育学校、玉溪市特殊教育学校等国内 20 余所特殊教育学校展开了持续五年的残疾人职业教育方面相关实践研究的结晶,亦是其团队在学术刊物上发表 20 余篇残疾人职业教育相关论文、撰写的 14 篇学位论文成果的理论凝练。实践出真知。本专著是在郭文斌多年的残疾人职业教育理论探索与实践经验的基础上,总结、提炼和精选而成,所撰写的每部分内容均是理论与实践较好结合的产物,具有较强的学习和借鉴价值。

当郭文斌相关结题成果获得全国教育规划办评审专家的肯定,以良好的成绩结项之际,又适逢国家颁布并实施《残疾人中等职业学校设置标准》,大力提倡和发展残疾人职业教育。郭文斌撰写的这本《残疾人职业教育供给侧改革的实证研究》恰逢其时，是他主动对残疾人职业教育展开研究，并积极进行残疾人职业教育实践尝试的产物，值得庆贺。郭文斌要求我为本书写几句话。是以为序。

华东师范大学终身教授

2022 年 11 月 19 日

前　言

　　我国残疾人职业教育是普通教育与特殊教育体系的重要组成部分,由普通职业教育机构和残疾人职业教育机构组成,普特融合的职业教育是当代残疾人职业教育的发展方向。提高残疾人职业素质和就业创业能力,促进残疾人就业增收,是加快推进残疾人小康进程的重要举措。根据 2017 年通过的《残疾人教育条例》修订案以及《残疾人职业技能提升计划(2016—2020 年)》的部署,残疾人职业教育要牢固树立创新、协调、绿色、开放、共享的发展理念,以促进残疾人就业为宗旨,大力开展面向残疾人的职业技能培训,将残疾人职业技能培训纳入终身职业技能培训制度。

　　根据《残疾人职业技能提升计划(2016—2020 年)》的部署,我国目前初步形成了以"加强组织领导、加大政策落实力度、加强培训监管和评估考核、加强就业服务和权益保障、加强基础能力建设、加强舆论宣传"为核心的残疾人职业技能提升保障措施,推动我国残疾人职业教育支持保障体系不断向层次化、社会化、多元化方向迈进。在全面建设社会主义现代化国家的大背景下,如何实现残疾人就业,缩小残疾群体和健全群体之间的生活水平差距,已成为我国政府当前面临的一项严峻考验。因此,探讨借助供给侧结构性改革的残疾人职业教育创新模式,提升残疾人就业能力,成为近年来国内外关注的新的重要课题。故此,笔者趁着承担国家社会科学基金教育学一般课题"基于供给侧改革的残疾人职业教育支持保障体系构建的实证研究"(BJA170099)之际,走访和调研了全国从事残疾人职业教育较为有名的 10 余所特殊教育学校,有感于我国残疾人职业教育的快速发展以及发展中遇到的困境,故以"残疾人职业教育供给侧结构性改革的实证研究"为研究主题,尝试在对我国残疾人职业教育进行探索性实证研究的基础上,得出一些比较初步的结论。为了将这些结论系统地展示出来,引起国内学界对残疾人职业教育问题的关注和科学审视,笔者便结合调研的结果,撰写了本书。

本书共有九章。

第一章绪论主要包含四部分内容:首先,从政策、社会和残疾人三个方面阐述了本书选题的由来;其次,对供给侧结构性改革、残疾人职业教育、支持保障体系等核心概念进行界定,为研究的内涵提供理论分析方向;再次,分别对国内外教育、职业教育和残疾人职业教育支持保障体系研究成果进行梳理,为本书提供文献支持;最后,基于上述结果明确本书的视角、思路及方法。

第二章理论基础主要从社会支持理论、供给侧结构性改革理论、社会参与理论和优势视角理论出发,在论述残疾人职业教育供给侧结构性改革的合理性和迫切性的基础上,进行残疾人职业教育供给侧结构性改革的理论建构,为后续研究提供先期的理论支持。

第三章主要包含三个方面的内容,即残疾人职业教育供给侧结构性改革的内涵、特征及实施路径。内涵部分首先从时代需求、现实需求、内在要求三个方面陈述了残疾人职业教育供给侧结构性改革的必要性;其次对供给侧内涵、职业教育供给侧结构性改革内涵以及残疾人职业教育供给侧结构性改革的内涵进行了阐述;最后总结残疾人职业教育供给侧结构性改革的意义。特征部分主要阐述了残疾人职业教育供给侧结构性改革的适应性、平衡性和整合性三个方面的内容。实施路径部分主要从制度供给、供给目标、供给内容、供给方式、供给队伍、供给保障六个方面对残疾人职业教育供给侧结构性改革的可行路径展开了相应探寻。

第四章主要选取湖南省、浙江省、山东省、江苏省的5所特殊教育学校作为研究对象,从人职匹配视域下残疾人职业教育培养目标的个体发展目标、职业需求目标和人职匹配的教育目标三部分入手,分析残疾人职业教育培养目标的特点,以探究残疾人职业教育高质量供给的成效。

第五章主要选取浙江省、江苏省、山东省的4所特殊教育学校作为研究对象,基于岗位胜任力优化残疾人职业教育课程的目的,立足职业教育课程体系结构的通识基础性、专业特色及专业拓展性特点展开调查研究,以期从基础课程、特色课程和拓展课程三方面为残疾人职业教育课程体系优化提供对策建议。

第六章主要以W校、Y校、Z校、Q校、C校等5所在残疾职业教育方面发展较好的特殊教育学校为研究对象,对残疾人职业教育在供给方式方面的改革情况进行调查研究,以更好地为通过残疾人职业教育供给侧结构性改革,提升残疾人职业教育的质量提出对策建议。

第七章主要以我国残疾人职业教育师资发展具有特色的中、东部地区的6所特殊教育学校为研究对象,对残疾人职业教育在卓越师资队伍建设方面的改革情况进行调查研究,以更好地为通过卓越师资队伍构建提升残疾人职业教育质量提出对策和建议。

第八章主要以浙江省、江苏省、湖南省的4所特殊教育学校作为研究对象,从外部保障体系和内部保障体系出发探讨残疾人职业教育质量保障体系构建,以期为残疾人职业教育人才供给质量保障成效提供对策和建议。

第九章主要对本书第四章到第八章的实证研究进行重点的归纳和总结。首先,重点探讨了供给质量(学校培养目标、市场需求)、供给内容(学生岗位胜任力、学校课程设置)、供给方式(家校企合作、教学信息化情况)、供给队伍(师资规模、专业化水平)、供给保障(内外部保障机制)等维度对残疾人职业教育质量的影响。其次,在综合分析支持性政策、多元化就业格局、职业教育现代化、家校社协同育人机制四个方面的供给侧结构性改革举措对提升残疾人职业教育质量的作用的基础上,提出了通过完善供给侧结构性改革构建残疾人职业教育支持保障体系的对策。最后,总结了本书研究中的创新及不足之处。

本书的写作不仅得到了我的博士研究生潘中多同学,硕士研究生张梁、张晨琛、尤兴琴、王芬萍、杨艳、刘邦丽、温德艳、苏蒙、聂文华、洪刘生、滑远、何溪、武伟、张倩、汪锐、邓靓玥、李芷丹、吕芮、袁丹阳、王心靓、林凌俐、李雪梅、李群群等同学的大力支持,而且得到了温州市特殊教育学校校长李科、副校长胡乐,深圳元平特殊教育学校校长曹艳,宁波市特殊教育学校校长李建峰、副校长柴林,青岛市中心聋校校长刘本部,长沙市特殊教育学校校长王磊、副校长杨军,玉溪市特殊教育学校校长张国强,齐齐哈尔市培智学校校长蒋宗会,浙江特殊职业教育学院校长许保生,哈尔滨市特殊教育学校校长丁丽辉,南京市秦淮特殊教育学校校长张慧,南京市鼓楼区特殊教育学校校长赵艳霞,西安市启智学校校长李唯宇,眉县特殊教育学校校长张占平,仁怀市特殊教育学校校长罗伟、校长杨明江,厦门市特殊教育学校校长陈莎茵,浏阳市特殊教育学校校长张素平,杭州市杨绫子学校书记俞林亚,上海市长宁区特教中心主任夏峰,成都市成华区特殊教育学校校长刘小龙,北京市朝阳区安华学校校长龙建友,伊宁市特殊教育学校校长陈双霖等校领导和师生员工的鼎力支持。书稿写作完成后,我的博士生导师——华东师范大学教授方俊明,阅读并就书中的部分内容提出了中肯的修改及完善建议。陕西师范大学教育学部的领导和同事对本书的写作予以了最大限度的支持。伊犁师范大学教育科学学院的领导和同事对本书的写作予以了大力支持。浙江大学出版社的吴伟伟老师和梅雪编辑为本书的出版做了大量工作,没有她们的鼎力支持,本书恐怕难以与读者见面。我的爱人陈秋珠女士和女儿郭玮琪,以及父母、亲友背后给予我的最坚定的支持,成为我不断前行和完成本书的无限动力。在此,我对为本书写作提供帮助的老师、领导、朋友、学生及家人表示衷心的感谢!

本书内容参阅了大量国内外相关研究资料。书中观点仅代表作者观点,由于个人水平有限,书中内容难免存在错误和疏漏之处,敬请各位读者批评指正。

郭文斌

2022 年 6 月 23 日于长安静心斋

目　录

第一章　绪　论

　　职业教育供给侧结构性改革是为了满足现代化社会需求应运而生的一种发展趋势,其作为平衡供需结构的突破口,是保障供给质量的重要前提,以此推进职业教育高质量发展并获得良好效益。随着社会经济结构的不断变化,国家对职业教育的重视程度日益提高,残疾人职业教育的帮扶工作水平也逐渐提高。残疾人职业教育供给侧绪论部分主要通过四个部分进行重点阐述。首先,阐述了本书选题的由来;其次,对核心概念进行界定,为研究的内涵提供理论分析方向;再次,分别对已有研究成果进行梳理,为本书提供文献支持;最后,基于上述结果明确本书的视角、思路及方法。

第一节　问题的由来

　　我国残疾人职业教育由普通职业教育和残疾人职业教育构成,是普通教育与特殊教育体系的重要组成部分,在全面建设社会主义现代化国家的大背景下,实现残疾人就业,缩小残疾群体和健全群体之间的生活水平差距,提高残疾人职业素质和就业创业能力,促进残疾人就业增收,已然成为当下政府、社会发展和残疾人切身利益的现实诉求。

一、政策对残疾人职业教育供给侧结构性改革的积极倡导

　　我国残疾人职业教育旨在以教育为途径帮助残疾人获得就业和创业能力,从而促进残疾人个体生活适应和社会融合的发展。伴随着残疾人数量的增加,为追求供需之间在要素结构上的平衡,国家对残疾人职业教育的供给侧支持保障体系构建提出了一系列明确要求。2010 年是国家残疾人职业教

育支持服务体系向高质量发展的转折点,国务院印发的《国家中长期教育改革和发展规划纲要(2010—2020年)》指出,要"大力推进残疾人职业教育"①。该文件为今后残疾人职业教育高质量发展提供了顶层设计理念和思路。为推动残疾人职业教育快速发展、保障残疾人享有平等的受教育权利,2014年,国务院办公厅转发教育部等部门发布的《特殊教育提升计划(2014—2016年)》,不仅提出了"全面推进全纳教育"②,而且倡导拓展残疾人职业教育的落实形式。2017年,《第二期特殊教育提升计划(2017—2020年)》进一步明确,要加强残疾人职业教育课程资源建设,鼓励有条件的高等学校加强职业教育的特教师资培养,支持各种职业教育培训机构加强残疾人职业技能培训③,可见残疾人职业教育体系在我国正不断得到优化和完善。为优化残疾人职业教育体系、提升残疾人生活水平和质量、全面落实"精准扶贫"政策,2018年,《关于加快发展残疾人职业教育的若干意见》在受教育机会、办学条件、发展质量、就业创业等方面为残疾人职业教育发展做了详细部署④。受教育机会主要涉及残疾人职业教育的专业设置、招收规模、办学模式;办学条件主要包括残疾人职业教育的资金投入、环境改造、资助保障等方面;发展质量包括残疾人职业教育的教学理念、教材、师资保障、教师待遇等;就业创业则主要强调丰富残疾人职业技能培训内容和拓展培训渠道。2021年,国务院发布的《"十四五"残疾人保障和发展规划》指出,要"深化残疾人服务供给侧改革,强化残疾人事业人才培养、科技应用、信息化、智能化等基础保障条件"⑤,拓展

① 国家中长期教育改革和发展规划纲要(2010—2020年)[EB/OL].(2010-07-29)[2022-03-02]. http://www.gov.cn/jrzg/2010-07/29/content_1667143.htm.

② 国务院办公厅关于转发教育部等部门特殊教育提升计划(2014—2016年)的通知[EB/OL].(2014-01-08)[2022-03-02]. http://www.gov.cn/xxgk/pub/govpublic/mrlm/201401/t20140118_66612.html.

③ 七部门关于印发《第二期特殊教育提升计划(2017—2020年)》的通知[EB/OL].(2017-07-28)[2022-03-02]. http://www.gov.cn/xinwen/2017-07/28/content_5214071.htm.

④ 教育部等四部门印发意见加快发展残疾人职业教育[EB/OL].(2018-07-19)[2022-03-02]. http://www.moe.gov.cn/jyb_xwfb/s5147/201807/t20180719_343431.html.

⑤ 国务院关于印发"十四五"残疾人保障和发展规划的通知[EB/OL].(2021-07-21)[2022-03-02]. http://www.gov.cn/zhengce/content/2021－07/21/content_5626391.htm.

了残疾人职业教育发展新格局,从完善残疾人社会保障制度、帮扶城乡残疾人就业创业、健全残疾人关爱服务体系和保障残疾人教育平等权利四大方面对残疾人事业高质量发展提出了指导意见。经过两期特殊教育提升计划实践,我国残疾人教育事业的办学条件、师资队伍建设、设施设备资源等方面取得了长足发展,然而残疾人教育事业,尤其是残疾人职业教育仍然存在诸多短板与不足。为进一步推进残疾人职业教育的长效发展,2021年底,教育部发布《"十四五"特殊教育发展提升行动计划》强调指出,加强职业教育与特殊教育进一步深度融合,推动特殊教育学校和普通学校结对帮扶共建、集团化融合办学,特校和职业学校应根据学生学习特点和市场需求开设相关专业,探索开展面向残疾学生的"学历证书＋若干职业技能等级证书"制度试点,将证书培训内容有机融入专业培养方案[①]。从三期特殊教育提升计划的特点可以看出,残疾人职业教育由之前的形式化建设到条件性发展再到融合式推进,伴随着社会结构的变革不断受到重视。在一系列国家教育规划文件部署下,残疾人职业教育支持保障体系呈现出由理念设计到需求保障再到供给侧结构性改革的发展趋势。可见,基于供给侧端的支持保障体系建设是当下我国残疾人职业教育发展的热点话题。

二、社会发展对残疾人职业教育建设的现实需求

随着信息化时代的到来,数字技术成为社会发展中的重要角色,其信息化资源、信息化技术、信息化工艺等要素系统改变了传统经济体和劳动力市场运行机制,社会发展的工作模式发生转变,企业岗位对工人技术技能的要求变高。近年来,在政府及社会各界的关心和支持下,残疾人职业教育在办学规模、专业设置、办学条件、师资队伍等方面积累了一定的经验。在数字技术主导的新型经济社会发展格局下,社会岗位对数字技能型人才的需求数量不断增加,对人才培养要求更加苛刻,然而供给侧端难以满足需求侧端人才质量标准要求,成为当下我国残疾人职业教育发展的现实困境,其具体表现为以下五个方面:一是开展残疾人职业教育的学校较少。当前,开展残疾人职业教育的学校主要集中在我国经济发达的东部地区,经济发展较为薄弱的

---

① 国务院办公厅关于转发教育部等部门"十四五"特殊教育发展提升行动计划的通知[EB/OL].(2022-01-25)[2022-03-02].http://www.gov.cn/zhengce/content/2022-01/25/content_5670341.htm.

中西部地区开展残疾人职业教育的学校数量较少,我国残疾人职业教育学校呈现出数量不足且东西部分布不均衡的样态。根据《平等、参与、共享:新中国残疾人权益保障 70 年》白皮书,2018 年,全国共有残疾人中等职业学校(班)133 个,在校生 19475 人,而全国有 8500 万残疾人①。这一数据对比说明,残疾人职业教育学校在数量上难以满足残疾人职业教育的现实需求,供需矛盾较为突出。二是残疾人职业教育"双师型"教师匮乏。残疾人职业教育离不开合格的师资,从事残疾人职业教育的教师不仅需要掌握职业教育的理论知识,还需要具备丰富的实践经验和技能,然而现有开展残疾人职业教育的学校不仅在教师数量方面难以满足现实的课程需求,而且"双师型"教师数量更是缺口巨大。2019 年,全国教育事业发展统计公报显示,特殊教育学校共有专任教师 6.24 万人。李尚卫和沈有禄研究发现,参与职业教育的教师多由其他任课教师担任,大部分残疾人职业教育教师虽然具有教师资格证书,却缺乏职业资格证书②,具体表现为开展残疾人职业教育的特殊教育学校,其从事职业教育的专任教师不仅数量不足,而且专业素质不高。三是残疾人职业教育发展存在盲目性,造成断层或脱节现象。许保生认为,我国虽然颁布了一系列政策支持残疾人职业教育发展,但在顶层设计层面对残疾人职业教育实施缺乏明确的法律规定,如残疾人职业教育教学、课程设置、评价、监督等相关制度不明确,致使残疾人职业教育的专业和人才培养设计较为模糊③,缺乏实际的培养目标,校际的同一残疾人职业教育专业的教学计划和课程标准不统一,不仅制约了残疾人职业教育的高质量发展,而且不利于残疾人中等职业教育和高等职业教育之间的衔接。四是我国残疾人职业教育关注对象不够全面。我国残疾人职业教育长期以来受评价导向中的社会效益最大化诉求影响,资本优先投入对与健全者智力程度较为接近的听觉障碍、视觉障碍、语言障碍及肢体障碍等群体的职业教育,在较少的人、财、物、

---

① 中华人民共和国国务院新闻办公室.《平等、参与、共享:新中国残疾人权益保障 70 年》白皮书(全文)[EB/OL].(2019-07-25)[2023-07-20]. http://www.scio.gov.cn/ztk/dtzt/39912/41159/41161/Document/1660582/1660582.htm.

② 李尚卫,沈有禄.我国特殊职业教育发展战略:回顾与展望[J].中国职业技术教育,2019(16):37-43.

③ 许保生.论残疾人职业教育的现状及发展对策[J].浙江师范大学学报(社会科学版),2012(6):95-99.

时、空、信息、技术等资源投入下,对这类群体的职业教育较容易在短期内取得较为显著的社会效益。而对与健全者智力程度差距较大的智力障碍、孤独症、多重障碍等群体,社会资本较少介入,因为此类群体较前者而言需要大量的资源投入,但是所获得的社会收益远不如前者。残疾人职业教育由于供给端得不到有效保障,其供给资源优先供给智力与健全者较为接近的对象,对智力与健全者差距较大的对象关注不够,导致智力障碍、孤独症、多重障碍等残疾人的诉求得不到相应的满足,严重制约了我国残疾人职业教育的多元化发展路径。五是我国残疾人职业教育企业参与度低。在市场经济条件下,企业主要以盈利最大化作为其首要目标,而参与职业教育、配置教育资源也取决于市场和企业自身需求,残疾人职业教育相较于健全者职业教育的高价成本使企业对参与残疾人职业教育往往持怠慢态度。朱颂梅提到,仅仅依靠政府单向的外在力量不足以推动企业积极配合残疾人职业教育[1],未来残疾人职业教育供给侧结构性改革需要重点考量如何通过政策和社会效益驱动企业积极参与残疾人职业教育,加强残疾人职业教育的校企合作力量。

三、源于残疾人切身利益的多样化诉求

职业教育是通过知识和技能专业化培训,为企业生产和社会发展输送人才的过程,即就业准备教育。残疾人作为社会中的弱势群体,加强残疾人职业教育支持服务体系建设是促使残疾人融入社会的必要途径。首先,从教育的社会功能而言,王嘉毅、封清云和张金指出,职业教育是实现精准脱贫、提升人生价值、摆脱代际贫困的有效方式[2]。《世界健康调查》表明,残疾群体和健全群体的就业率在性别层面存在显著性差异,残疾群体男、女就业率分别为53%、20%,健全群体男、女就业率分别为65%、30%,残疾群体就业率明显低于健全群体。相较于健全群体,残疾群体就业难更容易导致贫困。残疾人职业教育是实现残疾人由学校生活快速融入社会生活的立交桥,紧跟时代脉络,以其对未来就业的前瞻性特点,满足残疾人自身特点和社会就业需求,呈现出"职业能力调查—职业训练—就业指导"的有效监控机制,体现出生计教育理念,有助于残疾人养成技能,适应岗位工作,解决生计问题。因而,残疾

① 朱颂梅.社会福利视角下职业教育公共产品供给路径探析——以残疾人职业教育为例[J].教育发展研究,2015(23):14-19.
② 王嘉毅,封清云,张金.教育与精准扶贫精准脱贫[J].教育研究,2016(7):12-21.

人通过职业教育获得职业知识和技能,既有助于提升其就业机会,又有助于其有效融入当下社会环境,实现残疾人的社会价值,借此消除残疾人就业障碍,助其享有平等的社会权利。其次,从教育的文化功能而言,职业教育可以改变残疾人的认知偏差,使其思想观念发生转变,打破传统有关残疾人即无用人的社会偏见,使其获得更多的社会尊重和理解,提高残疾人的社会资本,扩大其社会交往范围,以实现残疾人平等融入社会的理想状态,从而有助于传播良好的残疾人职业教育思想文化,推动社会和谐发展。再次,从教育的经济功能而言,职业教育通过人力资本的输出为有关部门提供相应的人才,补齐了岗位缺口,既帮助企业获得了经济效益,又对残疾人自身生存和发展具有一定帮助。刁春好研究发现,虽然我国当下初步形成了以加强组织领导、加大政策落实力度、加强培训监管和评估考核、加强就业服务和权益保障、加强基础能力建设、加强舆论宣传为主的残疾人职业技能提升保障措施,但是受残疾人自身条件的限制,加之传统残疾人职业教育课程理论性太强,个性化方案不佳,无法实现残疾学生职业能力与职业需求间的"人职匹配"①,致使残疾人接受职业教育后就业率偏低,导致大众质疑残疾人职业教育效果。如何破解大众从社会消极视角看待残疾人,扭转大众关于残疾人是社会中的弱势乃至无用群体的观念,通过职业教育在一定程度上消除残疾人在生活中遇到的困难和障碍,促进残疾人与现代化社会的联结,成为未来加强残疾人职业教育供给侧结构性改革的重要考量。

四、基于研究者个体兴趣

我国残疾人职业教育发展始于 20 世纪 90 年代,受国家政治、经济、文化等方面的影响,残疾人职业教育逐渐受到重视,并不断发展。首先,笔者致力于残疾人职业教育研究数十载,在此领域积累了一定的相关经验,并一直对此领域保持浓厚的研究兴趣。在长期的科研探索和实践中,笔者发现,我国残疾人职业教育经过一系列改革,在政策的引导下,虽然在学校设施建设、专业设置、教学实践、信息化环境、学生就业等方面取得了一定的成效,但是,国内大多数残疾人职业教育倾向于从残疾人需求视角出发,从需求端谋求残疾人职业教育高质量建设,由此模式培养出来的残疾人难以满足当下社会对工

---

① 刁春好.残疾人高等职业教育课程开发探索[J].教育与职业,2013(14):130-131.

作岗位提出的技能需求,无法胜任就业岗位。如何从供给端改革残疾人职业教育,避免现有残疾人职业教育重理论轻实践、重需求轻供给,重学校轻校企合作的现状,笔者进行了较为深入的思考,积极寻求上述问题的破解之法。其次,笔者在已有人脉的基础上,获得了多家单位管理者和职教教师的大力支持,走访了全国多地的多所特殊教育学校,深入其内部教学实践,了解到了国内特殊教育学校职业教育的一手资料。当下,我国残疾人职业教育获得了可喜的成效,具体表现为:残疾人职业教育学校政策意识较强,以本校特点和需求为出发点初步形成了各自的办学特色,职业教育的课程与教学不断优化和完善,有清晰的人才培养目标,个别学校构建了企业、学校、家长的联动机制。但是,因为区域经济发展差异、经费投入不同,师资队伍在数量和专业化水平上存在较大差异,其弊端也较为突出:现有残疾人职业教育缺乏供给侧端的支持保障体系构建,各地残疾人职业教育规划各自为政,系统考量、顶层设计和支撑力度不足。最后,信息化时代,信息传播媒介存在泛在化、开放化和多元化特点,正如朱德全和徐小容所提到,信息的输出、传播和交换由单维向多维发展,容易出现消息不对等问题[①]。残疾人作为职业教育需求侧一方,希望获得有效且准确的信息以满足其切身利益的多样化诉求,这对残疾人职业教育信息化建设提出了更高的要求。为回应此问题,需要对旧有的残疾人职业教育信息化模式进行革新,防止信息输入、传播和输出的割裂化,避免供需间的信息闭塞,这些是当下残疾人职业教育供给侧结构性改革需要考量的重点问题。笔者在国内多所残疾人职业教育学校实际调研时发现,大多数从事残疾人职业教育的学校,虽然强化了信息化硬件建设,完善了信息化平台、设备、教室、数据库等要素的建设,但是忽视了信息技术的功能性和实用性,对需求侧主体残疾学生的实际职业需要信息化内容建设较为薄弱。加强残疾人职业教育信息化内容的职业针对性,紧密结合企业岗位与职业教育内容的实际契合,基于残疾人就业提供导向构建信息平台,是从信息化视角为残疾人就业提供补偿性效益的有益尝试。综上所述,本书的研究是基于研究者个人兴趣、科研经验和实践考量而开展的,旨在构建供给侧视角下的残疾人职业教育支持保障体系,验证其对实验学校产生的实际效果,提出优化对策,

---

① 朱德全,徐小容.职业教育供给侧改革与信息化推进逻辑:共建・共享・共赢[J].电化教育研究,2018(4):115-121.

期望为未来残疾人职业教育事业贡献自己的微薄力量。

第二节 核心概念界定

本节主要围绕供给侧结构性改革、残疾人职业教育、支持保障体系三个核心概念展开。

一、供给侧结构性改革

供给侧结构性改革最早源于西方供给派提出的经济学理论,我国学者贾康等人将其解释为等量创造劳动价值满足市场需求,发挥潜在作用提高生产率和维持市场运行的结构性革新[①]。供给侧结构性改革的目的是政府通过改革起到调节管控作用,从而减少无效与低端供给,加强高效与高端供给,实现供给方与需求方的良性适应。早期供给侧结构性改革的内涵解释较为笼统,经过多次演化,供给侧结构性改革内涵描述更加具体,逐渐聚焦于旨在打破原有的垄断体系,提升资本活力,建构新型制度体系,创新社会样貌,促使资本形态在内外部环境作用下向纵深发展,其内容主要围绕制度层面、机制层面和技术层面展开。制度层面指打破商业垄断,消除中等收入障碍,建立金融、产业和财政等制度体系,提升民间资本活力;机制层面指在制度改革的基础上,保障社保和收入水平,扩大人力资本;技术层面指通过结构性改革促使社会业态创新发展。伴随着国家经济转型,供给侧这一理念逐渐成为我国经济学领域的泛在内容,一种观点从生产要素的角度出发,孙亮和石建勋认为,供给侧结构性改革是从供给端、生产端入手,通过解放生产力,提升竞争力促进经济发展[②];同时,李稻葵建议,供给侧结构性改革应该关注要素效率、成本和投资,以提高生产供给能力,降低交易成本,提升投资者回报概率,使企业最大限度获利[③]。另一种观点从结构性失衡问题出发,厉以宁认为,供给侧结

---

① 贾康,徐林,李万寿,等.新供给经济学理论基础的比较与分析[J].现代产业经济,2013(5):8-14.

② 孙亮,石建勋.中国供给侧改革的相关理论探析[J].新疆师范大学学报(哲学社会科学版),2016(3):75-82.

③ 李稻葵."十三五"时期需要什么样的供给侧改革[N].人民政协报,2015-12-08(5).

构性改革是有针对性地解决多个矛盾交织叠加形成的结构性问题,包括部门结构调整、区域经济结构调整、技术结构调整等①。供给侧结构性改革既属于经济领域范畴,又属于社会领域范畴。职业教育作为连接经济领域和社会领域的有效对接口,以供给侧结构性改革优化职业教育发展具有其必要性。郭福春和王玉龙指出,职业教育供给侧结构性改革是以自身实际为出发点,配合产业需求,解决"产业发展需要培养什么样的人"和"如何培养产业需要的人"两个核心问题。职业教育供给侧结构性改革主要涉及政策、质量、结构和规模四个方面②,政策指政府通过职业教育政策体系引导职业教育建设;质量包括经济投入、师资队伍、实习实训基地等资源质量;结构包括办学主体和办学条件两方面;规模包括学校数量、校均规模、师生比例等要素。针对职业教育供给和社会需求错位现象,张建平强调,需要从政策导向调整供给结构、市场配置拓宽供给渠道、技能需求优化供给内容、目标创新构建多元治理格局四个维度深化职业教育供给侧结构性改革③。本书研究中的供给侧结构性改革主要针对残疾人职业教育领域供需关系结构性失衡问题,以政策为导向,发挥制度供给保障作用;依据人职匹配供给目标,保障人才精准化供给;根据岗位胜任力完善供给内容;结合信息化技术丰富供给方式;聚焦卓越师资队伍建设,构建可持续化的人员供给结构;基于商业链端需求构筑内外保障机制,提升人才供给质量。

二、残疾人职业教育

《国际教育词典》认为,职业教育包括校内外的各类以提升职业技能为目的的各类活动。我国学者卢洁莹从广义上解释职业教育,即职业技术教育与培训包括初等、中等和高等职业教育④。周洪宇通过对中国近代职业教育的梳理发现,20世纪初职业教育在我国开始出现,职业教育在发展过程中其称谓不断发生变化,比如实业教育、职业技术教育,但其职业技术教育与培训的

---

① 厉以宁.论从供给方面发力[N].北京日报,2015-12-07(17).

② 郭福春,王玉龙.规模、结构、质量、政策:高等职业教育供给侧结构性改革的四重维度分析[J].黑龙江高教研究,2019(3):39-43.

③ 张建平.供给侧结构性改革背景下高职教育高质量发展研究[J].职业技术教育,2019(31):18-24.

④ 卢洁莹.职业教育概念界定[J].教育与职业,2009(2):5-7.

内涵一直未变①。2022 年修订的《中华人民共和国职业教育法》(以下简称《职业教育法》)对职业教育的定义为"为了培养高素质技术技能人才,使受教育者具备从事某种职业或者实现职业发展所需要的职业道德、科学文化与专业知识、技术技能等职业综合素质和行动能力而实施的教育,包括职业学校教育和职业培训"。学界对职业教育的界定有广义和狭义之分。刘春生和徐长发对此认为,广义职业教育指所有涉及培养人们的职业知识、技能、态度,使人们快速适应职业岗位的教育活动;狭义职业教育指学校职业教育,即学生通过一系列有目的、有计划、有组织的教育活动而获得职业知识、技能和态度,从而为学生的职业生涯做准备②。陈云英认为,残疾人职业教育是根据学生特点和适应职业需求而实施的职业和技术教育③,具有特殊教育和职业教育的双重属性。残疾人职业教育与普通职业教育的区别主要体现在教育对象、教育内容和教学方法三方面。就教育对象而言,普通职业教育主要面向健全人群,残疾人职业教育主要面向身心障碍人群;就教育内容而言,普通职业教育主要包含普通职业知识和技能,残疾人职业教育的内容较为复杂,除教授职业知识和技能外,还包含医疗康复和社会适应等内容;就教学方法而言,普通职业教育多采取集体学习和大班教学,残疾人职业教育多采用个别化教学和小班教学。本书将职业教育界定在中职和高职两个阶段,认为残疾人职业教育是残疾学生通过特殊教育学校系统的职业教育教学活动,掌握职业知识和技能,获得正确的职业态度,克服残疾缺陷并适应社会,为未来就业做准备的过程。

三、支持保障体系

欧盟特殊教育与全纳教育发展署提出的"输入—过程—结果"系统模型成为保障特殊教育质量的重要实施标准。基里佐普卢(Kyriazopoulou)对三个环节进行了阐释,输入环节指通过投入丰富的资源为残疾学生提供高质量服务,包括政策、资金、专业人员、课程等资源;过程环节指为保障顺利获取前期各种资源而采取的系列措施,包括资源配置、学校融合环境建设、社会包容性营造、教师科学指导等;结果环节指在前两个环节的基础上达到的预期效

---

① 周洪宇.谁在近代中国最早使用"职业教育"一词[J].教育与职业,1990(9):47.
② 刘春生,徐长发.职业教育学[M].北京:教育科学出版社,2006:28.
③ 陈云英.中国特殊教育学基础[M].北京:教育科学出版社,2004:320.

益,如学生的就业保障、个人能力发展、教育活动参与度等①。受该模型的影响,李欢、王苗苗和孟万金从国家、学校和学生视角出发,构建各自宏观、中观、微观层次的教育支持保障体系,最终形成由政府支持、学校支持、家庭支持、社区支持、技术支持、自我支持以及其他支持七大系统构成的完整的生态支持保障系统②。方俊明认为,残疾人职业教育支持保障体系主要涉及政策法规、特教师资与专业支持、信息资源保障、社会支持、实习实训基地建设五个方面③。政策法规是保障残障学生享有教育权益的根本保证,通过法治建设满足特殊教育现实需要,促进特殊教育现代化发展;特教师资与专业支持主要指由于特殊教育学科间的交叉性和复杂性,其体系建设需要更加专业化的支持和高水平的师资队伍,要求专业人员了解教育与康复的关系、能够为残疾学生进行科学评估、提供教育安置与转衔服务、培养学科专业人才等,师资队伍建设既要注重量的需求又要关注质的提升;信息资源保障指相关部门建立起系统化、多功能的组织系统,使实体与虚拟信息化需求得到更新与普及,进而改善学校信息化条件、优化资源服务体系、提升教师信息化意识和能力,创造信息化教学环境;社会支持指特殊教育发展需要社会各界协力支持,形成商业链,共同推动职业教育体系良好运行;实习实训基地建设是中职和高职残障生的教育教学实训场所,是培养学生技能和检验人才质量的关键,主要以校企合作为主要措施,为人才精准匹配创造条件。本书研究残疾人职业教育支持保障体系旨在加强商业链与教育链的融合,通过政府、家庭、企业、学校、商业链支持保障体系,对职业教育制度供给、供给质量、供给内容、供给方式、供给队伍、供给保障产生实际影响。基于以上分析发现,残疾人职业教育支持保障体系由"输入—过程—结果"系统模型到宏观、中观、微观的教育支持保障体系发展而来,具体内容见图1-1。

---

① Kyriazopoulou M,Weber H. Development of a Set of Indicators—For Inclusive Education in Europe[R]. Odense:European Agency for Development in Special Needs Education,2019:15-59.

② 李欢,王苗苗,孟万金.试论学前特殊儿童生态化支持保障体系的建构[J].中国特殊教育,2013(4):7-10.

③ 方俊明.构建与完善现代特殊教育的三个体系[J].当代教师教育,2017(4):6-11.

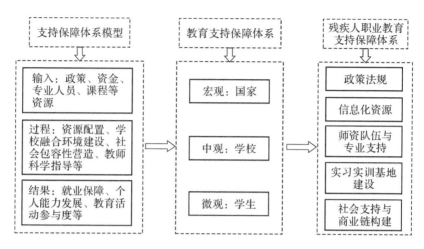

图 1-1　残疾人职业教育支持保障体系模型

由图 1-1 可以看出,残疾人职业教育支持保障体系模型主要由输入、过程、结果构成,其中的教育支持保障体系主要体现为宏观的国家层面、中观的学校层面和微观的学生层面,具体支持保障体系包含政策法规、信息化资源、师资队伍与专业支持、实习实训基地建设、社会支持与商业链构建五个方面。

第三节　文献综述

支持保障体系是实现支持内容、支持方式和支持资源等协作,推进高质量服务的强有力保证。本节主要对国内外在教育支持保障体系、职业教育支持保障体系和残疾人职业教育支持保障体系三个方面的研究进行了梳理和归纳。

一、教育支持保障体系

教育支持保障体系是基于教育质量保障活动和教育质量保障机构的系统化机制,对教育质量起到保障功能。本部分对国内外教育支持保障体系的相关研究予以总结。

(一)国内研究现状

百年大计,教育为本。新时代国家各项事业取得快速发展,教育事业也迎来新的发展机遇。为消除教育发展过程中的体制性和结构性障碍,推进教育的创新性发展,《国家中长期教育改革和发展规划纲要(2010—2020年)》就近期、中期和远期健全教育支持保障体系做出了系列规划。在国家相关政策引领和研究者的研究推动下,我国教育支持体系建设呈现出系统化和多样化的样态。

第一,我国教育整体上形成了教育目标、教育教学模式、教育供给和教育治理的协同发展体系。在教育目标方面,以立德树人为根本任务,明确了人才培养目标,包括思想政治课程、家校协同育人、五育并举三种实现路径;在教育教学模式方面,陈丽、逯行和郑勤华认为,互联网技术成为生活和学习中不可或缺的资源,它的出现转变了知识传播形式,亦改变了学习和教学规律[1],然而,人的身心发展规律不可以改变,所以教育教学模式要以人的发展规律为出发点,在遵循人的身心发展规律基础上,科学化、系统化、精细化地设计教学和组织活动;在教育供给方面,支持个性化终身学习的教育供给侧结构性改革,主要体现在职业教育、高等教育、师资队伍、教育资源、教育评价等方面,高质量教育供给服务不仅要清楚供给方和需求方主体间的权责与关系,而且要追求供需双方之间的动态平衡,充分考虑服务质量、投入、产出、规模等要素效益;在教育治理方面,张培和夏海鹰主张,应秉持公益性原则,将教育公平和均衡发展作为首要目标,支持保障以政策文件强调的统筹协调、标准规范、支撑能力、经费保障和监督评价等五大措施为依据,应面向现代化,建立多层级、全方位现代化治理格局,推动由"政府引领、权威压制"到"数据助推、多元协同"的新型管理决策[2]。

第二,深入产教融合,促进教育链与产业链的有机衔接。产教融合实质是两个异质的社会系统发生交互赋能的过程,高等教育阶段对产教融合的诉求较为强烈,期望通过教育与产业的一体化建设推动人才高质量培养。从二者的社会职能来看,高等教育具有人才培养、学术研究和社会服务等职能,即将知识外化为多种形式,企业则是将物质、知识和经济等资源进行整合并赋予经济价值。就其运行模式而言,谢笑珍认为,高等教育是知识演化的加工

---

① 陈丽,逯行,郑勤华."互联网+教育"的知识观:知识回归与知识进化[J].中国远程教育,2019(7):10-18,92.

② 张培,夏海鹰.数据赋能教育治理创新:内涵、机制与实践[J].中国远程教育,2021(7):10-17,76.

厂,企业是经济生产的制造厂,前者是混合组织结构,后者则是单一的生产结构①。因而,可以判定教与产既有独立性又有耦合性,为教育链与产业链的有机衔接提供了先决条件。

第三,教育扶贫政策保障乡村课程与教学改革发展。长期以来,偏远地区受经济的影响,学生受教育水平普遍较低,导致我国教育缺口仍集中在乡村地区。然而在政策执行过程中,对于补偿式教育存在一定误区,造成学生的学习成效不佳。从结构主义贫困论而言,经济资助难以解决实质问题,只有破除影响学生发展的结构性因素才能解决根本问题。针对当下教育缺口问题,孟照海提出,学校结构性变革关注课程与教学方面,变革要适应学生的心理和文化特征,从教育内容、教育方式和教育目标入手,促进学校转型发展②。

第四,学习支持服务质量是远程教育的重点议题。互联网的出现加速了学习支持服务体系的构建,成为架构在远程教育和学习者之间的重要作用机制。研究发现,现有"互联网+"学习支持服务体系存在诸多问题,表现在师资服务缺失、学习资源欠佳、管理服务缺乏个性化和人性化等方面。针对这些问题,董兆伟、李培学和李文娟提出构建新型学习服务体系,试图加强"教师资源、教学资源、教学过程、教育设施及教育管理"五个维度的综合效能③,构建符合时代需求的个性化和人性化的服务体系,从而保证师生之间、生生之间异步交流的质量。

第五,家庭教育社会支持体系逐渐引起关注。随着新时代的到来,家庭教育也被赋予新的内涵,承担了更多的社会责任。具体而言,家庭教育既是家庭内部问题又是社会性问题。城镇化作为我国社会发展的现实背景,生活方式的转变同时影响着行为方式和价值理念的转变。从社会补偿的角度而言,政府和社会有责任和义务为流动人口提供家庭教育社会支持服务;从社会学角度而言,梁飞认为,家庭教育社会支持体系构建需要体现人文关怀,为

---

① 谢笑珍."产教融合"机理及其机制设计路径研究[J].高等工程教育研究,2019(5):81-87.

② 孟照海.教育扶贫政策的理论依据及实现条件——国际经验与本土思考[J].教育研究,2016(11):47-53.

③ 董兆伟,李培学,李文娟."互联网+"时代的新型学习支持服务体系构建研究[J].远程教育杂志,2015(6):93-98.

人口由底层向上层流动搭建阶梯①。总之,家庭教育社会支持服务体系构建符合我国社会现实。

第六,"做中学"是形成教师专业化人力资本的新途径。教师队伍建设一直是我国教育不断前进的动力源。然而,我国在长期的教师队伍建设中逐渐进入了"高原状态",即边际收益递减状态,造成这一现象的主要原因在于制度困境的阻碍。一方面,课程改革与评价指标体系相背离,在既定课堂实践约束下,教学创新受到限制,造成教学模式墨守成规;另一方面,创新教学形式的教师难以将科研系统化整合到日常工作中,创新与原有体系融合出现问题。针对教师队伍的边际收益递减状态,曾晓东、周惠和林哲雨提出,将"做中学"作为教师人力资本积累的新途径,教师在解决工作领域问题的同时学习,形成具有边际收益递增特征的新知识、技能②,推动教师专业化人力资本的边际贡献递增。

(二)国外研究现状

在早期杜威(Dewey)教育思想的影响下,国外教育理念注重个性化、开放化和多元化。在该理念的引导下,国外教育体系建设较为关注学生的个性化和自主性成长,因而学校的课堂教学支持主要以教学过程中的学习指导和教师个别化指导为主,为"学困生"提供学习辅助场所,根据学生的学业反馈进行督导,其所构建的支持保障体系较为系统和全面。

第一,支持体系呈现多层级有效衔接。芬兰教育以先进的理念和均衡的教育制度成为全球教育关注热点,其发展成效离不开以全面性和综合性为特色的三级支持体系,该体系是在原有一般支持和特殊支持体系的基础上,增加了强化支持体系,旨在通过多种形式支持,使学生享有优质的教育服务,解决所有学生的就学问题,从而追求"结果公平"③。一般支持主要针对需要暂时性帮助的学生,特殊支持则以残障学生为服务对象,强化支持处于前二者

---

① 梁飞.城镇化背景下我国农村家庭教育社会支持体系的构建[J].中国成人教育,2017(7):154-157.

② 曾晓东,周惠,林哲雨.中小学教师队伍人力资本积累的阶段性及新途径的形成[J].教育经济评论,2017(2):55-69.

③ Basic Education Act of 628/1998(Amendments up to 1136/2010)[EB/OL].(2011-04-21)[2022-03-10]. http://www.finl.ex.fi/en/laki/kaannokset/1998/en19980628.pdf.

之间,形成了三层级的金字塔式支持体系,各层级的支持强度由弱到强,逐步增强。支持形式分为两类:一类是教师教学支持,包括非全日制特殊教育、补救教学等;另一类是指导咨询与其他支持。一般支持是根据学生个别化需求或者教师发现的学生问题,进行课堂教学或个别化教学,起到临时帮助作用;萨贝尔(Sabel)等人主张,强化支持之前需要由教师、家长和其他专业人员对学生予以观察,并进行教学评估,从而确定学生是否有必要进行下一层级的支持,然后依据学生发展特点做出进一步判断,形成持续的监督评估系统[①];特殊支持是在前两级支持不足以达到学习目标时,为学生提供更加系统全面的支持,该支持主要针对少部分残障学生,经过家长、医生等专业考量后,由学校为学生制订个别化教育计划,以满足学生的成长需求。总之,三级支持体系是契合学生需求的全方位、学段相互衔接的系统化机制,为基础教育改革提供了有效模板。加拿大的"多级、共振"的外部支持体系促进了其教育高质量发展,多级指省级分权的教育管理机制,加拿大将教育管理分权到各个省域和地区,由地方教育部门依据地方实际特点对教育分级逐层管理,不同省域分别设置了办公室来管辖中小学教育质量[②],如不列颠哥伦比亚省的治理绩效部门、安大略省的教育质量与问责办公室等;共振指各省域和地区的教育部门协作沟通、相互配合。为解决中小学教育的共性问题,加拿大成立了教育委员会,旨在加强全国各地的对话沟通,着力构建全国性的教育评价指标体系,助力教育稳步前进。

第二,支持服务对象以学生需求为原则。纵观各国的教育支持服务特点得知,教育受益对象具有普遍性和选择性。普遍性指人人均有享受教育的权利,选择性指为照顾经济贫困家庭学生而提供的助学金、助学贷款等社会福利政策。虽然各国教育支持服务对象的种类不尽相同,但通常对贫困、残疾、学困等弱势群体的关照程度较强。以美国为例,莱文(Levin)提到,为帮助低

---

① Sabel C,Saxenian A,Miettinen R,et al. Individualized service provision in the new welfare state: Lessons from special education in Finland[EB/OL]. (2011-02-16)[2022-03-10]. https://people. ischool. berkeley. edu/~ anno/Papers/individualized _ service _ provision. pdf.

② Council of Ministers of Education,Canada (CMEC). Education in Canada[EB/OL]. (2008-03-15) [2022-03-10]. http://www. cmec. ca/Programs/data/indicators/Pages/default. aspx.

收入家庭、残疾学生、低学业成就学生和辍学学生享受更多的高质量教育机会,分别实施了跃龙门计划、发现天才计划和数学科学提升计划等[①],旨在为上述处境不利的学生提供学业指导和支持。

第三,支持内容注重经济资助和学业指导的协同作用。经济资助是实现教育发展的前提,其资助形式包括直接经济资助和间接经济资助,直接经济资助即为教育机构提供财政支持,间接经济资助即通过消减学费和课程税收、发放教育券等形式帮助学生消除进入私立或公立学校的障碍。斯韦尔(Swail)和佩尔纳(Perna)认为,学业指导服务是保障教育质量的关键性内容,学业指导服务方面支持内容较为丰富,如为参与中学后教育的学生提供学校申请、财政资助、大学入学前的专业咨询和考试准备、符合学生需求的个别化补习项目、研究生教育中的咨询服务和项目申请服务等[②]。通过上述经济资助与学业指导协同作用,支持服务形成了经济与学业互成的有效模式。

第四,网络支持服务方式发展逐渐成熟。从现有研究来看,国外网络教育支持服务发展取得了较大的成效,不同国家表现出各自的特点,其中以法国和英国的网络支持服务特色最为鲜明。麦基(Mckee)指出,法国建立了远程接待系统,构建了从项目立项、需求分析、开发建设到系统管理和使用的服务理念,实现"以客户为中心"和"服务"办学理念,促进教师和学生身份由传统的教育者、受教育者转型为服务者、客户,教育机构则转化为服务接待中心[③]。德弗雷塔斯(De Freitas)和诺伊曼(Neumann)在研究中提到,英国以开放大学为代表建立了系统完善的网络学习支持服务体系,该体系包括总部、地区中心和学习中心三部分,总部主要负责招生、学生咨询、教学支持服务、考试与评估等上位工作的管理,地区中心的职责是在总部的指导下对学习支持服务目标进行部署和监控,学习中心的责任主要是对课程教学实施活动进

① Levin H M. A comprehensive framework for evaluating educational vouchers[J]. Educational Evaluation and Policy Analysis,2002(3):159-174.

② Swail W S,Perna L W. Precollege outreach programs:A national perspective [M]//Tierney W,Hagedorn L. Increasing Access to College:Extending Possibilities for All Students. Albany:State Univesity of New York Press,2002.

③ Mckee T. Thirty years of distance education:Personal reflections [J]. International Review of Research in Open and Distance Learning,2010(2):100-109.

行管理①,包括师资培训、教学评估等。各级部门形成了循环监督系统,分工明确,一体化管理。

二、职业教育支持保障体系

职业教育支持保障体系关系到岗位需求、人才培养模式的双向支持保障,本部分对国内外职业教育人才培养模式、教学改革和师资队伍等方面的研究展开了叙述。

(一)国内研究现状

随着智能时代的发展,社会不断变革,职业劳动形态也随之复杂化、多元化,同时职业教育的地位不断提升,形成了从以中等职业教育建设为方向,发展到中高职协同发展,再到当下高等职业教育逐渐受到重视的演变过程。面对当下发展新形态、新趋势,研究聚焦高等职业教育、职普融通、人才培养、三教改革四个方面。

第一,高等职业教育发展受到政府的政策法规保障。在政府主导下,高等教育在规模、结构和质量方面进行了一系列改革,虽然取得较大的成效,但是其不足依然存在。高等职业教育的职能包括人才培养、社会服务和技能培训等,是连接社会和经济两大领域的重要纽带,即高等职业教育主要通过人力资本支撑经济发展,对经济发展起到助推作用。数据表明,1995—2015年,全国高职院校(专科、本科)的数量增加了903所,20年间翻了两倍,在校生均规模也扩增了三倍,师生比例提高了将近七倍。可见,高等职业教育的学校规模、学生数量、师资数量均在不断扩张②。我国高职院校包括公办和民办两种类型,公办院校有中央和地方两种属性,民办院校由教育部门和非教育部门管辖。调查显示,隶属中央管辖的高职院校在数量上远远少于中央管辖的本科院校。虽然近年来隶属教育部门的高职院校数量呈上升趋势,但是,在

---

① De Freitas S, Neumann T. Pedagogic strategies supporting the use of synchronous audiographic conferencing: A review of the literature[J]. British Journal of Educational Technology,2009(6):980-998.

② 教育部.2015年全国教育事业发展统计公报[EB/OL].(2016-07-06)[2022-03-10]http://www. moe. gov. cn/srcsite/A03/s180/moe_633/201607/t20160706_270976. html.

地方企业管辖范围内的院校数量却在不断减少①。此外,高等职业教育升学问题较为突出。高职院校的学生经过三年学习,缺乏继续深造的机会,仅有少部分高职院校的学生毕业后可直接进入普通本科学校继续学习。综上可知,我国高等职业教育规模虽然有所发展,但其办学结构仍然是发展桎梏。为提升高职教育质量,避免高等职业教育质量倒退,国务院和教育部等部门先后出台了《关于深化职业教育教学改革全面提高人才培养质量的若干意见》《关于深化产教融合的若干意见》《职业学校校企合作促进办法》等文件,以确保经费资助、师资队伍、实习实训基地、课程与教学等方面的发展得到有力支撑,基于学生本体发展和职业发展,打造高质量职业教育人才培养模式。

第二,职普融通是建设高质量现代职业教育的立交桥。建设高质量职业教育体系,最为关键的突破口就是厘清职业教育与普通教育体系的关系。这涉及两个概念性问题,即职业教育与普通教育是完全分离、相互独立,还是职业教育与普通教育相对分离、相对独立。就职业教育高质量建设的长远目标而言,将职业教育完全独立于普通教育之外过于极端,职业教育作为整个教育体系的重要组成部分,走"普职融通"的混合型体系模式才能更好地服务于社会多样化和人才个性化需求。普职融通主要指高等院校既要保留原有普通本科教育的性质,又要转型为职业本科教育,担负普通本科教育与职业本科教育的双重任务,为此,要清楚"产教融合"与"科教融合"的关系走向。卢晓中的研究表明,"产教融合"与"科教融合"作为高校人才培养的关键途径,本质上是根据高校的创新型、应用型、复合型人才打造理念,体现出普通本科教育和职业本科教育各自的功能②。学科倾向于知识的类化,专业倾向于社会分工和职业分类,因专业设置基于学科知识逻辑之上,故专业与学科之间存在必然的联系,职业本科教育应打破传统职业教育重专业轻学科的错误认识,摒弃唯专业设置的错误做法,加强学科建设以支持高质量的专业发展。

第三,智能职业教育高技能人才培养是应对当代社会发展的趋势。大数据、人工智能等技术的兴起促使社会向智能时代转型,同时给职业教育发展

---

① 郭福春,王玉龙.规模、结构、质量、政策:高等职业教育供给侧结构性改革的四重维度分析[J].黑龙江高教研究,2019(3):39-43.

② 卢晓中.基于"职普融通"的现代职业教育体系构建[J].河北师范大学学报(教育科学版),2022(1):6-14.

带来了重要挑战。为应对当下的挑战,研究者主要从教育模式智能化、校企合作一体化两条路径促进智能职业教育发展。教育模式智能化路径既可以突破传统时空限制,打造虚实结合的学习空间,又可以通过人工智能技术支持学生的深度学习。教育智能模式通过提供翻转课堂、混合式的多元教学模式,借助大数据、云计算等技术促使教学评价更加精准化,进而提升智能职业教育高技能人才培养质量。王洋和顾建军认为,校企合作一体化路径既要构建政府、学校、企业、家庭和社会五位一体的智能职业教育服务平台,又要发挥政府顶层设计的部署优势,积极协调企业和职业院校的融合问题,达成产教深度融合①。

第四,"1＋X证书制度"下三教改革促进职业教育转型发展。"1＋X证书制度"是为契合企业智能化转型而设置的学历证书与职业技能等级证书相结合的证书制度。教师、教材和教法改革作为落实职业教育深入发展的主要抓手,能够有效实现"1＋X证书制度"下产业数字化转型,即"双师型"教师队伍、立体化教材和理实一体化混合式教学模式。"双师型"教师队伍培养可通过"请进来""走出去""结对子"的方式加强"1＋X证书制度"下教师的数字化教学能力和"X"证书的培训能力。"请进来"指将企业的能工巧匠作为培训导师引进学校中;"走出去"指将专任教师送往相应的企业进行项目实践学习;"结对子"指新老教师、专兼职教师相互结合,以传帮带的形式促进教师"1＋X证书"的教学。张伟、张芳和李玲俐认为,该方式能够提升青年教师项目开发、课程开发、德育教育和融合创新的"四有"能力发展②。立体化教材主要通过产业App将工作任务项目化和程序化,搭建纸质和数字化结合的立体化教材资源库。王亚盛和赵林提出,教学内容要根据职业技能等级标准和专业教学标准,补充课程内容,实现课程学习和学历证书及职业技能等级证书的融合③。理实一体化混合教学模式是实现教学场景虚实结合、教学方法由单一的知识传授向多元的知识与能力培养转变的主要改革方向。张更庆和王萌

---

① 王洋,顾建军.智能职业教育:人工智能时代职业教育的发展新路向[J].现代远距离教育,2022(1):83-90.

② 张伟,张芳,李玲俐."1＋X"证书制度下职业院校教师专业发展研究[J].职教论坛,2020(1):94-97.

③ 王亚盛,赵林.1＋X证书制度与书证融通实施方法探索[J].中国职业技术教育,2020(6):13-17,64.

强调,智慧校园基础设施建设是混合式教学模式的前提,搭建针对"1＋X证书"的培育场景为人才培养提供应用场地,使课堂实训从教室走向现场,实现教学环境立体化[①]。

(二)国外研究现状

职业教育改革是推动现代化职业教育建设的必由之路,为迎合现代化社会改革需求,紧跟科技革命和产业变革的步伐,各国对职业教育改革创新进行了积极探索,主要体现在如下三个方面。

第一,就职业教育现代化建设而言,德国职业教育管理体制特色鲜明。德国的职业教育管理体制以简政放权为主要特征,从联邦政府到地方政府均强调简洁服务的管理观念。联邦政府通过政策、经济资助和组织相关活动对职业教育管理发挥"掌舵"的方向引领作用。省级政府享有自主管理权,有权根据当地情况设置职业教育机构,包括教育质量与评价办公室、财务管理处、就业与培训处和企业管理服务处等。登哈特(Denhardt)指出,地区内机构部门则负责学区内的具体事务,主要管辖职业教育的财政、人才配置、设施设备使用与管理、课程设置与实施等内容,对职业类院校管理也体现出服务导向和民主决策的特色[②]。德国的职业教育创新点主要表现为科研先行、多方协同设计、试点先行的聚合效应。为了使职业教育发展更加科学化、合理化,德国在"职业教育4.0"背景下对当下的人才需求开展了一系列科研调查:一是形成了有关劳动市场与经济的研究报告;二是对人才培养模式展开实证研究;三是工业组织和企业、学校、专家协同进行项目研究,以分析未来职业展望;四是发布《劳动4.0蓝皮书》明确职业教育具体创新改革的内容和形式。也就是说,德国的职业教育通过一系列研究为政府科学化决策提供了依据,在科研的基础上,由联邦政府颁布战略文件确定促进职业教育发展的行动框架,省级政府联合各方面专家建立系统性的学校发展机制,保障职业教育质量稳步提高,经济界根据人才培养的现实状况,加强职业教育与高等教育、职

①　张更庆,王萌.1＋X证书制度下"三教"改革:意蕴、困境与突破[J].成人教育,2022(1):80-86.

②　Denhardt R,Denhardt J V. The new public service:Putting democracy first[J]. National Civic Review,2001(4):20-23.

业院校与企业的衔接和融通,形成多方协同,更加系统化的职业教育设计①。为了促进科研与实际工作的协同性,德国积极推行试点项目,有序推进了六项资助计划和倡议,以更好地支持职业教育创新改革发展。

第二,就人才培养模式而言,国外发达国家的高等院校职业教育形成了较为成熟的发展体系。在培养目标方面,美国、德国、日本、英国等国家均强调以市场需求为导向,培养学生与未来岗位相匹配的就业能力;在课程设置方面,强调以学生全面发展为基础。多米尼克(Dominik)和班纳吉(Banerji)提到,美国高等职业教育注重通识教育和专业教育的相互结合,将选修课程与专业课程置于同等重要的位置,鼓励学生通过系统知识的结构性学习获得全面发展②。英国高等职业教育将课程进行模块化划分,分为选修模块、必修模块、讲授模块、实践模块,学生可以依据自身的就业方向进行模块化学习。日本高等职业教育课程设计更具层次化和综合化,课程也因学生的发展差异分为 A、B、C 三种类型。在教学形式方面,各国与我国相较更具灵活多样性。美国高等职业教育主要采用"工学结合"模式,将理论知识学习与工作相结合;英国高等职业教育采用"理论学习+企业实践+理论再学习"的"三明治"教育模式;日本高等职业教育的人才培养体系更加关注学生的实操能力,校企合作是其实践教学的主要路径,发挥"产学研"模式下政府指挥、企业辅助、学校主体作用,促进应用型人才培养。

第三,国外职业教育课程模式以德国"双元制模式"、美国的"CBE 模式"、英国的"BTEC 模式"、澳大利亚的"TAFE 模式"为代表。德国"双元制模式"可以概括为企业与学校一体化办学模式,即学校培训学生相关知识与技能,企业培养学生专业技术,实现学校和企业协同开展职业教育的目的③。美国的"CBE 模式"重点支持对象为基础教育阶段学生,强调学生岗位胜任力在就业中的重要作用,在课程实施前,第一步,学校聘请专业组根据岗位需求进行

---

① KMK. Quo vadis Promotion? Doktorandenausbildung in Deutschland im Spiegel internationaler Erfahrungen[EB/OL]. (2017-04-20)[2022-03-10]. https://hsdbs. hof. uni-halle. de/documents/t1525. pdf.

② Dominik M T, Banerji D. U. S. community college entrepreneurship educator practices[J]. Journal of Small Business and Enterprise Development,2019(2):228-242.

③ Sondermann T. The German Vocational Training Reform Act of 2005: What is new, what is different? [J]. Berufsbildung in Wissenschaft und Praxis, 2005(S):18.

分析,确定培养目标;第二步,学校依据岗位需求和培养目标设置课程和拟定教学大纲;第三步,根据教学大纲因材施教。英国的"BTEC模式"主要针对具体岗位展开,更加注重专业性,属于"技能+证书"的精细化模块模式。其课程结构以核心技能为基础,每个专业细分为30个模块,每个模块又构成相对独立的单元,课程教学形式以实践操作为主。澳大利亚"TAFE模式"是技术与继续教育的简称,培养范围包括职业教育、技术教育和继续教育等多个阶段,课程设置灵活多样,开设了金融、烹饪、艺术、信息工程等课程,其培训对象覆盖面更广,从中学生到社会青年均包含在内,课堂教学以实践为主,理论为辅,课程开设均依据国情、地方经济和企业需求而设计,没有固定的教材,其课程标准和课程内容有极大的自主性①。

第四,围绕职业教育资源配置效率形成了丰富理论。职业教育投入主要以人力资本理论为宗旨,该理论最早由舒尔茨(Schultz)提出,其将人力投资视为教育投资,认为人力资本与物质资本的机器、设备、土地等实体产品要素存在一致性和对立性。一致性在于二者均是通过投资形成,对立性在于人力资本投入在劳动者身上,指凝结在人身上的各种知识与技能培训费用②,物质资本是投入在物资设备方面。为解决教育投入与教育产出实现最优化配置问题,贝邦楚(Bebonchu)和刘(Liu)提出了教育资源配置有效性标准,即财力、人力等资源要素的投入是否足够、教育投入与产出效率是否达到有效水平、教育资源配置是否有利于实现区域公平三条标准③。第一条标准通过资源投入量的剩余或多余进行判断,第二条标准依据是否达到帕累托最优状态进行衡量,第三条标准主要以机会公平和结果公平来评价。在评价标准的基础上,研究者提出了关于教育资源配置的测评工具——DEA模型。该模型主要基于教育投入和产出指标考量,以投入冗余和产出冗余的协同对生产效率

---

①　Higher Education and Employment Services. Higher Education: Quality and Diversity in the 1990's[R]. Canberra: Australian Government Publishing Service,1991:6.

②　Schultz T W. Investment in human capital: Reply[J]. The American Economic Review,1961(5):1035-1039.

③　Bebonchu A, Liu Q. Public education expenditures, taxation and growth: A state-level analysis[J]. Applied Economics Letters,2020(21):1730-1734.

进行测评①。后续萨库沃吉(Sakouvogui)等人对传统 DEA 模型进行了强化与升级,构建了三阶段模型,改善了传统 DEA 模型容易遭受外部环境影响的不足。改良后的 DEA 模型第一阶段为利用传统 DEA 模型分析初始效率,第二阶段为利用 SFA 回归剔除环境和随机误差项,第三阶段利用调整后的投入产出变量进行传统 DEA 效率分析②。对在教育领域内应用改良 DEA 模型的评价指标,布兰卡德(Blancard)等人总结出四项原则:一是评价指标要简洁、概括性强;二是指标选取应以科学化为指导;三是指标获取渠道注意可行性和权威性;四是决策单元之间具有对比性③。

三、残疾人职业教育支持保障体系

残疾人职业教育支持保障体系是指支持残疾人就业、适应市场需求、满足社会发展的系列支持保障体系。本部分围绕国内外有关残疾人职业教育支持保障体系的研究成果进行了分析与呈现。

(一)国内研究现状

我国残疾人职业教育支持保障体系研究主要聚焦以下四个方面。

第一,残疾人职业教育多元治理新格局的构建。为解决我国政策制定与实施中凸显出的国家、个体和市场权重不均衡,扩容增量与提升质量不协调的现实问题,研究者提出建构政府、企业、个体多元治理新格局,以及完善保障体系实现资源配置合理化,以解决上述政策与现实之间的不协调问题。多元治理新格局是在进一步明确政策体系的科学定位、统筹规划和服务监督等内在运行机制的基础上,将政府主导权灵活化,避免政府无效指导和完全指导,为残疾人职业教育提供方向引领,并起到落实监督机制的作用。企业作为残疾人职业教育的执行主体,应积极探寻残疾人职业教育与人才培养的契合点,使教育效益与经济效益相互促进。残疾人作为政策指向对象,通过积

① Keshvardoost-Masooleh L,Keshavarz-Gildeh F. Resource allocation and target setting in DEA with preservation of ranking scheme[J]. International Journal of Imaging and Robotics,2021(1):9-26.

② Sakouvogui K,Shaik S,Doetkott C,et al. Sensitivity analysis of stochastic frontier analysis models[J]. Monte Carlo Methods and Applications,2021(1):71-90.

③ Blancard S,Bonnet M,Hoarau J. The influence of agriculture on the structural economic vulnerability of small island spaces:Assessment using DEA based composite indicators[J]. Applied Economics,2021(1):79-97.

极建立学校、家庭和个人的有效互动机制,实现共治、共享的融合样态。张耀天和肖泽平认为,残疾人职业教育外部和内部保障体系的完善,是通过外部教育资源供给和内部课程设置、师资建设和学业评估等因素共同作用,从而推进职业教育的增量与提质①。经费投入是支持残疾人职业教育内外部资源建设的前提,因而,要加强各方经费投入力度,满足残疾人职业教育基础设施建设投资、生均经费和培训费用需要,为教育赋权增能,从而实现残疾人职业教育资源配置合理化。

第二,残疾人职业教育支持呈现多样化。目前,我国残疾人职业教育初步形成了初等职业教育、中等职业教育和高等职业教育体系的衔接,随着残疾人职业教育人数的不断增加,残疾人职业教育支持亦趋多样化。甘昭良将职业教育支持归纳为互联网灵活教育、辅助性职业教育和创新职业教育三种模式②。互联网灵活教育属于一种新型的教育形式,对残疾人而言,其具有多元性和隐蔽性。此种新型职业教育形式有助于残疾人居家接受职业技能培训,通过网络服务实现定向就业,能够较好地根据残疾人的个体特征进行职业匹配教育,有助于个性化职业岗位的技能培训。辅助性职业教育指帮助难以公平参与劳动市场竞争的残障群体进行灵活就业,通常由政府向辅助性就业机构提供优惠政策,开展先就业、后培训的模式。具体而言,即残疾人先进入相应岗位,然后依据特定的岗位开展职业培训。此种职业教育的特点在于先辅助灵活就业,然后有针对性地开展职业培训。创新职业教育模式指基础教育与职业教育互通渗透的模式,该模式的关键在于依据残疾学生的阶段特征和障碍类型差异,有针对性地对基础教育与职业教育的课程进行差异性选择,使课程的实施更具针对性。甘昭良强调,实施此职业教育模式时,需要厘清高中低不同年级残疾人职业教育课程实施的侧重点,低年级侧重实施基础教育课程与生活自理课程,中年级侧重实施基础教育课程与家务劳动课程,高年级侧重实施基础教育课程与职业技能课程③。

---

① 张耀天,肖泽平.中等职业教育质量保障现状调查与分析——以重庆市为例[J].职教论坛,2012(16):60-63.

② 甘昭良.促进残疾人就业的职业教育支持研究[J].北京联合大学学报,2017(4):84-92.

③ 甘昭良.聋校职业教育模式研究[J].中国职业技术教育,2010(9):46-49.

第三,强调依据教育目标和专业设置准确定位人才培养质量。残疾人职业教育目标作为人才培养模式的着力点,要根据残疾人的特殊性和岗位的需求度全面把握人才培养规律,准确定位职业教育目标,然后以产教融合、校企合作为培养措施,发挥现代学徒制度的优势,将岗位需求整合到学校的课程建设中,最终迁移到职业教育教学中。残疾人职业教育的专业设置是实现人职匹配的突破口,因而对其科学化和合理化要求更高。范莉莉和方仪建议,为了避免残疾人专业设置与就业岗位出现错位,应立足当地经济和市场发展需求,清晰区域特色,打造出特色专业,如民间工艺、非物质文化遗产等特色专业①。特殊教育学校职业教育的课程设置通常包括基础课程、专业课程和综合实践活动课程,赵小红认为,课程取向分为生计教育取向、环境生态取向和个别化教育取向②,课程教育对象以初等和中等阶段残疾学生为主。残疾人职业教育教学实施围绕四大模块内容展开,第一模块为社会公德和职业道德课,旨在培养残疾学生的政治思想素质和职业道德素质;第二模块为基础课,主要提升残疾学生的学习能力和克服自身缺陷能力;第三模块包括专业理论课和实践课,着重培养残疾学生的职业技能;第四模块由多学科组成,属于潜能开发领域,着眼于残疾学生未来快速适应岗位工作和可持续发展。

第四,多渠道加强残疾人职业教育师资队伍和专业素质建设。增加残疾人职业教育师资数量,应当从源头扩大特殊教育师范生的招生规模。我国学者陆燕飞和陈嵩提出了有效的实施路径,相关部门要有计划地增加教师编制,足额配置专任教师,支持残疾人职业教育院校招聘企业相关单位的技术人员从事教育工作③。职业教育的专业技术性对教师专业化素质具有较高的要求,一般而言,职业教育教师既应具备教育学理论知识,又应具备对应的专业技能和教育教学方法。赵小红和都丽萍认为,残疾人职业教育教师既应掌握一般教育学知识、特殊教育知识,又应具备教授不同障碍学生相匹配的职业教育的专业技术,例如,针对视障学生开设的按摩、钢琴调律、音乐,针对听

---

① 范莉莉,方仪.残疾人现代职业教育发展策略研究[J].教育理论与实践,2019(36):22-24.

② 赵小红.近20年中国智力残疾学生职业教育研究进展[J].中国特殊教育,2009(8):28-35.

③ 陆燕飞,陈嵩.百万扩招背景下高等职业教育供给侧改革的路径探析[J].职教论坛,2019(7):32-36.

障学生开设的工艺美术、服装设计等课程,同时能够在实习培训基地指导学生,即所谓的"双师型"教师①。残疾人职业教育教师专业化水平除了通过学校培训提升,还可以引导教师通过与企业建立联系和沟通机制,参与企业的职业技术培训、项目研发等得到提升。此外,学校还应鼓励教师通过互联网各大学习平台进行自我专业素质提升,积极引导教师通过参与继续教育进修提升学历水平。简而言之,残疾人职业教育师资队伍建设既要注重数量的增加,又要关注质量的提升。

（二）国外研究现状

国外有关残疾人职业教育的政策和立法规划体系较为完善,形成了较为成熟的理论框架,建立了系统完备的支持保障体系。

第一,国外从法律高度确立了残疾人职业教育地位。德国在 20 世纪中期先后颁布了《联邦职业教育法》《联邦职业教育促进法》,21 世纪又对该两部法案进行了修订,补充完善了残疾人职业教育法律法规,从法律角度明确了残疾人职业教育发展的重要细则。美国在 20 世纪中后期逐渐意识到残疾人对社会发展的重要性,开始注重提升残疾人职业教育地位,颁布实施了一系列法律法规,如《职业康复法》《残疾人教育法》等。受到欧美国家教育的影响,日本也开始认识到要想提高国家的整体发展水平,就应该充分考虑残疾人的人力资源,通过法律手段来维护残疾人受教育权。日本主要以《残疾人教育法》为主,以《残疾人福利法》和《残疾人职业训练法》为辅,三者的共同实施保障了残疾人的受教育权利。

第二,国外残疾人职业教育支持保障体系在发展过程中形成了丰富的理论,主要包括以下四个方面:一是社会支持理论。该理论着重探讨通过立法、职业培训、社会保障、无障碍环境建设及对雇主的支持等系统措施,保障接受职业教育的残疾人实现就业。贝克（Beck）等人认为,明确政府有责任为残疾人的自我实现与发展提供完善的社会保障,使残疾人在获得一定独立生活能力的基础上,融入社会,信任他人和制度,实现其自身的价值②。政府对接受

---

① 赵小红,都丽萍.我国三类残疾人中等职业教育发展现状及对策[J].中国特殊教育,2014(1):10-16.

② Beck W, van der Maesen L. J. G, Thomese F, et al. Social Quality: A Vision for Europe[M]. Hague: Kluwer Law International, 2001.

职业教育的残疾人就业的支持要从道义上升到法律,确立残疾人特有的地位,使政策的具体实施有章可循、有法可依。吉登斯(Giddens)提出,政府应当促使用人单位平等地对待残疾人,而且要针对残疾劳动者开展以职业自立为目标的职业康复,帮助残疾人依靠自身力量在开放的劳动力市场找到工作,将"训练—安置"模式转变为"安置—训练—维持"的支持性就业模式①。二是社会脆弱性理论。该理论关注残疾人的社会脆弱性与其家庭经济贫困存在直接而显著的正相关。合适的残疾人职业教育不仅有助于提升残疾人的人力资本水平,而且有助于提高残疾人的配置能力,提升残疾人就业概率和收入,产生相应留存收益,在一定程度上抵挡了经济风险,降低了残疾人家庭的贫困脆弱性。三是社会参与理论。该理论注重残疾人就业问题及平等就业。经历了"残疾医疗模式—残疾社会模式—残疾权利模式"的转变,人们逐渐达成共识,针对一些无论是全职还是兼职工作都不可能胜任的重度残疾人,需要政府或民间非营利机构为他们提供工作的机会。罗斯曼(Rothman)认为,这既可以保证他们通过支持资源获取基本生活收入,也可以保证其获取精神慰藉、身心康复和平等参与社会活动的机会②。四是优势视角理论。该理论重视残疾人生涯教育和职业评估,为所有年满16岁的有就业需求的残疾人制订个别化的职业培训计划。莱文森(Levinson)认为,此计划的重点在于根据残疾人接受职业训练前的职业评估、自身特点、个人爱好和就业前景等有针对性地制订职业教育计划③。谢尔顿(Sheldon)建议,按照企业和行业能力标准制定国家资格证书制度,企业和行业参与开发和设置职业培训资格课程,并根据行业和企业的需求不断进行动态的调整④,使培养出的职业教育人才能够符合行业和企业的需求。除上述研究外,国外学者还对残疾人职业教育和就业专家团队的资质、培训经费的来源、福利企业优惠政策和残疾人竞争

---

① Giddens A. The Third Way and Its Critics[M]. Bristol: Polity Press,2013.

② Rothman J. Social Work Practice Across Disability[M]. New York: Routledge, 2018.

③ Levinson E M. Current vocational assessment models for students with disabilities [J]. Journal of Counseling & Development,1994(1): 94-101.

④ Sheldon P, Thornthwaite L. Employability skills and vocational education and training policy in Australia: An analysis of employer association agendas[J]. Asia Pacific Journal of Human Resources,2005(3): 404-425.

性就业等方面展开了相应的研究。

第三，建立系统完备的残疾人职业教育支持保障体系。残疾人职业教育模式早期以工读模式为主，后期逐渐发展为准备模式和支持模式。工读模式最早源于美国，泰奥（Teo）认为，该模式倡导以综合性的学业、社会和职业课程培养学生的工作习惯、职业技能、知识和态度等，在课程之外，为学生提供就业渠道，以促进学生养成良好的综合职业素质①。准备模式指由特殊教育学校为学生提供系统化的职业教育教学，为学生未来就业做铺垫。支持模式指通过对市场和学生自身发展的评估，依据市场岗位需求的具体信息，通过对学生类型特征和就业能力的研判，提供有助于实现残疾学生人岗匹配和持续跟踪指导的服务。韩国作为残疾人职业教育发展迅速的国家，形成了较为完备的残疾人职业教育支持体系，此体系不仅包括多样化的职业课程，而且包括灵活的办学模式和高素质的教师团体。多样化的职业教育课程以职业生活、职业准备和职业技能三部分为主，职业生活内容包括职业态度和职业责任；职业准备指学生通过互联网和情报信息对职业信息进行筛查；职业技能主要以实地场景为依托，培养学生的实践能力。韩国灵活的办学模式主要受其多样化课程的影响，开发了以生活为中心的办学模式、以学校为中心的办学模式和以经验为中心的立体式的三维度全方位办学模式。上述三个办学模式之间相互促进、共同发展，充分发挥了社会、学校和家庭对残疾人职业教育的支持作用。教师作为教学质量保障的主体，在职业教育建设中具有非常重要的作用，国外对残疾人职业教育师资建设尤为重视。为保证较好的教学效果，国外在教学改革、专业咨询、专业化水平等方面分别对师资发展给予了大力的全方位支持②。

四、研究述评

通过梳理国内外教育支持保障体系、职业教育支持保障体系、残疾人职业教育支持保障体系的相关研究可知，国外更加重视通过制定政策法规保障支持体系发展，以社会支持理论、社会脆弱性理论、社会参与理论和优势视角

---

① Teo A R. The development of clinical research training: Past history and current trends in the United States[J]. Academic Medicine,2009(4):433-438.

② Roach V. Supporting inclusion: Beyond the rhetoric[J]. Phi Delta Kappan,1995(4):295-299.

理论等为支撑,多维度积极关注残疾人职业教育支持保障体系建设。相较于国外所取得的成就,我国职业教育和残疾人职业教育支持体系建设早期发展显得较为缓慢,近几年残疾人职业教育政策研究获得了一定的重视,政策由之前的侧重普通教育逐渐转向侧重残疾人教育。除政策方面的侧重点有所不同外,国内与国外在上述三个领域的研究间存在诸多共同点,具体内容见图 1-2。

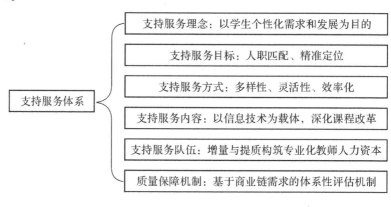

支持服务体系
- 支持服务理念:以学生个性化需求和发展为目的
- 支持服务目标:人职匹配、精准定位
- 支持服务方式:多样性、灵活性、效率化
- 支持服务内容:以信息技术为载体,深化课程改革
- 支持服务队伍:增量与提质构筑专业化教师人力资本
- 质量保障机制:基于商业链需求的体系性评估机制

图 1-2　三类教育体系的共同点

由图 1-2 可以发现,教育支持保障体系、职业教育支持保障体系、残疾人职业教育支持保障体系领域研究的共同之处具体表现在六个方面。第一,支持服务以学生个性化需求为导向。无论是教育支持服务、职业教育支持服务,还是残疾人职业教育支持服务,均以学生的成长和未来发展需求为出发点。第二,人才培养模式强调精准定位。为保障人才培养的精准化供给,在教育目标和专业设置方面全面把握学生和岗位需求的匹配度,充分体现了互联网模式下学习支持服务的架构作用。第三,支持服务方式呈现多样性、灵活性的特点。教育支持保障、职业教育支持保障和残疾人职业教育支持保障体系均形成了政府、学校、企业、家庭和互联网协同支持局面,在财政的支持下,家校企合作和智能化教育成为发展新格局,并促进了产教融合、远程教育、互联网就业等方面的灵活性建设,促进人才供给效率化。第四,支持服务内容以经济资助、课程与教学改革和职业技能提升为主。经济资助以直接经济资助和间接经济资助两种形式为主,在此条件下调整课程与教学结构性问题,结合信息化要求,优化学校的课程设置、办学模式、教学内容等关键要素。整个教育体系建设过程中要体现普职融通和产教融合发展,关注学生职业技

能的掌握,实现人职匹配。第五,人力资本是保障三类教育体系建设的关键因素。师资队伍建设是教育体系发展的主要人力资本保证,其关键点在于增量与提质,既要扩大教师规模,又要提升教师专业化水平。第六,基于商业链的需求来构筑系统性的质量保障机制。避免人才培养的盲目性、低效率,建立以市场为导向的系统性评估机制,保障教育高质量发展,形成审查—落实—督查—验收一体化的质量监测机制,通过内部与外部的多主体、多系统的评估保障体系,协同促进教育高质量发展。

基于以上分析发现,国内外研究虽然具有较多积极的耦合点,但已有研究仍存在不足之处:第一,三类教育支持服务体系主要基于教育需求视角,缺乏从供给侧视角对上述问题进行考量;第二,教育支持保障体系仅考虑了外化形式上的服务,针对内部结构性失调问题欠缺进一步的思考;第三,职业教育支持保障体系研究多停留在理论性探讨,实践性探索成果较为匮乏;第四,教育和职业教育支持保障体系建设虽然积累了丰富经验,并取得了一定成效,但是,关于残疾人职业教育支持保障体系建设依然不够全面和系统。针对已有研究的不足之处,本书将研究视角定位于供给侧结构性改革,尝试从制度供给、供给质量、供给方式、供给内容、供给队伍、供给保障构建残疾人职业教育支持保障体系模型,选取浙江、广东、山东、湖南、江苏、黑龙江等地的10所特殊教育学校作为研究对象,验证该模型对残疾人职业教育产生的实际影响,综合分析存在的问题和不足,提出改善对策。

第四节 研究视角、研究思路与研究方法

一、研究视角

供给侧结构性改革旨在调节要素之间的错位不对等问题,加强供给侧结构性改革对需求变化的灵活适应性,以达到要素之间的最优配置。将供给侧结构性改革理念引入残疾人职业教育支持体系构建,有助于满足残疾人职业教育需求,缓解人才培养中的供需矛盾。以供给侧结构性改革为研究视角构建的残疾人职业教育支撑保障体系见图 1-3。

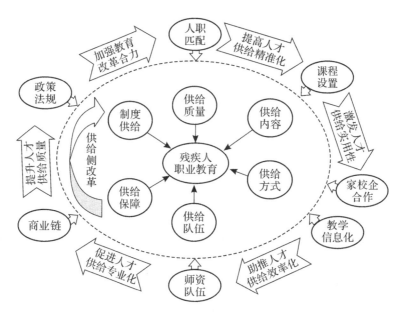

图 1-3　本书的研究视角

由图 1-3 可以看出,本书以残疾人职业教育为研究主体,基于供给侧结构性改革视角,通过政策法规形成制度供给,加强教育改革合力;以人职匹配为培养目标保障供给质量,提高人才供给精准化;由课程设置优化供给内容,激发人才供给实用性;以家校企合作和教学信息化为供给方式,助推人才供给效率化;从师资队伍出发支持供给队伍,促进人才供给专业化;基于商业链的需求构筑供给保障机制,提升人才供给质量,最终形成政策引导下的良性循环保障机制。

二、研究思路

本书在对社会支持理论、社会脆弱性理论、社会参与理论和优势视角理论的起源、定义、概念(内涵与外延)、达成路径等相关研究成果分析的基础上,明确本书的研究方向,采用实证研究方法,对供给侧支持保障体系改革给残疾人职业教育带来的实际效果进行实践研究,分析产生残疾人职业教育供给侧支持保障体系改革需求的原因,探寻新模式对满足这些需求的效果和完善对策,具体研究思路见图 1-4。

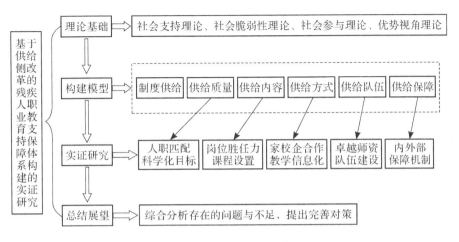

图 1-4　本书的研究思路

由图 1-4 可知,本书首先对研究展开理论分析。对社会支持理论、社会脆弱性理论、社会参与理论和优势视角理论进行阐述,深入探讨这些理论对残疾人职业教育的影响,并确定研究方向。其次,构建研究模型。在对残疾人职业教育供给侧结构性改革内涵和特征分析的基础上,从制度供给、供给质量、供给内容、供给方式、供给队伍和供给保障维度构建残疾人职业教育支持保障体系。再次,开展实证研究。通过对浙江、广东、山东、湖南、江苏、黑龙江等地共 10 所特殊教育学校的实地调研,验证基于供给侧结构性改革构建的支持保障体系对残疾人职业教育的实际影响。最后,总结展望。基于实证研究效果,分析发现的问题和存在的不足,提出进一步完善的对策建议。

三、研究方法

本书基于文献法对相关研究进行深度解读,并在此基础上,以访谈法为主、以观察法和实物分析法为辅展开实证研究。

(一)文献法

首先,收集国内外有关教育支持保障体系、职业教育支持保障体系、残疾人职业教育支持保障体系三类研究的资料文献,借助 Bicomb2 图谱分析工具对国内外三类支持保障体系的研究进行可视化分析,主要通过对高频关键词的统计分析形成共被引矩阵,导入 SPSS22 进行聚类分析和多维尺度分析,画出战略坐标图;其次,分别对国内外三类支持保障体系研究的坐标图进行解读,梳理出已有研究的领域分布,并形成理论基础;再次,构建残疾人职业教育供给侧结构性改革理论维度；最后，初步确定实证调研的思路、框架及工具等。

（二）实证研究法

主要采用访谈法、观察法和实物分析法对全国 10 所特殊教育学校的供给质量、供给内容、供给方式、供给队伍、供给保障等五个方面职业教育支持保障体系进行了调查研究，具体研究方法如下。

1. 访谈法

采用半结构式访谈法对选取的特殊教育学校职业教育管理人员、教师以及学生分别进行了深度访谈，访谈内容主要涉及供给质量（学校培养目标、市场需求）、供给内容（学生岗位胜任力、学校课程设置）、供给方式（家校企合作、教学信息化情况）、供给队伍（师资规模、专业化水平）、供给保障（内外部保障机制）具体情况，分析其中存在的问题与不足。

2. 观察法

采用参与式观察法，研究者以助手身份深入学校职教部的实践教学活动，深入观察学校管理情况、教师教学情况和学生表现情况，以了解学校职业教育实施现状，验证访谈内容。

3. 实物分析法

收集学校与职业教育培养目标、课程设置、家校企合作、数字资源、师资培训、商业链等相关的实物资料，为研究提供实证性证据。

以上述三种方法互为验证，从多个研究主体视角为残疾人职业教育供给侧支持保障体系调研提供可靠依据，验证基于供给侧结构性改革的支持保障体系对残疾人职业教育的实际影响，总结其中问题与不足，从而提出优化对策建议。

研究方法对应的研究内容和研究目标见表 1-1。

表 1-1　本书的研究方法、内容和目标

研究方法	具体方法	研究内容	研究目标
文献法	知识图谱解构	教育支持保障体系研究	形成理论基础，构建供给侧结构性改革视角下残疾人职业教育支持保障体系理论模型
		职业教育支持保障体系研究	
		残疾人职业教育支持保障体系研究	

研究方法	具体方法	研究内容	研究目标
实证研究法	访谈法 观察法 实物分析法	供给质量实证研究	验证供给侧结构性改革支持保障体系对残疾人职业教育的实际影响
		供给内容实证研究	
		供给方式实证研究	
		供给队伍实证研究	
		供给保障实证研究	

由表 1-1 可以看出,本书以文献法和实证研究法为主要研究方法。文献法通过知识图谱解构,对教育支持保障体系研究、职业教育支持保障体系研究和残疾人职业教育支持保障体系研究的文献进行内容梳理,形成基于社会支持理论、社会脆弱性理论、社会参与理论和优势视角理论构建的供给侧结构性改革视角下残疾人职业教育支持保障体系模型。实证研究法通过访谈法、观察法和实物分析法,对供给质量、内容、方式、队伍和保障展开实证研究,旨在验证供给侧结构性改革支持保障体系对残疾人职业教育的实际影响,分析产生残疾人职业教育供给侧的支持保障体系改革需求的原因,探寻新模式对满足这些需求的效果和完善对策。

开展残疾人职业教育是实现教育现代化、促进残疾人就业和全面发展的必要举措。近年来,随着互联网兴起,社会经济结构调整,岗位需求发生变化,提升残疾人职业教育质量、促进残疾人就业是适应新时代变化的题中应有之义。在国家、社会各界及教育部门的努力之下,我国残疾人职业教育规模不断扩大,保障条件日渐完善,但是残疾人职业教育进展与不足并存,其信息化建设不足、师资力量薄弱、学生就业难等问题较为突出,原因在于残疾人职业教育缺乏系统的支持体系。职业教育作为与市场衔接最为紧密的一种教育类型,对残疾人就业和社会融合具有重要意义。现有残疾人职业教育体系较为关注需求端、用人端的改革,然而面对当下经济发展形势,理应推进供给端、培养端职业教育体系发展改革。因此,为减少无效和低端供给、瞄准新型市场需求、提高人才培养质量,本书结合国内外职业教育支持保障体系的丰富研究成果,构建基于供给侧结构性改革的残疾人职业教育支持保障体系。

第二章　理论基础

残疾人职业教育供给侧结构性改革涉及残疾人职业教育结构调整、供给方式优化、供给效率提升等多方面内容,而改革迫切需要理论方面的指导,本章主要从社会支持理论、供给侧结构性改革理论、社会参与理论和优势视角理论出发,在论述残疾人职业教育供给侧结构性改革的合理性和迫切性的基础上,进行残疾人职业教育供给侧结构性改革的理论建构,为后续研究提供先期的理论支持。

第一节　社会支持理论

一、社会支持理论概述

(一)社会支持的起源

在研究残疾人社会保障体系的理论中,应用最多且最为广泛的是社会支持理论。"社会支持"一词于 20 世纪 70 年代首次在精神病学的研究中出现,此后逐渐拓展到其他研究领域,它与个体的生理、心理以及社会适应能力相互联系。社会支持对个体身心健康发展和情绪体验有着积极影响和重要意义①。在早期的研究过程中,社会支持指的是满足个体需求,给予其一定的同情和资源的帮助。20 世纪末,国内外的研究者开始聚焦于社会网络的构成以

---

① 李运亭.解读压力[J].企业研究,2003(11):49-51.

及如何利用社会网络为个体提供社会支持①。

(二)社会支持的概念

社会支持这一概念对人们来说并不陌生,不存在理解上的困难。人类社会产生时,人和人之间的相互支持也相伴而生。但是各个学科领域之间,关于社会支持的定义和内涵尚未达成一致,到目前为止,社会支持这一词仍然没有一个统一的界定。科布(Cobb)认为,社会支持主要包括三个内容:相信自己受到了关心和爱护;相信自己有尊严和潜在价值;相信自己属于社会网络中的一员②。泰勒(Taylor)在《健康心理学》一书中认为,社会支持包括两方面,其一来自个体所喜爱、尊重、珍惜和关注的人所提供的支持;其二来自亲戚朋友、配偶、父母和其他社会团体相互交流及共同的责任③。我国学者肖水源将社会支持划分为三个层面,即客观支持、主观支持以及个体利用度。客观支持主要包括物质层面、社会网络以及群体关系中的支持,是一种客观的、有形的、实际的支持;主观支持是指个体在社会互动中感受到尊重、支持和理解的情感体验;个体利用度是指个体对社会支持利用度的差异,人与人之间的支持是一种相互的过程,个体在对他人提供支持时,也为获得他人的支持奠定了基础④。学者程虹娟、龚永辉和朱从书整理了国内外关于社会支持的研究,将社会支持的定义从社会行为性质、社会互动关系、社会资源作用三方面进行了总结。首先,从社会行为的性质来考虑,社会支持指能够给予帮助或支持的一种行为或过程,是个体对社会需求的反应,是社会支持环境的来源,社会支持为个体提供的帮助是促进人类发展的力量或者因素;其次,从社会互动的角度来看,社会支持不仅仅是单方面的关心或者帮助,它还是社会成员之间的一种社会互动关系,在大多数情况下,这种互动表现为一种社会交换;最后,从社会资源的功能来看,社会支持是指社会支持网络中两个

---

①　梁君林.基于社会支持理论的社会保障再认识[J].苏州大学学报(哲学社会科学版),2013(1):42-48.

②　Cobb S. Presidential Address-1976. Social support as a moderator of life stress [J].Psychosomatic Medicine,1976(5):300-314.

③　Taylor S.E. Health Psychology[M].Boston:McGraw-Hill,2003:235.

④　肖水源.《社会支持评定量表》的理论基础与研究应用[J].临床精神医学杂志,1994(2):98-100.

成员(包括给予者和接受者)之间的资源互换①。李强表示,社会支持是指个体可以通过加强社会联系来减少内心的应激反应,缓解精神紧绷的状态,提高社会适应力,其中的社会联系是指来自个体的家庭成员、亲戚、同事、朋友、团体和社区提供的包括物质和精神方面的援助②。学者李强提出的从社会资源作用的视角来界定社会支持在国内的研究中较为典型,大多数学者比较认同此观点。本书中的社会支持主要指个体接受来自除自身之外的物质和精神方面的支持,并且通过这种支持提高自身社会适应能力。

二、社会支持理论的主要内容

(一)社会支持的核心要素

社会支持理论主要由主体、客体和内容三个要素构成,其中,支持主体是指包括政府、社区、社会组织和市场组织在内的社会支持供给者;支持客体是指在社会活动中遭遇某些困难而需要社会支持的弱势群体;支持内容是指为支持对象提供物质和精神两个层面的具体帮扶内容。

(二)社会支持的分类

从现有的研究来看,各学者研究的出发点和角度不同,因此对社会支持的具体内容分类各不相同。社会支持的分类主要按照两种方式进行划分,一种按照社会支持的内容(或功能)进行划分,另外一种按照社会支持的来源(或主体)进行划分。

1.按照社会支持的内容(或功能)划分

从社会支持的内容或功能来看,伴随社会支持理论研究的不断深入,研究者发现基于不同类型的社会关系,可以将社会支持划分为不同类型。1976年,学者卡恩(Kahn)和奎恩(Quinn)将社会支持划分为三种,即情感支持、帮助支持、肯定支持。其中,情感支持指帮助个体建立融洽和亲切的人际关系,同时提供情感交流;帮助支持指为个体提供有用信息和资源,让个体能够轻松适应环境中的压力;肯定支持指在个体面对困难时,帮助个体增强克服困

---

① 程虹娟,龚永辉,朱从书.青少年社会支持研究现状综述[J].健康心理学杂志,2003(5):351-353.

② 李强.社会支持与个体心理健康[J].天津社会科学,1998(1):3-5.

难的信心和勇气①。1983 年,巴雷拉(Barrera)和艾恩莱(Ainlay)将社会支持分为指导帮助、物质帮助、行为帮助、交往行为帮助、反馈帮助和社会互动帮助六方面。其中,指导帮助即为个体提供有效的信息;物质帮助即提供金钱或其他物质帮助;行为帮助,如在体力劳动工作上给予帮助;交往行为帮助,如表示尊敬、关切或理解;反馈帮助即对个体的想法、行为和情感提供个人反馈;社会互动帮助指为了娱乐和放松而参加的一种社会互动②。1985 年,科恩(Cohen)和威尔斯(Wills)基于资源的不同性质,将社会支持分为工具性支持、尊重支持、社会成员支持和信息支持四类③。

2. 按照社会支持的来源(或主体)划分

通常以社会支持的主体为划分依据,将社会支持分为正式和非正式的社会支持。正式社会支持包括提供系统化和制度化的社会支持,主要主体是政府、社会组织、社区等,例如政府颁布的各项法律和政策、社会保障制度、社区援助等;非正式社会支持主体包括社会专业人士、社会组织以及个人网络等,例如专家学者提供的方法指导,个体的家庭、朋友、邻里给予的关爱④。学者林顺利和孟亚男以支持主体为划分依据,将社会支持划分为四个方面,即个体社交网络的社会支持、社区提供的非正式支持、政府和专业组织提供的正式支持、社会组织和社会专业人员提供的专业技术支持⑤。学者许传新和王平将社会支持划分为三个层面:个体支持、群体支持、国家支持。个体支持指以人生价值为导向和以血缘关系为纽带的支持;群体支持即各种社会组织和团体,如学校或其他社会团体和组织的支持;国家支持主要指政府支持,指政府为被支持者提供法律层面的支持、社会舆论上的宣传、相关政策的优惠、社

①　Kahn R L, Quinn R P. Mental health: Social support and metropolitan problems [D]. Michigan: University of Michigan, 1976.

②　Barrera M, Ainlay S L. The structure of social support: A conceptual and empirical analysis[J]. Journal of Community Psychology, 1983(2): 133-143.

③　Cohen S, Wills T A. Stress, social support, and the buffering hypothesis[J]. Psychological Bulletin, 1985(2): 310-357.

④　王玲. 基于社会支持理论视角的听障大学生就业指导问题初探[J]. 绥化学院学报, 2014(10): 10-13.

⑤　林顺利, 孟亚男. 国内弱势群体社会支持研究述评[J]. 甘肃社会科学, 2010(1): 132-135, 156.

会行为的协调等①。基于不同分类,学者们虽然对社会支持的本质理解有所偏差,但其中许多观点相互重叠。

三、社会支持理论在残疾人职业教育供给侧的应用

社会支持理论认为,个体所接受的社会支持不仅可以帮助其自身解决实际生活问题,而且通过外部环境的帮助,个体同时能够提升自己的能力,形成属于自己的社会支持网络,当个体在遇到类似的困境时,可以从网络中获取资源和帮助以解决问题。简而言之,社会支持是通过构建社会网络关系对弱势群体给予救助和服务,这种救助不仅强调单向的关怀,且更多关注的是弱势群体改变自身地位,由被动变为主动,积极建构符合个体自身的社会支持网络,从而实现真正的意识自觉。

残疾人是社会弱势群体,极易陷入生活风险和经济缺乏保障的困境,如果任由其长期发展,这些状况将成为影响社会稳定和社会发展的巨大隐患。残疾人利用社会支持网络,从中获取救助和服务,改变自己处于社会不利地位的状况,并且在这一过程中,内化社会支持的观念,发挥个体主观能动,做到主动寻求社会帮助,最终使得社会支持机制得以平衡发展。

从残疾人职业教育供给侧结构来看,我国残疾人职业教育供给与需求两侧长期存在脱节、错位的现象,导致我国残疾人职业教育存在供给质量欠佳、供给内容缺乏、供给方式单一、供给队伍薄弱、供给保障体系不优等问题。因此,本书结合社会支持理论,提出为残疾人职业教育供给改革提供如图 2-1 所示的多方位支持。

图 2-1 试图从政府、学校、企业、社会公众等不同支持主体角度拓展研究,为残疾人职业教育提供相关政策法规、师资队伍、课程内容、实训基地、信息化平台等方面的支持,力图为残疾人职业教育保障体系提供多方面、全方位的社会支持,保证残疾人接受良好的职业教育。

---

① 许传新,王平.高校贫困生的社会支持因素分析[J].社会,2002(7):15-17.

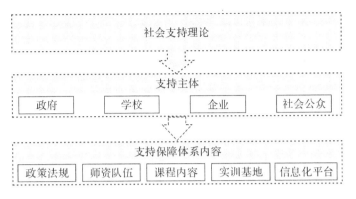

图 2-1 社会支持理论下的残疾人职业教育保障体系

(一)政府颁布相关法律

在致力推动残疾人职业教育事业发展的道路上,政府是主要的责任主体,是政策的制定者和践行者,负责制定与残疾人职业教育相关的法律法规、相关的政策实施细则以及具体的管理体制等。目前校企合作、产教融合、工学结合是职业教育发达国家培养技能型人才的主要方式,但是从我国目前残疾人职业教育发展的具体政策实践来看,我国在相关制度方面缺少相应保障,政府落实责任还不到位,在残疾人职业教育的经费保障、管理体制等方面还存在缺位现象,导致我国残疾人职业教育领域的校企合作、产教融合、工学结合流于表面,处于初步探索阶段,仅能满足少数学生实训和就业的需要。因此,政府部门首先要抓紧出台完善的法律法规,以保障残疾人在接受职业教育时有法可依、有章可循,维护残疾群体的正当合法权益。其次,政府要优化管理模式,加强和各部门之间的沟通协作,建立共享、共建的合作机制。残疾人职业教育不仅要在政府各部门之间建立协同机制,而且要在普通职业教育与残疾人职业教育、特殊教育与残疾人职业教育、残疾人职业学校与企业等之间建立联系,构建多元主体参与、多部门协作共同实施的管理体制。最后,要加强政策细则的可操作性和具体化。政府要进一步填补现有残疾人职业教育政策的空白或者细化现有的残疾人职业教育政策法规,明确特殊教育学校的教学和实训基地建设与管理细则、规范师资队伍建设、明确课程设置等。

(二)职业院校完善课程设置与师资队伍建设

残疾人职业院校是负责职业教育的主体,其主要承担办学条件、专业设置、教师师资队伍建设等方面的具体任务。残疾人职业教育专业设置不仅要契合残疾学生的个人能力、身心发展状况、兴趣特点等,而且应当考虑当地产业经济发展的特点,主动观察就业市场的择业标准,将残疾学生个人能力和企业的人才需求有效结合,并以此为依据,完善残疾人职业教育的培养方案。设置残疾人职业教育专业,要立足于就业市场的需求和区域经济发展的特点,打造区域化特色专业。亦是说,残疾人职业教育学校在拟定专业设置和培养人才时,应当注重市场调研,明晰市场对人才技能的专业要求,形成动态化的培养方案和专业设置,拓宽残疾人就业领域,将人才培养目标定位为培养出与地方产业发展需求相结合的技能型、应用型和复合型人才。残疾人职业教育的师资队伍建设是残疾人职业教育高质量发展中不可或缺的重要因素,教师队伍的能力素质影响着残疾人接受职业教育的质量。重视师资力量的提升,有助于促进教师队伍的专业发展,同时对残疾人职业教育事业的可持续发展也具有重要战略意义。为提高师资队伍的专业化水平,既需要建立一套完整的残疾人教师职前培训、在职培训和职后培训的师资培训制度,又需要建立健全职业教育培训的考核监管机制,政府要落实监督和管理工作,建立科学的师资队伍专业化建设绩效考核体系。职业教育教师不仅要掌握专业的职业学科知识,而且要掌握具体的实践知识,政府和职业院校要鼓励教师到企业和院校进行真实环境下的交流学习,提高自身的实践能力和完善教学技能,朝着"双师型"教师的方向发展,扩充教师队伍。

（三）企业应加强校企合作

企业拥有学校不具备的资源、场地和真实的就业环境,因此,企业应为残疾人职业教育院校提供实习实训基地、专业职业技能指导、就业安排等方面的支持。提升残疾人职业教育质量、丰富残疾人职业教育的办学形式、形成多主体参与办学的主要路径就是开展校企联合办学,充分发挥企业的优势,弥补学校的短板,进而提升残疾人职业教育的办学质量。为加强残疾人职业教育的校企合作,激发企业参与残疾人职业教育的积极性,政府应当出台配套政策和措施,通过政府给予补贴、税收优惠、购买服务等政策,吸引社会资本的投入,为企业共同参与残疾人职业教育建立良好的激励机制。积极引导社会各类企业以多种形式参与残疾人职业教育,发挥好企业在提供实习实践、培训基地、专业技能教学指导等方面的优势,激发企业积极主动参与残疾人职业教育的活力,有效增强企业的社会责任意识。

(四)社会公众更新观念

在社会公众层面,应当发挥社会资源的积极效用。社会力量的参与是构建现代化残疾人职业教育保障体系的重要力量。增强社会对残疾人职业教育的关切,不仅有助于民众改变对残疾人的歧视性认知,带动大家树立包容与尊重残疾人的良好心态,而且有助于民众接纳残疾人与健全人同为推动社会发展的积极力量的观念,将残疾人视为与健全人同等重要的社会群体,有利于实现残疾人与健全人之间的平等相处。

综上所述,基于社会支持理论,构建集政府、企业、学校、社会公众于一体的支持保障体系,最终为残疾人建构多领域、多层次的职业教育保障体系。值得注意的是,在将每一位残疾人纳入该社会支持保障系统中时,要强化其自身"造血"意识,将过去传统的"输血型"社会支持转为"造血型"社会支持。扭转传统社会支持单纯依靠需求侧帮助残疾人,导致残疾人自身失去造血功能,难以获得长远发展的弊端,积极构建基于供给侧结构性改革的残疾人职业教育社会支持体系,通过"授人以渔"的方式,在尊重残疾人主体需求的基础之上,打造适合其自身发展的教育模式和文化产品,不仅帮助残疾人提高职业能力,而且帮助提升残疾人的自身发展动力,打造出可循环的动力发展系统,真正实现残疾人独立发展。

第二节　供给侧结构性改革理论

一、供给侧结构性改革理论概述

党的十九大和二十大报告明确提出"深化供给侧结构性改革",促进了我国经济结构的优化和经济发展质量的提升,引发了社会广泛热议。"供给侧结构性改革"作为一种新的思维方式,对于经济发展意义重大,其为研究社会其他各领域存在的问题提供了一个新的路径。

(一)供给侧结构性改革的理论渊源

"供给侧结构性改革"概念源于19世纪初法国经济学家萨伊(Say)提出的"供给自动创造需求"理论,这一概念的提出对经济和社会发展具有重大意义。2015 年 11 月,习近平总书记在中央财经领导小组第十一次会议上首次提出"供给侧结构性改革"后①,很多学者围绕其展开了研究。最初提出供给侧结构性改革是为了解决经济领域内供给和需求两侧所产生的矛盾,提高经济发展质量和效率,促进各项资源的优化配置。供给侧结构性改革主要围绕质量和效率两个维度,改革不合理的经济结构,矫正各要素间配置的不均衡,提高供给效率,提升供给结构的适应性和灵活性,提升要素供给生产效率,更好地满足人民日益增长的美好生活需要,促进社会经济健康可持续发展②。

（二）供给侧结构性改革的定义

目前,国内学者对于供给侧结构性改革的定义并未达成共识。任兴洲指出,供给侧结构性改革的本质就是通过重新调整各生产要素,提高生产要素效率,完善供给结构,使生产端和供给端相互适应,从而达到解放生产力、提升竞争力、促进经济平衡健康发展的目的③。张占斌将供给侧结构性改革划分为三个方面:一是在"供给侧"方面,强调扩大有效供给,提高供给质量;二是在"结构性"方面,强调优化经济结构,促进转型升级;三是在"改革"方面,强调加强全面深化改革,以适应经济发展新常态④。习近平总书记明确指出,"我们讲的供给侧结构性改革,同西方经济学的供给学派不是一回事,不能把供给侧结构性改革看成是西方供给学派的翻版"⑤。我国的供给侧结构性改革更加注重"结构性"这一概念,强调供给与需求双方达到结构性平衡。亦是说,我国的结构性改革更加关注供给与需求两端,强调从整体结构上进行优化,供给侧注重结构性问题,需求侧关注总量性问题。供给和需求是对立统一的辩证关系,需求促进供给,供给在满足需求的同时又创造出新的需求,二

---

① 习近平.全面贯彻党的十八届五中全会精神 落实发展理念推进经济结构性改革[N].人民日报,2015-11-11(1).

② 周思璇.供给侧结构性改革背景下我国高等教育资源配置问题研究[D].长春:吉林财经大学,2020.

③ 任兴洲.供给侧结构性改革与商品交易市场的转型发展[J].中国流通经济,2016(6):98-101.

④ 张占斌.中央经济工作会议最大亮点:强调"供给侧结构性改革"[N].中国联合商报,2015-12-28(A4).

⑤ 中共中央党史和文献研究院.十八大以来重要文献选编(下)[M].北京:中央文献出版社,2018:172.

者缺一不可,以此循环①。这也表明,所有产业在经营过程中应注意市场需求的差异性,不能一味地单方面考虑供给,而不考虑市场的需求,需要对供给和需求进行系统性考量。为了避免市场供给与需求的结构性失衡,要转变经济增长方式,创新经济增长点,推动我国产业发展进入新常态,促进经济的高质量发展。

(三)供给侧结构性改革的必要性

迟福林从供给结构失衡视角对供给侧结构性改革的新需求问题展开了深入研究,指出落后的生产能力和供给结构无法有效满足市场需求,经济体系的供给侧结构无法满足经济社会发展的新需求,供给结构和新需求彼此不相适应②。进行供给侧结构性改革的主要原因归根结底还是"结构性"问题,进行供给侧结构性改革势在必行。供给侧结构性改革需要强调供给和需求各方的统筹发展,从多角度思考结构性问题,以充分发挥政策、企业、市场等主体的有效功能,完善人才和制度的有效供给。本书试图运用供给侧结构性改革理论分析我国残疾人职业教育存在的供给与需求的结构性失衡问题以及问题形成的原因,并以供给侧结构性改革理论为指导,从市场、企业、学校三个方面提出我国残疾人职业教育高质量发展的对策。

二、教育领域供给侧结构性改革可行性

(一)高等教育供给侧结构性改革可行性

2015年12月,国家"十三五"规划专家委员会委员蔡昉发文称:"进行供给侧结构性改革,就必须从教育体制改革突破。"③2016年两会期间,时任教育部部长袁贵仁提出:"中国高校的转型发展,实质上是中国高等教育供给侧结构性改革。"④"供给侧结构性改革"的思维运用到教育领域,能够解释教育领域出现的发展瓶颈,揭示教育供给与需求间的矛盾关系,有助于提出优化

① 中共中央党史和文献研究院.十八大以来重要文献选编(下)[M].北京:中央文献出版社,2018:173-174.
② 迟福林.深化供给侧改革重在处理好政府与市场关系[J].中国科技产业,2017(6):32.
③ 蔡昉.供给侧改革要求教育体制改革突破[N].上海证券报,2015-12-31(12).
④ 教育部长袁贵仁就"教育改革和发展"答记者问[EB/OL].(2016-03-14)[2023-04-15].http://www.gov.cn/guowuyuan/vom/2016-03/14/content_5053023.htm.

改进的策略。

　　就高等教育所具有的学术性与社会性供需关系而言,推进高等教育供给侧结构性改革不仅符合现代大学发展的理论逻辑,也是对当前高校转型要求的现实呼应。金保华和刘晓洁认为,针对当前我国高等教育结构失衡、质量欠佳、办学效益较低、创新动力不足等现实问题,推进高等教育供给侧结构性改革要以供给侧为突破口,通过调整与优化要素配置,在理念、机制、资源、技术等层面全面推动我国高等教育的改革与创新,提供优质教育成果以满足学生的需求,最终建立起能够引领时代发展与进步的高等教育体系①。孟维莹认为,经济领域的“供给侧结构性改革”必然影响到教育领域,提出要创新人才培养模式、转变教育发展理念、深化教育体制改革,将保障教育质量评估和建设现代化教育制度等作为教育供给侧结构性改革的重心②。王康提出,我国高等教育领域的“供给侧结构性改革”包括高等教育结构性改革和供给效率提升,二者的本质均是围绕教育资源优化配置问题所展开的③。

　　(二)职业教育供给侧结构性改革可行性

　　围绕职业教育领域供给侧结构性改革,吕景泉等人认为,职业教育作为整个国民教育体系的重要组成部分,是与经济发展结合最为紧密的教育类型,职业教育承担着为国家经济社会发展提供大批技术技能人才的重要任务。这一本质属性也决定了合理的职业教育供给体系结构对解决当前经济社会发展、经济结构合理化及转型升级对技术技能型人才需求问题起着非常重要的作用。在职业教育领域实现供给侧结构性改革,将有助于促进经济社会发展。④ 李政认为,应着眼于人才培养供给侧结构性改革,注重从人力资本提升角度出发,完善人力资源供给机制,优化人力资源供给结构,提升职业教育服务经济社会发展的能力⑤。郭广军、赵雄辉和钟建宁认为,供给侧结构性

---

　　① 金保华,刘晓洁.高等教育供给侧结构性改革的理论逻辑与实践路径[J].教育与经济,2016(6):17-23.

　　② 孟维莹.高等教育供给侧改革—人才培养问题研究[D].呼和浩特:内蒙古财经大学,2017.

　　③ 王康.在高教领域实施供给侧结构性改革[N].人民政协报,2017-04-26(10).

　　④ 吕景泉,马雁,杨延,等.职业教育:供给侧结构性改革[J].中国职业技术教育,2016(9):15-19.

　　⑤ 李政.职业教育供给侧结构性改革的现实之需[J].教育发展研究,2016(9):65-70.

改革要求职业教育对内激发师生主动性,对外激活社会、区域、行业参与性,通过供需联动机制模型构建高等职业教育供给侧结构性改革的长效机制,具体举措主要包括健全高等职业教育人才规划与经济社会发展联动机制、高等职业教育与产业结构联动机制、专业设置预警与专业调整联动机制、专业课程改革与市场需求联动机制、招生培养就业"三位一体"联动机制、人才市场需求监管与反馈联动机制和构建"多元联动"人才供需信息共享平台①。职业教育通过培养具备一定技能的高素质人才,服务经济社会发展,因此,职业教育供给侧结构性改革与经济领域的供给侧结构性改革密切关联,只有明确了职业教育"供给侧结构性改革"的理念导向和政策方向,才可以推动职业教育的稳定发展。我国职业教育改革一直专注于需求侧改革,对于供给侧结构性改革不够重视,这导致我国职业教育供给与需求失衡问题一直存在,教育结构失衡、人才技能培养能力薄弱、办学效益低下等问题长期困扰我国传统职业教育的发展。新时期,职业教育既要实现从需求侧改革向供给侧结构性改革的转变,又要紧抓规模、效益和质量。

三、残疾人职业教育供给侧的现实困境

(一)人才供给脱离市场需求

残疾人职业教育人才培养目标是将接受职业教育的残疾人培养成有理想、有道德、有文化、有纪律,同时德、智、体、美、劳全面发展的社会主义建设者和接班人。但是,在实际操作过程中,我国大多数残疾人职业院校对人才培养目标的认识不够准确,致使其在人才培养方面理论教学和实践教学安排不够平衡,或忽视理论教学,或忽视实践教学,未能将理论与实践教学有机统一,普遍存在以下三种情况:其一,专业知识和理论知识所占教学比重较大,学生实践操作能力教学比重不足,以至于培养出大量只会空谈理论而缺乏动手实践能力的人才;其二,学生实践操作能力教学比重较大,理论与专业知识教学所占比重不够,培养出的学生基础知识既不扎实,又缺乏相应的实践经验,学生较难适应社会经济发展的要求;其三,注重学生实践操作技能教学,专业知识教学也较为饱满,缺乏理论知识的教学安排,培养出的学生虽然当

① 郭广军,赵雄辉,钟建宁.新时代高等职业教育供给侧结构性改革路径与供需联动机制研究[J].教育与职业,2018(4):5-11.

下具有较好的专业技能和操作能力,但其后续发展潜能不足。

(二)供给方式与教学实际相分离

在教育教学过程中,只有教学理论与教学实践在教育过程中达到统一,理论才可以指导实践,实践进而推动理论的发展。但是,在实际的教学过程中,残疾人职业院校普遍存在以下问题:其一,未能厘清理论和实践之间的关系,割裂了理论和实践之间的联系,存在"重理论轻实践"的现象,忽视甚至违背教育发展规律;其二,直接照搬普通职业院校的教学模式,因缺乏实地考察和对残疾学生特殊性的考虑,导致残疾学生无法融入正常教学过程,进而影响学习效果;其三,缺乏实践设备和场所,无法为学生提供充足的实践场地,以至于缺乏实践机会;其四,学校与企业之间接触较少,学校课堂讲授内容大多局限于教材,忽视了企业和社会的实际需求,这种教学方式很容易使学生在技能培养方面与社会实践脱节,与社会的发展趋势不一致,偏离企业和社会实际发展需要。

(三)供给内容与区域经济发展脱节

残疾人就业一般在其生活的当地,因此,残疾人职业教育的发展与区域经济发展水平有着密切联系。职业教育应当依据本地区经济发展特色和企业对人才的要求,在专业设置方面做出相应的调整,以期满足当地企业对人才的需求。但是,由于长期形成的办学模式惯性,学校面对市场变动未能适时地调整专业设置,并且专业设置比较单一、缺乏特色,仅是开设一些常规的专业,忽视当地特色专业的开发,严重制约了残疾人职业教育的高质量发展。有的地方在开设残疾人职业教育时,其专业结构调整缺乏科学的依据,跟不上当地产业结构调整的步伐,专业培训的技术远远滞后于当下企业所使用的技术,导致学生毕业之后无法胜任就业岗位、离岗率较高。也有的学校设置的残疾人职业教育专业不仅面过窄,而且划分过细,与企业对人才的实际能力需求存在较大的偏差,导致学生的知识面较窄,专业素养不达标,在多样化需求的就业市场上缺乏竞争力。

四、供给侧结构性改革理论在残疾人职业教育中的策略

我国残疾人职业教育长期存在供需不平衡现象,职业学校学生脱离市场需求、课程内容偏离企业标准、专业设置与区域经济发展脱节等问题制约着残疾人职业教育的发展,本书以供给侧结构性改革理论为指导,构建如图 2-2

所示的残疾人职业教育供给侧结构性改革内容。

图 2-2 职业教育供给侧结构性改革内容

图 2-2 展示了如何从供给质量、供给内容、供给方式、供给队伍、供给保障体系五方面进行改革,为残疾人职业教育优化课程供给内容、提升师资队伍供给、完善多元化供给渠道、精准实施人职匹配构筑供给保障机制,切实优化残疾人职业教育供给体系,提高残疾人职业教育发展质量。

（一）优化课程供给内容

残疾人职业教育课程一般分为基础课程、特色课程和拓展课程。基础课程是残疾人职业教育课程的根基,对残疾学生掌握基础知识与技能、形成科学价值观具有奠基性作用,基础课程体现残疾人职业教育课程的基础性、科学性、贴近性和服务性的特点,是残疾人职业教育课程最核心的内容。特色课程是残疾人职业教育课程的主干,是促进学生形成职业技能、培养岗位胜任力的关键课程,特色课程呈现专业特色化、实用性、贯通性、岗课赛证融合、理实一体化的特征。拓展课程是残疾人职业教育课程的枝叶,是可以满足学生的职业兴趣、拓展残疾人职业技能领域、增强学生的岗位胜任力的个性化课程,拓展课程呈现满足个性化需求、实现发展性目标、依据现实性条件、打造信息化平台的特征。在残疾人职业教育课程中,职业院校要合理设置基础课程、特色课程、拓展课程三种课程的比例,以基础课程为基,以特色课程和拓展课程为辅,注重夯实基础的同时又推动特色化、个性化发展。

（二）提升师资队伍供给

残疾人师资队伍的质量不仅决定着职业教育发展的质量,而且影响着残疾人职业教育的供给质量,本书试图从以下几方面着手探讨建设卓越师资队伍。

第一,增加残疾人职业教育教师数量。一是增加残疾人职业教育教师编制。将中小学阶段和高中职业教育阶段教师的编制进行合理调整,增加职业教育教师编制,提高岗位吸引力。二是提高残疾人职业教育教师的薪资待遇。提高特殊职业教育教师的薪资补贴和待遇,吸引更多优秀的青年教育人才加入残疾人职业教育事业队伍。

第二,建设残疾人职业教育专业化师资队伍。一是引进高学历、专业化的教师。一方面,高校要注重培养满足残疾人职业教育需要、具有高标准职业教育能力的师资;另一方面,为扩大残疾人职业教育师资队伍来源,要加大对特殊教育专业硕士、博士的培养力度。二是引入"双师型"教师,加强校企协同育人,聘请优秀的企业人才来校兼职任教。学校从准入制度、薪资待遇等各方面向"双师型"教师、优质兼职教师倾斜,吸引优秀师资来校任教。三是提升在校教师的薪资待遇,改善教师生存环境,让优秀人才"留得下,留得住"。四是教师要注重提升自身专业素养。教师既要利用课余时间多阅读一些专业书籍,又要积极参加由学校组织的专业培训,通过自身终身学习和职后培训两条路径不断提高自身专业能力。

第三,重视教师培训。一是要完善培训体系。制定残疾人职业教育教师培训相关制度文件,规范残疾人职业教育教师培训,形成培训的周期性和常态化。二是增加培训专项资金。资金专款专用,提高残疾人职业教育教师参与培训的主动性和积极性。三是增强培训的实践性和针对性。残疾人职业教育教师除了掌握特殊教育相关知识,还应具备职业教育相关知识和技能,培训时既要强化职业理论知识,又要结合残疾人职业教育的具体岗位技能的教学技巧,对教师进行有针对性的教学能力培训。四是教师自身要重视培训。无论在职前还是职后培训中,残疾人职业教师应重视培训,认真对待培训,从中汲取营养,以提高自身专业能力。

第四,完善教师考核管理制度。一是对残疾人职业教师的考核要凸显其职业教育教师特色。残疾人职业教育教师的管理和考核不能仅仅着眼于其理论教学效果,更应该聚焦其职业技能的实际操作水平,对残疾人职业教师的特殊教育教师和职业教育教师双重身份进行系统考量。二是制定残疾人职业教育教师管理相关制度。学校管理者要基于本校实际情况,积极改革、创新思想,根据不同教师的职业生涯发展规划,制定出适合本校职业教育教师发展的管理考核机制。三是设置动态管理和考核激励机制。不同年龄阶段、不同教龄阶段的教师的工作能力和工作积极性不同,因此,要根据本校教师的年龄、教龄等设置教师的动态管理和考核激励机制,帮助教师以积极的情绪和饱满的状态投入残疾人职业教育中。

（三）完善多元化供给渠道

第一，建立家校合作供给的制度规范。针对家校之间缺乏合作及有效交流这一现实问题，残疾人职业学校应当从以下两方面加以改进：一是制定明晰的家校合作制度规范，使家校合作有章可循。家校合作的有效开展离不开制度的保障，制度不仅使家校合作开展的实践活动有了基本的依据，而且使家校合作的稳定性和可持续性有了抓手。残疾人职业学校应当建立健全相关的家校合作制度规范，从制度层面确立家校合作的地位和重要性，明确学校、教师和家长三方的权利和义务，促进教师和家长积极投身家校合作。二是完善家校合作制度规范的实施细则，鼓励家长和部分有能力的学生参与制定家校合作实施细则，家长、学生和学校在达成一致的情况下，协商制定详细的分工与合作细则，明确学校、教师、学生和家长各方的职责，提高可操作性和执行性，保障家校合作的顺利开展。

第二，改革家校合作的管理机制。一是部门负责人作为核心领导人物，应大力推动家校合作管理机制建设，扩大组织纳入对象，鼓励和支持教师参与，发挥教师在学校和家长间的沟通协调作用，同时适当放权将各教学组组长和核心家长也纳入家校合作管理体系，协助部门负责人处理相关事务。如此，不仅有助于减轻部门负责人的工作负担，使部门负责人可以有更多精力去思考和规划发展性的问题，而且有助于调动教师参与家校合作的积极性，有了教师的协助管理，家长的意见和想法能够得到及时有效的反馈，学校和家长之间的信息和沟通更加顺畅，有助于营造良好的家校关系氛围，从而提高家校合作的效率和家长对学校的满意度。二是制定家校合作活动的长远发展规划。相关管理人员应该做好内部分工和协调配合，使家校合作中的每一项活动都有与之相对应的负责人，实现权责利三者统一。在推进家校合作的过程中，学校可以依据实际需要对实施方案进行科学调整，使每一项家校合作项目均能够高效开展并具备可持续发展性。三是科学监督和评价促进家校合作的高效开展。将监督和评价体系纳入残疾人职业教育家校合作管理机制，对家校合作开展的过程和活动实施的结果进行过程性和结果性的评价和考核，实现家长、学生和学校的三向监督，将家校合作成效纳入教师的工作考核和绩效评定，制定明确的奖惩管理办法，激发残疾人职业教师参与家校合作的积极性。

第三,探索校企合作的有效机制。从实际出发,建立健全校企合作过程中的监督制度和评价机制,确保校企合作供给的质量和有效性。如何寻找校企合作的利益平衡点,最大限度地满足企业的利益诉求?建立校企之间的长效合作机制是解决该问题的着力点,因此,要加强校企之间的成果互认工作,学校和企业共同作为培育残疾学生职业教育的主体,应当依据双方达成的协议,协商制定人才培养方案,安排课程内容,增强教学成果的运用、转换和衔接。校企之间应该建立互惠互利、优势互补的长效合作机制,学校提供人力资源,企业提供就业发展平台,使企业、学校双方的资源供给实现真正的长期化和可持续发展。

第四,完善多元化供给渠道的配套机制。激发特殊教育学校在多元化供给渠道方面的发展动力,要从以下四个方面进行发力:一是政府要加大对残疾人职业教育供给方式改革的支持力度。政府通过专项拨款、合作共建等方式为残疾人职业教育学校多元化供给渠道的拓展提供资金支持。二是学校要主动寻求社会各方的支持与合作。学校要积极与社会各方力量建立广泛的联系,例如与社会公益组织合作获得社会各界对残疾人职业教育供给侧结构性改革的公益资金支持,或者与企业进行商业合作,通过出售职业教育学生的作品获取相应的资金,用于维持残疾人职业教育多元化供给渠道的发展等。三是壮大残疾人职业教育师资队伍。配备专门负责教师是进一步发展多元化职业教育供给渠道的重要前提和保障。建议各级政府和教育主管部门适当增加特殊教师的编制名额,确保有专门教师负责残疾人职业教育多元化供给渠道的健康发展,学校及教育相关部门应当建立完整的职业教师培训机制,增强培训内容的时效性,提高职教师资队伍的专业性。四是教师要深入了解学生。教师要对每个学生的能力、兴趣、心理特点和障碍程度等进行全面评估,充分了解每一位学生的身心特点,实时掌握学生的动态变化,根据评估结果将学生分成不同的能力组,为不同能力组的学生确定不同的职业教育供给渠道,设定不同能力组学生的学习目标以及生涯规划方案,做好残疾人职业教育的人职匹配落实工作。学校在为残疾人职业教育拓展多元化供给渠道的同时,也要做好对学生个人情况及家庭情况的调查工作,做到为学生提供精准、合适的职业教育供给渠道。

（四）精准实施人职匹配

人职匹配理论强调在个体个性特征与职业标准二者之间达到精准匹配，使资源分配合理性最大化，实现残疾人职业教育对象的多样化需求与不同职业需求之间的完美契合。随着互联网时代的到来，信息愈加透明化，要积极借助现代信息化技术和各大数据共享平台，将残疾人职业教育院校的人才培养目标与市场上职业岗位需求进行精准匹配。推进残疾人职业教育供给侧结构性改革，首先，要对残疾人进行合理的目标定位。开展残疾人职业教育的理念支撑是"以生为本"，关注每一个残疾人接受职业教育的具体需求和实际岗位就业可能。这就要求残疾人职业教育在设定目标时，既要考虑残疾人共性发展与社会职业的契合，又要关注不同障碍类型残疾人的个性化需求与可能就业岗位之间的匹配情况，最大限度实现人职匹配。其次，优化原有的职业教育目标。供给侧结构性改革需要对市场需求的新变化有敏锐的洞察力，能够根据当前劳动力市场变化进行动态分析，结合当下职业标准和就业岗位的技能需求，对原有职业教育目标进行优化，使教学内容能够与时俱进、不断更新，确保培养出的学生所掌握的技能是当下工作岗位正在使用的技能。再次，既参照普通职业教育又兼顾残疾人个体差异设置职业教育目标。残疾人职业教育要贯彻《国家职业教育改革实施方案》的要求，落实"三全育人"教育理念，将职业精神与政治思想的提升渗透到残疾人职业教育的目标设定中，使残疾人职业教育目标总体与国家职业教育发展方向相符合。最后，还要关注残疾人的个性差异，考量残疾人在障碍类型、障碍程度、基础能力、兴趣爱好和职业倾向等方面的差异，在设置目标时留有余地。在坚持总目标基本导向不变的前提下，对不同残疾人的目标可以因人而异，以帮助残疾人提升职业自我效能感，增强其胜任岗位的自信心。现阶段，残疾人职业教育课程目标虽然在一定程度上综合考虑了残疾个体的身心发展特征、市场及行业需求，但是未能充分考虑学生的兴趣爱好和未来职业岗位技能变化可能，未来设置课程目标时，需要注重"全人"理念的融入，关注残疾人自身发展需求和社会发展需求的统一，将相关行业标准和岗位技能考核要求纳入其中，从行业发展和岗位胜任力的角度实现目标设定的精准供给，从而有效提高残疾人职业教育的质量。

（五）构筑供给保障机制

目前，我国残疾人职业教育的质量亟须提升，专业建设与市场化需求脱轨,专业的设置与调整存在封闭化、盲目化、惯性化等问题。在技术革命对外部产业转型升级的影响力度不断加强的趋势下,社会所需要的劳动结构和岗位技能也发生了较大的转变,当下需要建立以市场为主导的动态开放的残疾人职业教育专业设置与调整机制。首先,要建立专门的残疾人职业教育办学质量评估反馈交流平台。残疾人职业教育涉及政府、学校、社会、行业、企业、残疾人个体等多个主体,如何将多个主体都纳入残疾人职业教育的办学质量评估体系,是残疾人职业教育供给侧结构性改革的重点。残疾人职业教育学校可以通过信息公开的形式定期邀请各主体对办学质量进行评估,收集各主体对残疾人职业教育办学的诉求,完善残疾人职业教育办学质量评估指标体系。其次,残疾人职业教育院校要成立内部质量监控督查体系。内部质量监控督查体系是残疾人职业院校对自我发展的自评,可以帮助残疾人职业院校及时发现并解决问题,避免问题的扩大。再次,要引入涉及多元化主体的第三方评估体系。与传统的由教育主管部门所进行的评估不同,多元化第三方评估主体可以将残疾人职业教育办学、管理和评估的主体进行分离,增强残疾人职业教育评估专业性、客观性和独立性。在评估过程中可以引入大数据、人工智能等信息技术手段,减少评估所需的人力资源和物力资源。第三方评估增强了评估结果的透明性和公开性,增强了评估的公信力。最后,构筑基于商业链需求的市场对接机制。基于商业链需求与市场建立对接机制,可以使职业教育生产出来的商品与市场无缝衔接,提高残疾人职业教育的变现能力,有助于调动更多残疾人从事商品生产的积极性,进而生产出更多符合市场期待的产品。

第三节　社会参与理论

一、社会参与理论概述

社会参与理论由黑塞(Hesse)等人提出,认为社会管理是指在管理社会的事务之际,改变过去由政府或市场为主体的单一参与模式,让政府、社会、市场、公民等多个组织或群体参与社会事务,形成一种多元主体参与模式①。目前,我国市场经济深入社会各领域,教育与社会之间已形成密切的联系,各利益主体之间的联系也日益得以加强,政府、学校、企业、家庭和社区共同构成了多元化的教育治理主体,它们之间的关系密不可分。亦是说,政府、学校、企业、家庭和社区等多元主体在共同促进教育公平、解决教育供需矛盾等方面发挥的作用日益凸显,成为实现教育善治的重要保障。

二、社会参与的框架结构

残疾人职业教育多元主体参与已经由传统政府单一参与模式改为由政府、企业、学校、家庭、社会组织和社区等多个主体共同参与模式,旨在提升残疾人职业教育供给质量,其具体结构见图 2-3。

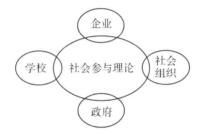

图 2-3　残疾人职业教育社会参与结构

图 2-3 是基于社会参与理论所构建的残疾人职业教育社会参与结构,此结构能够发挥社会多元主体的共同作用,让更多的主体参与进来,有助于政府、学校、企业、社会组织等构成参与共同体,构建多元一体的参与机制,真正践行"平等、参与、共享"理念。

(一)政府:主导型主体

在残疾人职业教育发展历程中,政府一直发挥着主导作用。但是,随着残疾人数量的不断增加,残疾人接受职业教育的需求和呼声日益增多,加之经济结构和产业结构的不断优化,市场就业的供需矛盾加深。在此背景下,残疾人职业教育的发展模式渐渐由单一政府主导,向政府、学校、企业、社会组织等多元主体合作转变。多元主体合作模式调动全社会力量参与残疾人

---

① Hesse B W, Hansen O, Finholt T. Social participation in health 2.0[J]. Computer,2010(43):45-52.

职业教育发展,政府作为其中的主导力量,主要职能既包括为残疾人职业教育供给提供制度框架和监督保障,又包括充分发挥市场的效率优势和社会组织的专业优势,为残疾人受教育的合法权益提供保证。

（二）学校:责任型主体

残疾人接受职业教育的主要场所是学校,承接残疾人职业教育任务的院校需要制定较为细致可行的人才培养标准方案,根据方案开展残疾人职业教育活动。残疾人职业教育的质量,不仅对残疾个体的身心健康发展和就业能力有较大影响,而且对残疾人办学的可持续发展亦有重要影响。因此,残疾人职业教育学校要强化办学责任,改善办学条件,在确保教师队伍稳定的前提下,积极扩大"双师型"队伍容量,不断提高残疾人职业教育教学质量。

（三）企业:推动型主体

企业在市场经济领域占据主体地位,是残疾人获取就业岗位的重要渠道。企业承担的社会责任与政府承担的社会责任相比,其营利目的更为突出。企业追求利益的特征决定了其在残疾人职业教育服务供给中具有效率优势,企业对市场敏锐的洞察力有助于其为职业人才培养提供更具时效性的岗位信息,进而推动残疾人职业学校的人才培养方案的修订和课程设置的改革。企业参与残疾人职业教育可以为残疾人职业教育供给侧结构性改革注入源源不断的新鲜血液,推动残疾人职业教育不断推陈出新,跟上时代科技发展的步伐,因此,企业在残疾人职业教育中发挥着不可替代的推动作用。

（四）社会组织:支持型主体

社会组织具有的公益性特质使其能够有效弥补"政府失灵"和"市场失灵",填补残疾人职业教育的空白区域。残疾人职业教育可以借助社会组织广泛性、灵活性、专业性的优势,既可以借助社会组织人员的专业性,适时选择部分专业人员纳入残疾人职业教育师资作为补充;又可以共享一些社会组织的信息平台,作为残疾人职业教育产品发布或者宣传的信息平台;还可以把社会组织的职业基地作为残疾人职业教育基地的有效补充。社会组织具备的整合多渠道信息资源的能力可以增强残疾人职业教育的针对性和适切性,成为残疾人职业教育的支持型主体。

三、社会参与残疾人职业教育现状

21 世纪,我国职业教育发展的进程不断加快。国务院印发的《国家中长期教育改革和发展规划纲要（2010—2020 年）》提出，要构建现代职业教育体系。随后，国务院于 2014 年印发《关于加快发展现代职业教育的决定》，教育部等六部门同年印发《现代职业教育体系建设规划（2014—2020 年）》。上述文件的陆续出台，标志我国现代职业教育体系制度设计基本完成，开始步入具有中国特色、制度化以及高质量的现代职业教育体系实施阶段。但是，上述文件就如何建设残疾人职业教育的内容涉及较少，缺乏相应的法律和保障措施，导致我国目前仍然面临残疾人职业教育层次低、社会的认可度和参与度不高等现实困难，如认为"正常人参与教育和就业都很困难，何况残疾人的教育和就业"，因此，在实际工作中，残疾人职业教育并没有被真正纳入整个教育事业的发展规划，社会参与残疾人职业教育的力量较弱、热情不高。目前，残疾人职业教育仍然是职业教育中的短板。

（一）社会参与办学程度不高

首先，我国开办残疾人职业院校的主要力量是教育部门，残联和其他社会组织较少参与其中。以残疾人中等职业学校为例，由其他社会力量举办的仅占 15% 左右。虽然近年来社会参与残疾人职业教育办学的情况有所改善，社会组织参与创办的残疾人职业学校数量有所增加，但是其所占比重依然偏低。其次，社会与政府、学校、市场四位一体共同作为参与教育治理的平等主体，而实然状态是"政府包揽一切""社会有心而无力""学校坐享其成"等，多元主体共治的局面变成政府统揽一切，社会力量逐渐失去参与残疾人职业教育的热情。最后，在参与残疾人职业教育治理的过程中，由于缺乏相关法律法规保障，具体细则操作性较弱，社会力量在参与过程中缺少话语权，其主动性和积极性逐渐降低，最终出现社会参与办学程度不高的情况[①]。

（二）企业参与残疾人职业教育热情度不高

就我国目前的残疾人职业教育实践而言，职业教育办学多以学校自办的形式为主，企业对残疾人职业教育参与热情不高，其较少真正参与残疾人职业教育，企业在残疾人职业教育中所发挥的作用相对较弱。社会虽然对技能型人才有较大的需求，但是长期以来社会对残疾人的就业存在偏见，致使企

---

① 林靖云，刘亚敏.我国教育治理中的社会参与：困境与出路[J].现代教育管理，2020（11）：44-50.

业质疑残疾人的职业价值,错误地认为残疾人即使经过严格、正规的职业教育也难以满足企业目前的岗位技能需求,故企业参与残疾人职业教育的积极性不高。因为缺少企业对人才需求的信息和使用后的评价反馈,所以残疾人职业教育学校在专业设置方面容易闭门造车,培养出的人才与市场现实需求脱钩,进一步从反面印证了企业对残疾人职业教育的错误观点,导致企业与残疾人职业教育的距离愈来愈远。虽然当下企业参与残疾人职业教育的热情在国家校企合作政策的引导下,相较于以往有了显著提升,但是因为国家相关政策不够细化,保障制度也不够完善,企业参与残疾人职业教育的程度和水平较低。

(三)残疾人就业安置的社会参与度不高

我国残疾人就业安置的社会参与度不高,现有残疾人就业安置模式较为单一,要么以庇护方式被政府安置在福利企业中,要么以不低于1.5%的比例被安排在非福利企业中。上述就业安置更多依赖政府的强制指令举措,较少有社会组织主动承担残疾人的就业安置任务。打破国家残疾人就业安置率45%的魔咒,需要社会各方力量积极合作,既可以出台政策鼓励残疾人自主创业,也可以出台政策鼓励更多地方企业接纳残疾人就业,还可以鼓励乡村农耕园创设更多的岗位接纳残疾人康养就业,多方位、多举措解决好残疾人就业安置。

四、社会参与理论在残疾人职业教育中的应用

传统残疾人职业教育发展模式因其参与主体单一且缺少完善的保障机制,较难吸纳更多的社会力量参与办学,唯有基于社会参与理论,构建多元主体参与的残疾人职业教育改革保障体系,方可吸引更多的社会力量参与残疾人职业教育。

(一)政府顶层设计,出台政策鼓励多方力量参与办学

政府通过颁布法律法规,出台相关措施,保障残疾人职业教育的发展。首先,政府要加大残疾人职业教育学校的建设力度。建设一定数量和具有一定规模、功能的专业残疾人职业教育院校和机构,使其满足残疾人接受高质量职业教育的需求,同时针对不同程度、类别的残疾人,提供适应其自身发展和需求的实训场地。政府要积极出台政策引导社会资本、社会行业、企业等增加办学投入,不断优化职业教育财政支出结构。此外,还可以放宽社会力

量参与办学的投资模式和形式,社会力量可以通过资金投入、人员投入、设备投入、技术投入等多种模式参与职业教育培训。还要明确社会力量投资后产权和收益占比等多种难解问题,通过进一步明确权益,激发社会力量参与职业教育的热情。通过办学主体的多元化发展,改变一直以来以政府为主导创办职业教育的局面,政府通过政策制定以及市场主体监管等多种方式,将多种社会力量参与的办学主体经营和发展权利下放到学校,进一步激发企业办学的积极性。其次,加强顶层设计,建设更加灵活开放的残疾人职业教育体系,打通各层级教育横向和纵向之间的衔接,确保残疾人职业教育升学通道畅通。再次,建立健全残疾人职业教育投入长效机制,保障其财政经费稳定,只有经费稳定,残疾人职业教育的保障和支持体系才更具有话语权。最后,政府制定企业办学的优惠政策。地方政府可以通过制定相关的职业教育补贴政策,进一步激发企业参与职业教育的热情。政府有关部门也要加强对企办职业教育培训学校的监管,确保政府补贴可以专款专用。通过将政策制定执行与有效监管相结合,确保能够培养出能力突出、技术全面的专业人才。

(二)职业学校紧密结合人才市场信息提升办学质量

职业学校是残疾人职业教育保障体系建设中最重要的一环,是残疾人职业教育服务的主要提供者。职业教育院校的师资力量、专业课程设置等都会直接影响残疾人职业教育的教学质量水平。残疾人职业院校是承担残疾人教育任务的重要机构,是保障残疾人接受职业教育最重要的一道屏障。进入新的历史时期,互联网、人工智能、云计算等信息技术迅速发展,社会各个生产领域出现颠覆性改变,岗位对求职者的职业能力提出更高、更新和更细的要求。残疾人职业院校的人才培养方案和办学模式已形成惯性,未能及时依据日新月异的市场变化做出调整,对专业设置进行优化,导致其专业设置脱离市场要求,缺乏适应性和灵活性,与地方产业发展联系不紧密。为此,其一,职业院校要完善师资队伍,优化课程设置。教师是教育事业必不可少的部分,为学生成长进步引路。高素质、专业化、数量充足的师资队伍是发展职业教育的关键和保证。残疾人职业教育是以残疾青少年为主要对象的教育,既遵循普通教育的一般规律,又有其自身的复杂性和独特性。因此,对从事残疾人职业教育的教师应当设置更高的任职资格要求。其二,打造人职匹配的专业课程。因个体身心发展存在差异,相对统一的课程要求和能力目标不适应残疾学生多样化、个性化的教育需求，难以将残疾人的潜在优势和特长发挥出来，因此，要依据不同个体的专长和优势，对残疾人职业教育的教学目标进行优化调整，打造人职匹配的个性化课程。为此，职业院校和企业等主体要对就业市场的情况进行综合分析，职业院校教师、企业专业技术人才和教育主管部门的工作人员共同组成智囊团队，综合分析人才市场的需求，对与残疾人相关的职业进行深度分析，明确所从事职业需要具备的基础知识、技能和能力，职业院校将这些就业要求纳入残疾人职业教育的课程内容和实践操作，使残疾人接受的知识和技能训练与未来所从事的职业相匹配。其三，开展残疾人职业能力评估。因每个残疾个体的残疾程度各不相同，身心发展存在差异，对职业教育的需求也有所不同，为有效挖掘残疾人潜在的优势，职业院校和企业需要对残疾学生的兴趣和认知水平进行评估，再根据评估报告构建职业课程体系，制定具体的课程计划和目标，完善相应课程评价机制，为残疾人提供未来职业发展方向，使残疾人职业能力与职业发展相吻合。需要注意的是，学校和企业对残疾人进行职业能力评估时，需要分阶段、分内容进行。以职业教育的开展过程为时间节点，将职业教育分为开始之前、过程之中以及完成之后三阶段。职业教育开始之前的评估主要以了解残疾人的职业兴趣、职业能力、认知水平为主，据此为残疾人制定符合其自身个性化发展的课程内容；职业教育过程之中随时对学生进行评估，调整教育目标和职业教育内容，职业评估呈现动态化态势，保证残疾人职业教育不会偏离就业市场需求；在职业教育完成之后，可以为残疾人未来的就业方向提供参考和建议，同时企业可以根据评估结果，合理安排符合残疾学生自身能力和兴趣的岗位。透过科学的职业能力评估，不仅有助于掌握残疾学生的职业潜在兴趣和未来发展方向，而且有助于保证残疾人职业教育更具指向性。此外，将企业和人才市场的需求纳入职业教育的课程目标和课程内容，有利于放大残疾学生的优势和潜能。开发人职匹配的课程内容，能促进残疾学生适应未来的职业发展，为后续的就业奠定基础。

（三）企业积极对接院校，强化校企合作

企业是构建残疾人职业教育支持保障体系的有力外援。企业是残疾学生毕业后的用人方，是残疾人职业教育支持保障参与主体中不可或缺的一部分。目前，学校与企业合作的方式主要是单方向驱动，更多的是学校要求企业怎样做,较少考虑企业的真正需要,未来需要向双方向驱动转变,让企业也参与到学校教育中来,对职业教育所需的专业人才培养目标、专业设置、教学要求、教学计划、课程和教材开发等提出建议。因此,要加快建立企业参与学校职业教育建设的保障机制,汲取企业对于人才培养模式的有效评价和建议,把企业的评价作为衡量办学质量的一项重要指标,促使残疾人职业院校所开发的专业课程、培养出来的人才和科研成果都能够真正满足市场和企业的要求,达到资源的精准对接和高效利用。

（四）充分发挥社会组织作用,提供多方位服务支持

残疾人职业教育要充分发挥社会组织的作用,调动社会组织参与残疾人职业教育志愿服务。借助社会组织的信息平台提供强有力的技术支撑。依托现代信息技术,构建"互联网＋教育"平台,把政府、学校、企业、家庭、个体有机整合在一起,对供给内容、方式和教学过程进行分析、检查、监督、评价和反馈,形成一个权责分明、相互促进的良性系统,实现残疾人职业教育保障全过程的实时化、动态化、网络化和信息化。另外,需要建立残疾人信息无障碍服务平台,为残疾人参与职业教育提供技术支持。

综上所述,新的历史时期,伴随着经济升级和不断转型,企业技术升级换代的速度也在不断加快,对于专业技术型人才的需求也较以往更为迫切。在此背景之下,我国残疾人职业教育也步入了一个崭新的发展阶段。过去那种单纯依靠政府和职业学校对残疾人进行职业教育和培训的方式已经无法满足新时代对职业技术人才的教育需求。在经济快速发展的时代,要使残疾人职业教育培养出满足企业和市场发展需求的人才,就需要政府简政放权,改变过去单一由政府承办的方式,通过制定相关政策和加强市场监管的方式,积极吸引社会力量参与职业教育,鼓励企业、社会组织等主体参与残疾人职业教育,通过促进残疾人职业教育办学主体的多元化,进一步激发企业、社区等主体参与残疾人职业办学的积极性,最终形成"政企校家"融为一体的新局面①。

---

① 王晓宗.吸引社会力量参与举办职业教育形式、路径及保障机制[J].职业技术教育,2018(26):16-18.

第四节 优势视角理论

一、优势视角理论概述

以往研究者对残疾人职业教育发展进行研究时,多从问题视角出发,强调将关注点聚焦残疾人自身的缺陷不足和所面临的问题以及困难方面。问题视角又称为缺陷视角[①],问题视角下的残疾人职业教育保障体系的构建看不到残疾人的优势和潜能,只一味强调残疾人的瑕疵、疾病和所处的社会弱势,凸显其被动等待社会救助的特性。将残疾人置于问题视角下,其只能以接受救助和服务的受助者形象出现,一般而言,处于此种视角下的残疾人没有尊严可言。问题视角很难改变残疾人的受助者形象,不利于提升残疾人的自尊,其社会地位和价值无法得到体现。与问题视角相反的是优势视角,优势视角也称为积极视角。优势视角理论相对于问题视角而言,以新的角度和眼光来看待残疾人,凸显残疾人所具有的优势,以积极的心态看待残疾人,强调残疾人相较健全者而言具有其自身的优势和社会价值。优势视角理论最初由美国堪萨斯大学的韦克(Weick)等人于1989年发表的一篇名为《社会工作实践的优势视角》的论文中提出。1992年,萨利贝格(Saleebeg)出版了《优势视角:社会工作实践的新模式》一书,该书详细介绍了优势视角理论,此后该理论在社会工作领域获得了广泛认可和传播。优势视角理论指出,传统问题视角下的社会工作具有两大弊端:其一,社会工作往往将目光聚焦于问题本身,将残疾人界定为问题,或者说把需要帮助的残疾人进行标签化,较容易导致社会工作以"问题"为导向,忽略残疾人作为服务对象本身所具有的优势,社会工作者往往内心存在一种悲观主义,以高高在上的怜悯同情的心态开展残疾人的社会工作。其二,问题视角下的社会工作往往将个体与环境进行剥离,未对残疾人周围的环境进行考察,仅针对其问题本身展开讨论,而此种方式最终将问题的根源归于残疾人自身。基于上述两点批判,优势视角下的社会工作在残疾人职业教育遇到问题时,更容易将其所遭遇到的问题与所

---

① 汤夺先,张甜甜,王增武.农村残疾人发展困境论析[J].残疾人研究,2012(1):12-16.

处的环境结合在一起,进行分析、界定,最后根据问题的特性和所处的环境,制订出一套帮助残疾人摆脱困境的计划。积极视角下的残疾人社会工作,不仅包含问题视角下的残疾人救助工作,而且结合积极心理学、社会建构、叙事治疗和寻解治疗,从一种新的角度挖掘个体其自身隐藏的潜力。王亮认为,优势视角理论要求社会工作者改变过去孤立或者集问题于不利处境者自身的思维方式,积极发现服务对象本身所蕴含的优势和潜能,在众多不利因素中帮助其寻找希望,走出困境①。

二、残疾人优势视角理论特征

(一)优势视角理论内涵

优势视角理论具有以下四个方面的内涵:

其一,优势无处不在。所谓优势就是相比之下有利的态势。相对于人类个体而言,优势的范围十分广泛,因为任何事物在某种特定的条件下都可以具有某一种优势。有的个体所具备的优势以明显的特征表现出来,有的个体的优势则具有隐形特征,在未来或者某种特定的情境下才能显现出来,这就需要社会工作者慢慢挖掘和调动。基于此,社会工作者的任务要么就是对其服务对象业已显现出的优势加以扩大,要么就是挖掘尚未显现的优势,唤醒这些优势并加以利用,以此对抗和抵消不利因素,最终帮助服务对象。

其二,优劣可以随时互换。优势视角理论认为,当个体处于不利处境之际,可能会遭遇各种风险和创伤,表面上看这是一种巨大的伤害,但是,万事万物都是相伴相生的,不幸中亦蕴含着机遇。优势视角理论要求人们正确看待得失,将不幸的经历视作人生的转折点,个体应该接受命运的挑战,借此实现人生的跨越式发展。亦是说,人生中的任何困难和经历,对于个体而言都是今后成长的一笔财富,困境中应该看到希望,以积极的心态接纳当下所经历的一切不利。

其三,合作与平等。在帮助服务对象时,社会工作者内心需要清楚,只有个体才是真正了解自身优势和能力的人。面对社会服务对象开展服务时,社会工作者要以参与者的身份,通过专业知识和专业标准衡量当时的基本状况,对服务对象做出客观、公正的评价,尤其要以平等的身份发掘被帮助者的

---

① 王亮.优势视角理论国内研究综述[J].社科纵横,2018(12):73-76.

优势和潜力。问题视角下的社会工作者往往将自己置于服务对象之上,占据主导地位,只注重问题的发现,而忽视对服务对象优势的挖掘,因而对服务对象缺乏客观的评判。而积极视角下的社会工作,有助于建立良好的合作关系,有助于破解上述问题视角所带来的困境,促使帮助活动达成目标,避免霸权出现。积极视角下的社会工作者和服务对象之间所构建的是一种平等的伙伴关系,社会工作者不是权威,他们以支持者、合作者的身份加入社会行动,为服务对象营造一种平等、安全、自在的氛围,并在此过程中,发现服务对象所蕴藏的优势和潜力。

其四,环境中蕴含各种资源。优势视角理论认为,优势资源不一定均以显性的方式呈现,也可能以隐性的方式予以呈现,例如由社会服务机构、政府等提供的资源,不仅包含资金、政策方面的显性资源,而且包含个人、团队、社区等隐性资源。所有的环境中都充满着资源,只有积极发现并加以利用,才能够挖掘全部的显性和隐性资源,并将其积极转换为优势资源,真正在社会工作中发挥出其应有的作用。

(二)残疾学生优势特征

结合优势视角理论的内涵,残疾学生具有如下三个方面的优势。

其一,残疾学生具有其独有的个体优势。个体因素主要指个体自身所特有的,区别于其他个体的因素,个体因素主要包括元认知能力、爱好、性格等。如何挖掘不同残疾人特有的优势并在社会工作中加以引导显得尤为重要。比如,可以将孤独症儿童所具有的刻板行为视为优势,利用此特征安排孤独症儿童进行物品摆放、超市理货等活动,将会获得较为理想的结果。部分智力障碍学生拥有良好的注意力和较强的手工制作能力,据此安排其从事钻石画、麦秆画、剪纸等活动,可以有效提高其参与活动的积极性和自信心。听力障碍学生不易受外界噪声干扰,这一优势使其在嘈杂的环境中从事操作活动会优于易受声音干扰的健全者。在从事残疾人教育时,教师需要深度挖掘残疾学生的优势,依据残疾人所独有的特长将其安排至特定的岗位,以提供机会展示其优势,进而推动残疾学生建立自信,更好地融入社会和集体,实现其自身的社会价值。

其二,残疾学生特有的家庭环境。残疾学生的家庭成员是其最重要的支持力量,残疾学生的家庭成员通常会对其寄予希望和期待,希望他们能够与健全者一样正常参与社会活动。家庭氛围、家庭关系、家庭教育以及情绪支持等因素对残疾学生的发展具有潜移默化的作用。温暖和谐的家庭氛围能够给残疾学生成长带来积极正面的影响,使他们在身处困境时有勇气迎接挑战,具备战胜和克服困难的自信。当残疾学生接受职业教育时,如果能够深入挖掘其家庭成员的职业岗位,结合其家庭成员所从事的岗位对其开展职业培训,既可以使残疾学生在学校受到职业技能指导,也可以让其回到家庭之后,接受来自家庭成员的职业技能指导,家校共育个体,促进残疾学生职业教育的质量提升。

其三,残疾学生所处的社会环境优势。社会环境因素包括政府、相关法律政策、社区氛围、社会公众的态度等。教育工作者要积极挖掘上述社会环境的优势,借助国家出台的残疾人职业教育政策相关条款、基础设施为残疾学生提供便利使用环境、创设个性化服务,抓住机会为残疾学生创设积极阳光的社会氛围,保障残疾学生的合法利益。在充满资源的社会环境中,政府要巩固最坚实的保障防线,学校应加强自身建设和开展特色服务,社区要通过发扬中华优良文化传统,加强社会人员对残疾学生的关爱。在健全的社会环境中,发扬残健同行、平等共享的良好社会风气。

三、优势视角构建残疾人职业教育保障体系的可行性

(一)理论可行性

运用优势视角理论构建残疾人职业教育保障体系具有其理论可行性,原因在于优势视角既关注残疾人当下所拥有的优势,又关注其潜在的力量和优势资源,坚信每个残疾人均具有潜能和优势,能够运用其自身的优势资源改变自己的不利处境,最终实现自己的预定目标。优势视角理论侧重于关注个案的优势和潜能,通过寻找自身优势资源和利用社会资源去解决个体遇到的困境。其理论可行性具体表现为:

第一,优势视角认为任何残疾人均可以改变现状。优势视角认为每个残疾人均拥有改变自己现状的能力,能够从现在所处的挫折和不幸的困境中解脱出来。无论是先天还是后天成为残疾人,他们均经历着一个从发现、接受到转变的过程。在此过程中,不同的残疾人会形成不同的态度去面对困难。残疾人教育工作者需要以平等的身份积极参与残疾人的教育活动,挖掘残疾人的潜能,帮助残疾人树立生活的信心,推动其向积极的方向转变。

第二,优势视角注重发挥残疾人自身的优势与利用所处环境的资源。每个残疾人在其成长过程中,均有属于自身的优势和环境资源。教育工作者要善于挖掘残疾人身上的优势,积极寻找残疾人所处周围环境中的优质资源,并将其引入残疾人的教育支持保障体系,帮助残疾人获得更多的社会支持。优势视角理论在构建残疾人职业教育支持保障体系时,较多强调利用他们的现有优势和环境资源,帮助他们看到自身的价值所在。具体而言,优势视角鼓励残疾人保持积极乐观的态度,科学利用自身的优势和所处环境的资源,走出"牢笼",冲破束缚,促进自身发展。

第三,优势视角冲破了问题视角"牢笼"。优势视角有助于消除传统问题视角带给残疾人的"污名化"和"标签化"困扰,将残疾人从"问题"中剥离出来,教育工作者关注的不是残疾人自身的问题,而是侧重关注残疾人现有的教育优势或者还未被挖掘出的潜在教育优势。以残疾人的教育优势为核心,充分肯定残疾人的个体能力和优势,注重对其潜能的充分挖掘。相较于传统问题视角,优势视角理念充分显示了对残疾人的尊重,既有助于教育工作者改变对残疾人观念和态度,又有助于残疾人形成积极的自我认知,极大地提升了残疾人的自尊心和自信心。

第四,优势视角理论有助于平等对话的产生。优势视角认为,教育者与残疾人的社会地位是平等的,无论个体身处政府、社区、学校还是家庭,其社会地位平等,不存在差异。接受职业教育的残疾人理应受到充分的尊重,从事残疾人职业教育支持体系构建的所有成员应以平等的身份与残疾人展开对话,不应持有怜悯同情之心可怜残疾人。

(二)现实可行性

优势视角有助于鼓励残疾人改变自身观念,加强自我关注、自我关爱,以乐观积极的态度生活。优势视角理论适用于残疾人的现实可行性在于:

第一,政府是优势视角下残疾人职业教育供给侧结构性改革保障模式建立的有力保障。政府通过出台相关法律法规、技能培训支持文件、心理咨询和创业与就业支持的对策等,为残疾人职业教育供给侧结构性改革提供系统的保障。将残疾人视为具有优势的个体,有助于政府提供完善的人员组织机制、保障投入机制、效果评估机制,将残疾人从社会生活的旁观者、赐予者转变为社会生活的主导者、维护者,最大限度地扫除残疾人追求美好生活、实现自我发展道路上的困难和障碍。

第二,通过营造和谐社会文化氛围,构建残疾人职业教育支持保障系统。优势视角下残疾人职业教育供给侧结构性改革呼唤和谐的外部环境,寄希望于挖掘社会优质资源,营造相互尊重、互帮互助、和谐善良的文化氛围。若处于社会或者基层社区中的每个健全者均能够以优势视角来看待残疾人,消除传统观念中对残疾人的歧视、傲慢和偏见,将有助于推动残疾人平等参与社会活动,为残疾人自信、自尊、自强的发展提供良好的人文环境。

第三,融合残疾人职业教育与残疾人社会工作,为残疾人职业教育提供双重保障。教育工作者与社会工作者共同发力,通过职业教育和社会工作两个着力点共同为残疾人职业教育发展提供支持,既有助于残疾人在职业领域发挥其价值,又有助于残疾人在社会活动中实现自我价值。

四、优势视角下的残疾人职业教育支持保障体系构建

将残疾人视为有潜能的个体,发现并挖掘他们的现有优势能力和潜在能力,应当在充分肯定残疾人的个人能力、发挥其人力资源优势的前提下,积极构建如图 2-4 所示的适应残疾人身心发展特点的职业教育支持保障体系。

图 2-4 优势视角下的残疾人职业教育保障体系

图 2-4 所示的支持保障体系主要围绕优势评估、人职匹配、抗逆力和职业生涯规划四个方面展开。

(一)优势评估

优势评估并非采用一套通用的标准评估工具对个体实施职业评估,其主要指以人为本、因材施教,根据残疾人的个性化特征,采用不同的科学评估方法评估残疾人的身体功能、心理状况、职业需求、优势能力及资源,结合其就业愿望,为残疾人量身定做一套专业化、系统化、全面化,适合其优势能力发展的评估方法。

（二）人职匹配

人职匹配强调将残疾人的个性特征与职业标准进行精准匹配，合理分配优质资源，追求资源效益最大化，使残疾人职业教育对象的多样化需求与不同行业或者岗位的技能标准实现完美契合。每个残疾人因其残疾程度、身心发展状况各不相同，运用人职匹配理论，可以在精准把控每位残疾人优势的前提下，将其安置在最合适的行业或者岗位，最大限度地发挥残疾人的特长，使其特长与所学习或者从事的职业岗位实现完美对接。在设置残疾人职业教育目标时，既要关注每位残疾人接受职业教育的现实需求，又要考量残疾人共性发展与社会职业的契合，最大限度实现残疾人个性化需求与职业教育之间的匹配。

（三）抗逆力

抗逆力是优势视角理论的内核，它认为每位残疾人都拥有一定的自身优势和有利资源，能够在就业逆境中理性地做出建设性、正向的选择，将逆境加以扭转从而使自己处于顺境之中。将抗逆力用于残疾人职业教育保障体系构建，首先，需要提升残疾人的就业信心，确立正确的职业观念。其次，需要注重残疾人自身的发展需要和内心的发展状况，将教师对残疾人职业教育的单向指导变为职业教育情境下的师生双向交流。根据残疾人的身心特点和社会职业需求，鼓励其持之以恒地从事所选择的职业岗位，进而实现自己的人生价值和社会价值。最后，需要增加残疾人就业和岗位胜任的实践机会，在实践中不断提高残疾人的职业抗逆力和职业胜任能力。

（四）职业生涯规划

对残疾人的职业指导应该贯穿残疾人的整个职业生涯过程。残疾人职业发展和个体的身心发展一样，是一个长期的、动态的、可持续发展的过程。残疾人的职业选择并不是在面临择业时才出现的，而是若干个连续发展的阶段，每个阶段都有其特点和任务。为此，构建残疾人职业教育支持保障体系要以残疾人的生涯发展为着眼点，将职业发展和个人的终身发展进行有机结合，将职业生涯规划逐渐渗透到残疾人的职业意识、职业成熟和职业角色技能发展各个阶段。黄捷梅提出，将职业指导贯穿残疾人的整个职业生涯，只有根据其个性化特征及需求，最大限度地挖掘残疾人的潜能和就业优势，增强其抗逆力，方能提供有效、高质量的职业指导，从多层面，多途径构建残疾人职业教育支持保障体系①。

　　本章论述了社会参与理论、供给侧结构性改革理论、社会支持理论和优势视角理论的主要内容,为残疾人职业教育供给侧结构性改革提供理论指导。第一节结合社会支持理论的供给质量、供给内容、供给方式、供给人员和供给质量维度,论述了集政府、企业、家庭、学校于一体的残疾人多领域、多层次的职业教育保障体系构建思路。第二节结合课程供给内容、卓越师资队伍、多元化供给渠道、人职匹配、保障机制改革,论述了提高残疾人职业教育发展质量的路径。第三节阐述了政府、企业、学校、家庭、社会组织和社区等多主体共同发力,构建残疾人职业教育支持体系的必要性和可行性。第四节将残疾人视作有潜能的个体,依据其优势和潜能,积极开发人职匹配的职业教育。上述理论的深入探讨为后续残疾人职业教育供给侧结构性改革的实证研究提供了理论指导。

---

①　黄捷梅.从优势视角看残疾人就业能力培养的现实意义[J].中国培训,2017(9):49.

第三章 残疾人职业教育供给侧结构性改革的内涵、特征及实施路径

本章主要包含三个方面的内容,即残疾人职业教育供给侧结构性改革的内涵、特征及实施路径。内涵部分首先从时代需求、现实需求、内在要求三个方面论述了残疾人职业教育供给侧结构性改革的必要性;其次,对供给侧结构性改革、职业教育供给侧结构性改革以及残疾人职业教育供给侧结构性改革的内涵进行了阐述;最后,总结残疾人职业教育供给侧结构性改革的意义。特征部分主要阐述了残疾人职业教育供给侧结构性改革的适应性、平衡性、整合性三个方面内容。实施路径部分主要从制度供给、供给目标、供给内容、供给方式、供给队伍、供给保障六个方面对残疾人职业教育供给侧结构性改革的可行路径展开了相应探寻。

第一节 残疾人职业教育供给侧结构性改革的内涵

供给侧结构性改革是国家经济发展转型下的一种新发展战略,残疾人职业教育是现代职业教育体系的重要分支,其主要目的是培养适应社会需求的技能操作型人才。它与社会市场经济变化的联系十分密切,尤其需要通过实施供给侧结构性改革提高残疾人职业教育的质量,提高民众对残疾人职业教育的认可度。残疾人职业教育供给侧结构性改革能够帮助残疾人职业教育实现内部的转型与升级。首先,从残疾人职业教育供给侧结构来看,我国残疾人职业教育供给侧与需求侧长期存在脱节、错位的现象,导致我国残疾人职业教育长期存在供给质量欠佳、供给内容缺乏、供给方式单一、供给队伍薄弱、供给保障体系不优等问题。其次,随着社会经济的纵深发展,残疾人职业

教育"供给侧"和"需求侧"两端之间的矛盾加深,劳动力输出质量不高与社会对高质量劳动力需求之间的矛盾,倒逼残疾人职业教育必须通过供给侧结构性改革实现自身的转型升级,以适应经济转型发展和产业结构调整升级的战略诉求和逻辑必然。

一、残疾人职业教育供给侧结构性改革的必要性

（一）残疾人职业教育发展的时代需求

随着信息革命和技术革命的到来,我国经济发展进入新阶段,增长速度由高速发展转型为中高速发展。经济结构的转型发展对残疾人职业教育的发展提出了新的要求,供给侧结构性改革的诸多要素与残疾人职业教育和经济新发展密切相关,因此,残疾人职业教育必须通过供给侧结构性改革适应时代的新发展。第一,产业结构的升级与调整要求残疾人职业教育必须做出改变。在第三次产业结构调整的浪潮下,传统落后产业、产能过剩产业逐渐退出市场,"三孩"政策以及人口老龄化速度加快等背景催生了健康、教育、医疗、旅游等生活性服务产业需求的快速增长,残疾人职业教育要根据市场需求的动态变化来设定人才培养的目标。第二,残疾人职业教育的对象不断扩大。传统的残疾人职业教育以视力障碍、听力障碍、智力障碍三类学生为主要教育对象,随着孤独症谱系障碍、注意缺陷多动障碍等类型的特殊群体检出率不断升高,残疾人职业教育的服务对象不再局限于传统的三类教育对象,至少包括《残疾人残疾分类和分级》中的所有障碍类型,且以最大限度满足残疾群体的多样化、个性化需求为主要供给内容。第三,现代信息技术的发展促使残疾人职业教育迎合时代发展的要求,以便在新时代背景下实现残疾人职业教育的高质量发展。"互联网＋"、人工智能、虚拟现实技术等的发展帮助残疾人实现了缺陷补偿与潜能开发,但是,这也要求原有残疾人职业教育的目标、内容等必须做出相应改变,以适应经济社会变革对残疾人职业教育发展的新需要,即所谓残疾人必须能够适应信息化时代就业的新局面。综上所述,经济高质量发展带来的产业结构调整与升级要求人才供给端必须做出相应改变以适应社会对人才的需求,此特点决定了残疾人职业教育必须依据教育对象的多元化需求,结合市场对人才的需求,按需为残疾人提供适合其发展的课程、教学与服务等。

（二）融入现代职业教育体系的现实需求

长期以来，与普通教育和职业教育相对完整的体系结构相比，我国残疾人职业教育体系层次较低，难以得到社会的认可。但是，需要明确指出的是，残疾人职业教育是职业教育的分支体系之一，其发展与整个职业教育体系乃至教育体系均存在密切的关系。1985年，我国就已经提出要逐步建立普职相联系的、层次结构丰富的职业教育发展体系，受制于社会环境和历史文化观念，虽然职业教育发展的目标已经明确，但是我国职业教育体系的建设进程仍然较为缓慢。进入21世纪，关于职业教育发展的相关专项政策文件相继颁布，构建现代职业教育体系成为职业教育发展的长期战略定位，从上而下推行的现代职业教育体系在国家层面的制度供给已经基本完成，现代职业教育体系开始在实践层面逐步践行。虽然职业教育的发展日趋完善，但是作为职业教育重要组成部分的残疾人职业教育发展速度却一直相对缓慢，与现代职业教育体系发展的速度不相匹配，甚至严重滞后于现代职业教育体系的发展步伐。2014年和2017年国家颁布的两期特殊教育提升计划均将扩大残疾人义务教育规模作为主线，但是其对于残疾人职业教育仅仅是简单提及，并未对各省（区、市）的残疾人职业教育办学数量和质量做出明确规定，未能从根本上推动残疾人职业教育质量的提升。随着残疾人职业教育办学数量的增加，关注发展质量的提升逐渐成为残疾人职业教育发展的重点。2018年，教育部等四部门印发《关于加快发展残疾人职业教育的若干意见》明确指出，要不断提高残疾人职业教育的质量。2021年，国务院发布的《"十四五"残疾人保障和发展规划》将残疾人职业教育的对象扩大为完成义务教育且有意愿接受职业教育的残疾青少年，他们都能接受适宜的中等职业教育。需要注意的是，虽然残疾人职业教育的对象范围扩大了，但是完成义务教育是接受职业教育的前提，这表明残疾人职业教育的发展开始注重与义务教育之间的衔接。教育部等部门发布的《"十四五"特殊教育发展提升行动计划》更是从接受教育的形式出发，遵循全纳教育的发展理念，"支持普通中等职业学校和普通高中接收残疾学生随班就读"，为其提供适合其发展的教育支持，这一举措促进了普通教育与职业教育的融合，给普适职业教育的发展带来了新变化。为此，必须加快推进残疾人职业教育领域的供给侧结构性改革，打通普通职业教育和特殊职业教育的人才培养通道，打破过去单一以特殊教育学校作为培养残疾人职业教育主体的人才培养模式,为残疾学生提供丰富多元的教育形式,努力实现残疾人职业教育的发展与现代职业教育体系建设的进程相一致,最终推动现代职业教育体系的不断完善。

(三)解决残疾人职业教育供需失衡的内在要求

供需结构失衡是残疾人职业教育供给侧结构性改革过程中面临的突出问题,而主要问题是残疾人职业教育人才供给端质量不高,需求端"疲软",供需结构面临严重的错配。一方面,残疾人职业教育人才供给的同质化问题突出。木工、缝纫、美发"老三样"长期占据残疾人职业教育课程的主要内容,这就导致残疾人职业教育培养的人才的知识与技能均落后于社会发展的需要,面临着被淘汰的巨大风险。另一方面,社会虽然对技能型人才有着较大的需求,但是长期以来对职业教育的偏见,加之残疾人身心发展的缺陷,致使社会质疑残疾人职业教育的价值,认为残疾人即使通过职业教育也难以胜任职业岗位。这种人才供需矛盾虽然是教育供给不合理的外在反映,但是残疾人职业教育的供给目标不明确、供给内容片面、供给方式单一、供给队伍不完善等造成的供给质量不高是其根本原因。因此,必须加快推进残疾人职业教育领域的供给侧结构性改革,转变社会对残疾人刻板消极的印象,以提高社会对残疾人职业教育的认同度,同时从供给端和需求端两侧入手,以供给端的改革为主,助力残疾人职业教育供需矛盾的解决,真正破除残疾人融入社会的结构性困境。

二、残疾人职业教育供给侧结构性改革的概念界定

(一)供给侧结构性改革

供给侧改革理论最早由西方的供给学派提出,属于经济学领域的概念。供给侧改革理论的核心观点强调供给能够创造需求,即在供给端发生变化后,需求端会发生相应的改变以自动适应供给端的新变化。基于此观点,供给学派认为,国家经济政策的制定需从供给端入手,通过生产力、物质资本、文化知识等供给要素的优化实现社会财富的增加。与"需求侧改革"学派所强调的政府要干预市场经济的运行不同,朱媛指出,"供给侧改革"学派认为,在实现经济稳步增长的过程中,政府要减少对市场的干预,转而把政府定位为市场竞争环境的营造者、市场竞争机制的维护者、市场活力的激发者,通过鼓励市场在社会资源配置中发挥决定性作用的方式激发市场活力,实现市场

主体的积极高效供给,从而促进经济稳步增长①。在经济领域内,传统的拉动经济增长的"三驾马车"——投资、消费、出口——是需求端的三大主要因素,人力资本、技术、物质资源等则是供给端的主要因素。供给侧结构性改革是马克思主义政治经济学基本原理同中国实践相结合的产物,其实质就是要在经济社会发展的各个领域内实施制度创新的基础上,使人力资源、物质资本、区域资源等各项供给端的要素资源在社会市场实现合理配置,从而最大限度激发市场主体的积极性,提高市场内部的生产活力,进而提升生产供给的效率。

《辞海》对"供给侧结构性改革"的解释是:以解决供需之间的矛盾,实现供需之间的协调推进为目的,从供给端的生产端入手,提升生产端的质量和品质以提高供给端的有效性和高效性。王一鸣、陈昌盛和李承健认为,"供给侧结构性改革"实施的重要方式是改革,内容是供需结构的优化和资源要素的合理配置,过程是高品质供给的增加和低品质供给的减少,最终目的是实现高水平的供需平衡②。基于此,陆明玉认为,我国"供给侧结构性改革"的内涵可以更为确切地定义为:以供给端为抓手,对供给端和需求端的诸多生产要素进行改革,以实现各个生产要素之间的合理配置与自由流动,使供给体系能够更好地适应社会市场需求的转变,从而实现生产效益的最大化和生产效率的有效提升③。换言之,"供给侧结构性改革"既反映着供给端资本、技术创新、人力资源、土地资源、制度等要素的优化与升级,又反映着需求端投资、消费、出口"三驾马车"对经济增长的拉动作用。

(二)职业教育供给侧结构性改革

供给侧结构性改革源于经济领域,随着经济领域内供给侧结构性改革的顺利进行,供给侧结构性改革也逐渐被引入教育领域。在整个经济社会发展的大体系中,教育属于供给端的生产要素,能够为社会经济的发展提供人力资源支持。胡重庆认为,教育发展的质量会对整个经济社会的发展速度和质

---

① 朱媛.职业教育供给侧结构性改革的理论源流、意义及方向[J].教育与职业,2017(1):13-19.

② 王一鸣,陈昌盛,李承健.正确理解供给侧结构性改革[N].人民日报,2016-03-29(7).

③ 陆明玉.职业教育供给侧改革:理念与路径[J].继续教育研究,2017(11):53-55.

量产生最为直接的影响①。在各级各类教育体系中,职业教育作为供给侧结构性改革中最具潜力的教育类型,其供给质量与社会高质量人才的输送直接挂钩。职业教育作为一种以培养社会专业技能型人才为主要目的的类型教育,其可持续发展需要社会多主体的协同合作与支持。职业教育涉及的主体不仅包括政府和职业教育院校,还包括与其相关的企业、行业,甚至社会中的各种资本,上述主体均会对职业教育的供给质量产生影响。与经济领域供给侧结构性改革试图从经济运行的源头出发解决问题的思路相一致,教育领域的供给侧结构性改革也需要从人才培养的源头着手进行教育改革,以培养适合经济社会发展的高水平人才,从而促进实现教育公平。姜大源指出,在职业教育领域,需求端的要素是国家及社会对职业教育培养的人力资源的需求和个人接受职业教育的需要;供给端的要素则是以职业教育院校、行业企业为主体的高水平职业教育人才培养②。黄文伟和李海东认为,国家在一定时期内基于社会发展的需求,为有支付能力的个体提供接受职业教育的机会,以及职业教育院校为社会提供的以人作为载体的教育产品③。

在教育领域,职业教育培养的目标、培养方式等与供给侧结构性改革中的人力资本、生产力等诸多要素有着密切的联系,供给侧从生产端入手的改革理念有利于当前职业教育深化改革的推进。学界对于职业教育供给侧结构性改革的相关研究存在不同的观点,涉及的视角主要有整体论视角下对供给侧和需求侧的全观、供给侧的对立面视角下的需求侧反推供给侧、要素论视角下对各资源要素的深入分析、主客体协同发展视角下对职业教育涉及的相关主体及资源要素的统筹分析等。与研究视角相对应,不同学者对职业教育供给侧结构性改革的内涵也持有不同的观点:其一,吕景泉等人认为,职业教育的供给侧结构性改革的目标是实现职业教育的高质量和持续性发展,而职业教育的高质量和持续性发展需要转变原有的以"需求侧拉动"的方式,转而以供给侧的深刻变革来实现职业教育的质量提升,在职业教育供给侧结构

---

① 胡重庆.供给侧改革下职业教育要素配置的优化[J].江西社会科学,2018(6):247-253.

② 姜大源.关于职业教育供需关系的理性思考[J].江苏教育,2010(6):23-25.

③ 黄文伟,李海东.职业教育供给侧改革的制度安排与政策设计[J].中国职业技术教育,2017(3):10-14.

性改革过程中出现的种种问题和面临的新需求是实现职业教育内涵式发展的重要因素[①]。其二,张雪和罗章认为,职业教育供给侧结构性改革需要深入分析职业教育领域供给侧和需求侧两端所涉及的资源要素,通过逐一击破各个要素来实现精准供给,进而提升供给的质量[②]。其三,伍成艳认为,职业教育供给侧结构性改革不能单纯依靠对资源要素的优化,还应将职业教育所涉及的院校、企业、行业等主体纳入其中,发挥职业教育主体对职业教育内外部资源的主导作用,同时重视社会市场需求在职业教育供给侧结构性改革中的决定性作用,最终以供给方式的丰富、供给结构的完善等来推动职业教育供给质量的提升,进而实现职业教育的高质量发展[③]。综上所述,职业教育供给侧结构性改革要正确认识两个客观规律,通过解决供给侧与需求侧的多对矛盾来实现职业教育主体与客体要素之间的协同发展,以合作效益的最大化来实现供给端质量的提升,从而推动职业教育的内涵式发展。上述的两个客观规律是指职业教育的本质规律和技能型人才培养的规律,多对矛盾是指人才输入与输出的结构性矛盾、职业教育主体之间信息不畅通的体制性矛盾等。

(三)残疾人职业教育供给侧结构性改革

在教育领域,义务教育主要解决的是教育机会公平的问题,确保人人都有学可上;职业教育主要解决的是教育结果公平的问题,确保人人通过职业教育可实现就业。残疾人职业教育作为义务教育阶段的延续,兼具普通职业教育和特殊教育的双重特点,承担着助力残疾人实现自我价值、助推社会文明进步的重要使命。传统的残疾人职业教育主要将其自身定位为劳动教育,目的是帮助残疾人学会简单的劳动技能,这不仅未能深刻理解劳动教育的内涵,反而窄化了残疾人职业教育的内涵,供给侧视角下的残疾人职业教育应以人的全面发展、教育公平作为理论基础,从缺陷补偿和潜能开发入手,坚持就业优先原则,丰富残疾人职业教育的内涵。

[①] 吕景泉,马雁,杨延,等.职业教育:供给侧结构性改革[J].中国职业技术教育,2016(9):15-19.

[②] 张雪,罗章.职业教育供给侧改革的内涵、价值与策略[J].教育与职业,2017(1):19-24.

[③] 伍成艳.职业教育供给侧改革的内涵、理念与路径探索[J].教育与职业.2017(3):11-17.

　　长期以来,受国家政策文件的影响,学界缺乏对残疾人职业教育内涵的深入探讨,已有残疾人职业教育内涵的相关成果也多为对国家相关政策文件的解读。中华人民共和国成立初期,国家经济、文化百废待兴,特殊教育学校的恢复与重建是该时期的主线任务,残疾人职业教育尚未得到应有的重视。当时的残疾人职业教育对象以视觉障碍学生和听觉障碍学生为主,残疾人职业教育形式以特殊教育学校开设的小学学段后的相关课程为主,残疾人职业教育的内容以劳动技能教育和职业劳动训练为主,残疾人职业教育师资主要由技师和技术工人承担。改革开放初期,职业劳动教育被职业技能教育所取代,残疾人职业教育的教育对象亦由视觉障碍学生和听觉障碍学生扩大到视觉障碍学生、听觉障碍学生和智力障碍学生三大类,同时残疾人职业教育贯穿各个年级的教学工作,提出各个年级均可视具体情况开展简单的职业技能教育,残疾人职业教育内容侧重培养生活自理能力、家务劳动能力及劳动习惯、简单生产劳动技能。20 世纪 90 年代,特殊教育学校开始发展初、中等残疾人职业教育,通过广泛开展中短期培训和课程教学变革的方式提高残疾人职业教育的针对性。进入 21 世纪,残疾人职业教育越来越受到国家和社会的重视。2007 年,中国残联、教育部颁布《残疾人中等职业学校设置标准(试行)》,明确了残疾人中等职业教育学校在校舍面积、校园功能区域划分、学生教师数量、设备配备、校园无障碍环境建设等方面的标准。使残疾人职业教育学校验收标准有章可循,残疾人职业教育摆脱了原来无标准体系的局面,其办学质量得到了进一步的提升。

　　随着国家经济发展的转型以及人口老龄化趋势的加快,加之信息技术革命带来的技术创新与产业转型升级,用人单位对新时代劳动力的知识技能和素质素养提出了更高的要求。国家通过顶层设计将残疾人的职业教育纳入上述变革之中,2014 年和 2017 年陆续出台的两期特殊教育提升计划、2016 年的《残疾人职业技能提升计划(2016—2020 年)》、2018 年教育部等四部门《关于加快发展残疾人职业教育的若干意见》以及《"十四五"特殊教育发展提升行动计划》等政策文件,均对残疾人职业教育规模、残疾人职业教育发展重点、残疾人职业技术技能的培养与训练等方面做出了相关规定,且重点关注以高中阶段为主的残疾人职业教育和残疾人高等职业教育。残疾人职业教育供给侧结构性改革通过实施教育改革和创新驱动,培育高水平人才以促进教育公平,首先,要扩大职业教育对象。教育对象从传统以视觉障碍、听觉障碍和智力障碍三类学生为主,扩展到包括孤独症谱系障碍、多重残疾等障碍类型人群。其次,要完善职业教育内容,明确职业教育目标。将职业教育目标从最初的实现简单生活自理和培养简易生产生活技能,转为缺陷补偿和潜能开发视域下,为残疾人量身定制职业教育支持体系,积极引导残疾人自主创业和就业,在劳动力市场中占据独特的优势地位。由此,我们可以从供给的组成部分出发对残疾人职业教育供给侧结构性改革做出如下定义:供给质量的提升是残疾人职业教育供给侧结构性改革要紧紧围绕的核心,通过供给内容方式的丰富、供给队伍建设的加强、供给保障体系的完善和供给结构机制的优化来达成残疾人职业教育供给侧结构性改革质量提升的目的(见图3-1)。

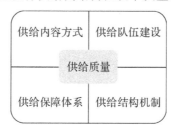

图 3-1   残疾人职业教育供给侧结构性改革内涵

图 3-1 表明,残疾人职业教育供给侧结构性改革的内涵主要围绕供给质量展开,包含改革供给队伍建设、供给内容方式、供给保障体系和供给结构机制四条具体路径。供给质量的提升需要通过政府简政放权激发市场在资源优化配置中的活力,保障残疾人职业教育供给的适应性和灵活性,同时结合残疾人身心发展的特殊性及个性化需求,根据经济社会转型发展的要求,对残疾人职业教育的类型结构、数量规模、质量提升等方面做出优化,以满足新时代残疾人职业高质量发展的需要。

三、残疾人职业教育供给侧结构性改革的意义

(一)优化教育资源供给

残疾人职业教育供给侧结构性改革不仅是职业教育纵深发展的重要因素,而且是关乎残疾人职业教育自身转型升级,实现内涵式发展的关键。通过残疾人职业教育供给侧结构性改革的体制和机制改革,能够打破传统的以简单单一技能为主的供给模式,实现复杂化高端优质资源的有效供给,提升供给的质量,使得残疾人职业的相关利益者能够获得更加契合其需求的资源

与服务,进而优化残疾人职业教育的办学目标、提高残疾人职业教育的办学层次、完善残疾人职业教育的管理机制,进而增强残疾人职业教育对社会的吸引力。

（二）促进人才供给结构的完善

残疾人职业教育供给侧结构性改革能够通过优化人才培养实现人才供给结构的完善。对于残疾人而言,"学习难""毕业难""就业难"是残疾人接受职业教育面临的三大难题,其中的"学习难"和"毕业难"是由于残疾人身心发展的缺陷所导致;"就业难"是建立在"毕业难"的基础上,因为社会对其抱有偏见与歧视导致残疾人毕业后找寻工作就业时陷入困境。残疾人职业教育唯有通过残疾人职业教育供给侧结构性改革,统筹需求端和供给端的矛盾,才能真正培养出既适合残疾人个性化、多元化发展需求又适应社会产业结构转型升级的人才,从而破解上述三大难题,促进残疾人职业教育人才供给结构的完善,提升残疾人职业教育供给质量。

（三）经济社会进一步发展的必然选择

面对经济社会的进一步发展,残疾人职业教育只有通过供给侧结构性改革,方能培养出适应经济社会转型发展的新型人才,实现人才培养目标。进入经济发展新阶段,残疾人职业教育要实现与经济社会转型发展同频共振,则必须转型升级,在教育内容、培养模式和教学方式等方面进行深刻变革。

第二节　残疾人职业教育供给侧结构性改革的特征

残疾人职业教育是我国现代职业教育体系的重要组成部分,在实现职业教育供给侧结构性改革中具有重要作用。李尚卫和沈有禄认为,中华人民共和国成立以来,我国残疾人职业教育经历了从恢复重建到逐步完善再到终身特殊职业教育体系初步构建的发展历程[①]。早在 1989 年我国就确立了以各级各类特殊教育学校为主体发展残疾人职业技术教育的方针,该方针的确立

---

① 李尚卫.沈有禄.我国特殊职业教育发展战略:回顾与展望[J].中国职业技术教育.2019(16):37-43.

使得我国残疾人职业教育在较长一段时间内获得了快速发展。但是,在供给侧结构性改革环境下,我国残疾人职业教育挑战与机遇并存。苏晗、赵长亮和石伟星指出,我国残疾人职业教育既面临产业结构升级改造导致的简单重复和低技术层次岗位减少、残疾人就业空间被挤压的挑战,又面临固有产业模式打破后新型职业涌现、残疾人就业途径和领域不断拓宽的机遇①。在经济、教育、就业三者之间交互作用的影响下,新时代残疾人职业教育供给侧结构性改革呈现出如下三个方面的新特征。

一、适应性特征

残疾人职业教育供给侧结构性改革的适应性特征主要体现在与经济社会发展、与职业教育体系发展、与残疾人个体身心发展相互适应三个方面。首先,残疾人职业教育供给侧结构性改革要与国家经济社会发展转型相适应,要与我国经济社会发展目标转向相一致。残疾人职业教育供给侧结构性改革需要以"高质量发展"为主要目标,积极借鉴国内外先进发展理念,协调来自供给侧和需求侧的多方矛盾,实现残疾人职业教育与时代的契合性发展。其次,残疾人职业教育供给侧结构性改革要适应现代职业教育体系发展的变革。残疾人职业教育作为职业教育的一个分支,其供给侧结构性改革必然要以普通职业教育的发展路径为参考,借鉴普通职业教育发展的成功经验,结合残疾人职业教育的特殊性,确立残疾人职业教育的目标、内容、方式、体系等。最后,残疾人职业教育供给侧结构性改革要与不同残障类型群体的身心发展特征相匹配。我国《残疾人残疾分类和分级》将残疾划分为七种类型,每种类型又依据障碍程度将残疾人划分为极重度、重度、中度、轻度四个等级。残疾人职业教育在进行供给侧结构性改革时,要充分考虑不同残障类型、障碍程度学生的个性特征、能力水平与发展需求,使改革后的残疾人职业教育更能适应残疾人身心发展特征,更能契合残疾人参与社会政治经济文化生活的需求。

二、平衡性特征

残疾人职业教育供给侧结构性改革的平衡性是指残疾人职业教育供给

---

① 苏晗,赵长亮,石伟星.新常态下特殊教育学校职业教育专业设置研究——基于十所残疾人中等职业学校的办学实践[J].现代特殊教育,2017(4):60-64.

侧结构性改革要解决残疾人职业教育领域内供需之间存在的矛盾,平衡残疾人职业教育的供给端与需求端。庄西真指出,残疾人职业教育供需矛盾集中体现在技能型人才供给与劳动力市场需求之间的矛盾、专业结构调整与产业转型升级之间的矛盾、资源优化配置与区域资源空间分布不均衡之间的矛盾、单一就业导向与受教育者多元化生涯发展之间的矛盾[①]。上述这些矛盾并非以单一的方式呈现,而是如图 3-2 所示,以环环相扣的方式呈现。

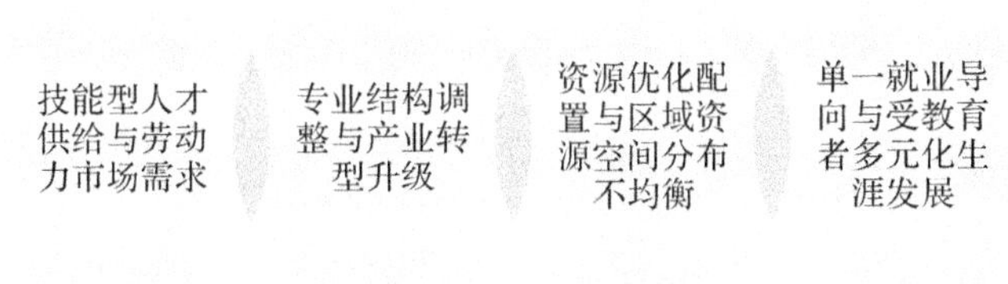

图 3-2　残疾人职业教育的供需矛盾

由图 3-2 可以看出,在社会经济转型发展时期,残疾人职业教育供给侧结构性改革是残疾人职业教育改革的起点,必须厘清残疾人职业教育人才培养供给侧与需求侧之间的关系。作为改革主体的残疾人职业院校在供给侧结构性改革背景下要强化“供给侧”理念,从“供给侧”视角出发考虑残疾人职业教育供需平衡的问题,既要平衡技能型人才输出与社会职业岗位需求之间的矛盾以及专业目标设置、课程内容与技术变革所带来的产业结构转型升级之间的矛盾,又要平衡残疾人职业教育各资源要素在不同人群、不同区域、不同地区之间的矛盾,更要平衡以残疾人就业为导向的残疾人片面发展与残疾群体多样化发展需求之间的矛盾。恰到好处地处理残疾人职业教育改革中供给侧与需求侧之间的关系,是残疾人职业教育供给侧结构性改革的重要特征,其深刻影响着残疾人职业教育供给侧结构性改革的质量。

三、整合性特征

残疾人职业教育供给侧结构性改革的整合性贯穿残疾人职业教育的全过程,具体体现为要将教育主体、教育目标、教育内容和教育资源等整合于残疾人职业教育中。陈水斌认为,我国幅员广阔,不同地区的资源类型、人口素

[①]　庄西真.职业教育供给侧结构性困境的时代表征[J].教育发展研究,2016(9):71-78.

质差异巨大,加之国家和地方建设的重点倾斜,形成了我国不同地域经济社会发展的不平衡局面①。残疾人职业教育在进行供给侧结构性改革的过程中既需要考虑地区、区域经济特色,又需要考虑职业教育与残疾人职业教育之间的均衡发展。首先,残疾人职业教育需要将政府、学校、社会、行业、家庭、社区和企业等社会力量整合起来,以推动残疾人职业教育事业的高质量发展。其次,残疾人职业教育在改革的过程中必然要考虑职业教育、特殊教育的共同规律,在整合二者的基础上对残疾人职业教育进行相应的完善。最后,残疾人职业教育供给侧结构性改革需要整合师资资源、科研资源、家庭资源和社会资源等各资源要素。对教育资源要素的有效整合,既有利于教育内容的完善,又有利于残疾人的当下成长与长远的积极发展。

第三节　残疾人职业教育供给侧结构性改革的实施路径

开展实施残疾人职业教育供给侧结构性改革是一项复杂长久的系统工程,推进残疾人职业教育供给侧结构性改革不仅需要宏观上的政策引领,而且需要微观上的操作指导。过去,我国对残疾人职业教育的改革较多关注残疾人的缺陷与障碍,对残疾人的期待值较低,忽视了残疾人职业教育对课程内容、师资队伍、教学实践等供给侧相关要素的建设需求,严重制约了残疾人职业教育质量的持续提升。因此,本研究试图为残疾人职业教育供给侧结构性改革构建如图 3-3 所示的实施路径。

图 3-3 提出从制度供给、供给目标、供给内容、供给方式、供给队伍和供给保障六个方面探索实施残疾人职业教育供给侧结构性改革的路径,破除残疾人职业教育当下所面临的诸多困难。

---

① 陈水斌.现代化经济体系建设背景下的职业教育供给侧改革[J].教育与职业,2019(2):25-31.

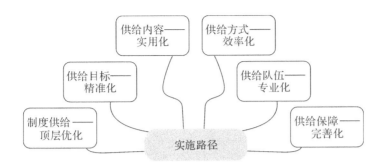

图 3-3　残疾人职业教育供给侧结构性改革的实施路径

一、加强制度顶层设计,形成教育改革合力

张旭刚指出,学校与企业合作、产业与教学融合、学习与工作结合,是全球职业教育较为发达国家培养技能型人才的主要方式①。残疾人职业教育供给侧结构性改革也应借鉴职业教育较为发达国家的成功经验,以推动残疾人职业教育的高质量发展。但是,当下我国残疾人职业教育领域的职业院校与相关企业之间的合作较为松散,产教融合和工学结合尚处于探索阶段,仅能满足极少数学生实训和就业的需求,其根源在于国家层面制度供给的缺乏。我国残疾人职业教育专项政策法律法规文本缺位,残疾人职业教育的相关规定散见于法律文本或政策文件中,难以适应残疾人职业教育内外发展环境面临的深刻变革。2007 年,中国残联、教育部颁布的《残疾人中等职业学校设置标准(试行)》从校园面积、学校环境、办学规模、师资队伍配备、校园基础设施建设等方面确立了中等职业教育学校建设的最低标准②。此后,国家有关残疾人职业教育的相关制度一直空缺,直到 2016 年才出台《残疾人职业技能提升计划(2016—2020 年)》,将学习型社会倡导的终身教育理念融入残疾人职业教育技能培养与训练过程。在残疾人职业教育中落实终身教育理念能够更好地满足不同障碍类型、不同障碍程度残疾人的学习需求。2018 年,教育部等四部门出台《关于加快发展残疾人职业教育的若干意见》,对残疾人职业教育做出了新的指示,残疾人职业教育的快速发展是未来较长一段时间内特

---

① 张旭刚.高职教育供给侧结构性改革的四维透视:逻辑、内涵、路径及保障[J].职教论坛,2016(28):57-61.

② 中国残联、教育部关于印发《残疾人中等职业学校设置标准(试行)》的通知[EB/OL].(2007-04-28)[2022-02-16].http://www.bddpf.cn/newsshow.php? cid=2&id=66.

殊教育发展的重点。2022年,教育部等部门发布了《"十四五"特殊教育发展提升行动计划》,要求重视高中阶段的残疾人职业教育,同时全纳教育理念下的随班就读成为残疾人接受职业教育的一种重要方式①。上述举措有助于推动残疾人职业教育与特殊教育的深度融合。孙会和张金福指出,残疾人职业教育政策体系结构不完善、实施模式单一、执行主体界定不清、文本表述缺乏针对性和操作性,这些仍是制约残疾人职业发展的主要因素②。因此,需要从以下四个方面发力解决上述问题:第一,进一步推动残疾人职业教育相关政策结构体系以及法律法规的完善。国家在出台残疾人职业教育相关政策和法规时,需要注重政策及法律法规内部的实用整合性和政策法律法规间的有效衔接性。出台的残疾人职业教育相关的政策和法律法规内容及其体系的构建要将中国特色社会主义制度、经济发展历程和历史文化积淀等考虑在内,制定并确立符合我国残疾人职业教育发展实际的办学方式、办学目标、管理机制等,力图通过顶层设计构建一个科学合理、衔接有序的残疾人职业教育结构体系。第二,明确残疾人职业教育政策的执行主体。唯有明确了残疾人职业教育政策的执行主体,才可以有效避免各主体间责任推诿的现象。与健全者不同,残疾人因其身心发展障碍所致的社会弱势地位,决定了残疾人职业教育的供给主体应该以政府为主。以政府为主导,学校、家庭和企业等社会力量作为重要支撑的制度供给体系能够最大限度优化残疾人职业教育的内容和机制,改变残疾人边缘化的社会地位。第三,优化残疾人职业教育的管理模式。优化残疾人职业教育的管理模式可以通过加强政府和各部门之间的沟通协作,建立多方、多种信息、资源共享协同合作的工作机制来实现。残疾人职业教育是一种跨界合作性质极强的教育,既需要政府各部门之间建立协同机制,又需要残疾人职业教育与普通职业教育、特殊教育、学校与企业等部门之间建立联系,唯有建立多元主体参与、多部门协作共同实施的管理体制,方可达成残疾人职业教育的高效管理模式。第四,加强政策细则

---

① 国务院办公厅关于转发教育部等部门"十四五"特殊教育发展提升行动计划的通知[EB/OL].(2022-01-25)[2022-02-22]. http://www.gov.cn/zhengce/zhengceku/2022-01/25/content_5670341.htm.

② 孙会,张金福.政策过程视域下我国残疾人职业教育支持服务体系的建构、困境与优化[J].职业技术教育,2020(19):46-51.

的可操作性和具体化。国家出台残疾人职业教育相关政策时,需要进一步明确特殊教育学校的教学和实训基地建设与管理细则,规范师资队伍建设,明确课程设置等内容,以填补现有残疾人职业教育政策的空白,或者细化现有的残疾人职业教育政策法规内容。在政策文本的表述上,应该避免使用强制性和可行性低的词汇,规范政策文本术语的表达,以便加强细化政策的执行力。

二、科学设计教育目标,实现人才供给精准化

与供求理论界"需求决定供给"与"供给创造需求"的争论相似,残疾人职业教育领域亦存有市场人才需求与学校人才供给的矛盾。供需错位是目前人才供给市场最大的问题。因此,及时且准确把握劳动力市场的人才需求状况是解决上述问题的关键。残疾人职业教育的最终目的是实现残疾人的政治、经济与生活的融合,使其能够在独立生活的同时最大限度实现个体的自我价值,其核心在于帮助残疾人获得适应劳动市场需求的就业能力。而设定残疾人职业教育的目标在残疾人职业教育供给侧结构性改革中具有先导性作用。残疾人职业教育供给侧结构性改革要依据人职匹配理论,科学设计办学目标、培养目标和课程目标,以提高残疾人职业教育供给的精准性。人职匹配理论最早由美国波士顿大学的帕森斯(Parsons)教授提出,后经过霍兰德(Holland)人格类型理论的补充与发展,现已成为职业教育领域的重要指导思想之一。人职匹配理论强调个体的个性特征与职业特点达成最佳匹配,其核心观点有助于在残疾人职业教育对象的多样化与职业需求之间达成完美契合。首先,残疾人职业教育供给侧结构性改革要对残疾人职业教育设置目标定位;其次,要坚持"以生为本"理念开展残疾人职业教育,关注每一个残疾人在接受职业教育方面的需求;最后,明确残疾人职业教育面向谁的问题,根据残疾人身心发展特征和岗位需求有针对性地设定目标。具体而言,在设定残疾人职业教育目标时,既需要考虑残疾人共性发展与社会职业的契合,又要关注不同障碍类型残疾人个性化需求与职业教育类型之间的匹配,以最大限度实现人职匹配。因为市场需求不断有新变化,所以要求残疾人职业教育需在分析劳动力市场人才供需的基础上,结合职业标准内容分析专业特色,优化原有的职业教育目标,使残疾人职业教育标准与市场日新月异的需求协同发展。普通职业教育人才培养方案对于技术市场的变革较为敏感,因此残疾

人职业教育目标设定需要多借鉴普通职业教育的相关目标和内容,参考普通职业教育目标,在残疾人职业教育改革中落实"三全育人"教育理念,将职业精神与政治思想的提升渗透到残疾人职业教育的目标设定中,使残疾人职业教育目标总体与国家职业教育发展方向相符合。要借助现代信息化技术和各大数据共享平台,为残疾人职业教育院校设定人才培养目标提供市场依据。残疾人职业教育院校可利用信息共享平台对社会经济发展动态、行业发展预测及结构布局调整、区域内职业教育课程特色、毕业生整体就业情况、用人单位满意度以及劳动力市场的人才供需状况等进行深入分析,切实按照市场所需设定残疾人职业教育目标。残疾人职业教育需要"以生为本",职业教育的开设要关注残疾人的个性差异,因为不同障碍类型、障碍程度的残疾人的基础能力、兴趣爱好和职业倾向等方面均存在较大的个体差异,因此在设定目标时,要贯彻弹性化的原则,在坚持总目标基本导向不变的前提下,对不同残疾人的目标可以因人而异,以帮助残疾人提升职业自我效能感,树立从业的自信心。现阶段残疾人职业教育课程目标虽然在一定程度上回应了残疾人职业教育"面向谁"的问题,依据残疾人的身心发展特征、市场及行业需求设置课程目标,但是在实际操作时,未能充分考虑残疾学生的兴趣爱好和未来职业发展需求。未来设置课程目标时,应注重"全人"理念的融入,关注残疾人自身发展需求和社会发展需求的统一,将相关行业标准纳入其中,从行业发展的角度实现目标设定的精准供给,从而有效提高残疾人职业教育的质量。

三、完善内容体系,激发人才供给实用性

陈晨明指出,现代经济学认为,需求决定供给发生于经济社会发展的早期阶段,此时供给完全按照社会市场的需求进行生产,但是当需求发展到一定阶段后,供给端发生的创造性改变在一定程度上能够提升消费者的需求欲望,从而创造较高水平的消费[①]。残疾人职业教育需要在内容体系上做出改变以培养适应社会发展的实用型人才。郭文斌和何溪认为,课程作为残疾人

---

① 陈晨明.从要素投入到结构优化:职业教育供给侧改革的路径选择[J].教育学术月刊,2016(9):16-21.

职业教育实施的重要载体,深刻影响着残疾人职业教育活动的有效开展①。刘俊卿认为,我国残疾人职业教育课程长期以来主要参考普通学校的职业教育课程设置,课程内容缺少创新性、适应性和变通性,难以适应信息化时代下残疾人职业教育的深刻变革②。因此,残疾人职业教育需要基于岗位胜任力和信息化的双重需求,在课程内容上注重特色性、实用性、延续性和前沿性等,以拓宽残疾人职业内容的广度和深度。具体而言,可以通过以下三个方面加以实施:首先,要体现残疾人职业教育课程内容的特色。残疾人职业教育课程内容的特色性是指残疾人职业教育院校在国家法律法规和宏观政策的支持下,充分发挥院校自身的能动性,根据本地区经济发展水平和传统文化历史积淀,有目的地挖掘当地非物质文化遗产,在充分市场调研的基础上,大胆尝试开设满足当地市场需求的特色课程,实现残疾人职业教育课程开设的特色化。沈勇认为,职业教育特色课程开设与非物质文化遗产结合极具优势③。随着人们的精神文化需求日趋多样化和个性化,开设特色职业教育课程在一定程度上能够创造新的需求,引领新的消费热点,从而满足物质富裕之后人们更高层次的精神需求,扩大现有的文化精神消费市场,实现供给端的良性改革。残疾人职业教育院校可以根据本校实际情况,将地方传统美食、地方曲艺、传统技艺以及传统中医药等地域特色文化内涵丰富的非物质文化遗产与课程结合,开设区域特色职业教育课程。其次,残疾人职业教育课程要注重实用性。供给侧结构性改革背景下,产业结构调整与升级致使传统职业被迫淘汰或升级,原有的木工、缝纫、美发"老三样"已经无法适应社会对人才的需要。技术革命下新职业、新岗位不断涌现,残疾人职业院校需要重新审视自身职业课程设置的合理性,在优化原有课程设置的同时,开设新的适应时代新发展的职业教育课程,课程内容亦应顺应时代发展的需求,以实用性技能为主,如以淘宝客服、微商、直播带货等新型职业岗位作为导向优化课程内容。最后,残疾人职业教育课程要注重延续性与前沿性。学习型社

---

①　郭文斌,何溪.特殊教育学校职业教育课程设置现状及对策研究[J].现代特殊教育,2018(13):63-69.

②　刘俊卿.我国特殊教育学校职业教育发展的历史经验、现实问题及未来选择[J].中国特殊教育,2011(3):3-7.

③　沈勇.非物质文化遗产资源在艺术类高职院校特色专业建设中的优势与价值[J].艺术教育,2011(3):49-51.

会对社会成员提出了新的要求,即每一位社会成员均要进行持续不断的学习,方能满足社会和个体发展的需要。这与新时代下职业技术发展、家庭生活方式、信息传递方式变化速度不断加快的趋势相匹配,要求残疾人职业院校在遴选课程内容时更注重其延续性和前沿性,以便更新残疾人的原有的知识观念,使残疾人能够在学校阶段的学习中不断掌握新的适应社会发展的能力。院校开设残疾人职业教育课程时,不仅要教授残疾人知识、技能、情感态度与价值观,而且要让残疾人学会学习。教师在授课时,要有意识地将国内外的前沿知识纳入课程内容,从全局出发为残疾人制定适合其发展的职业生涯规划。

四、丰富供给方式,助推人才供给效率化

传统的残疾人职业教育多在学校课堂情境中实施,偏重理论传授,企业、家庭、社区等主体并未深度参与其中,信息化教学方式尤其是虚拟现实等技术手段在残疾人职业教育中未能发挥其应有的重要作用。要破解上述困境,需要从以下三个方面丰富残疾人职业教育供给方式:首先,加强校企行业之间的合作。残疾人职业教育的供给侧结构性改革需要残疾人职业教育院校与相关企业行业协同合作,使企业行业在推进残疾人职业教育供给侧结构性改革中发挥重要作用。残疾人职业院校和各类型企业、行业的合作,以开设实践类技能为主要抓手,职业教育课程不仅最大限度满足残疾人的个性化需求,而且满足社会市场对人才供给端的要求。企业作为生产实践的主要场所和技能型人才的主要聚集地,能够为残疾人提供真实的工作情境和专业的实训指导教师。但是,当前我国残疾人职业教育面临的困难在于,现实中愿意接纳残疾人实践的企业较少,残疾人在校内完成职业教育课程后,经常面临无处可实践的尴尬处境。为了解决此问题,残疾人职业教育院校应该积极展现自身特色,主动与地方行业企业建立联系,吸引地方企业及行业关注残疾人职业教育的需求,寻求院校教育与企业实习二者之间的合作发展机会。职业院校在与地方企业及行业达成合作意向后,在合作基地建设、信息平台共享、资源的合理利用以及残疾学生的创业就业等方面,要与后者进行积极的沟通与交流,以最大化地拓展开展残疾人职业教育的后备支持。其次,强化家校之间的合作。残疾人居家为主的特殊性决定了家庭在残疾人职业教育和发展中具有重要作用。学校虽然也承担着残疾人职业教育的任务,但是,

学校教育离不开家长的配合与协作,家校合作是提高残疾人职业教育效果的重要路径。残疾人职业教育院校可以通过定期开展教育学习活动,将家校合作的先进理念和经验向家长加以介绍,强调资源的多元化,充分肯定每一位残疾人家长的价值,调动家长参与子女职业教育的积极性与自信心。职业院校亦可以通过家长座谈会、微信公众号、学校官网、制作宣传手册等方式,强化家长对家校合作本质的把握。此外,家长自身应该转变传统的残疾人无用的错误观念,适当提高对子女的期望,支持子女参与就业,与学校教育目标同向而行,提高残疾人职业教育的效果。家长应该从孩子的实际需要和能力出发,清楚地认识到仅仅依靠将孩子挂靠到企业单位解决就业,并不能从根本上解决孩子未来的工作问题,残疾人只有依靠自己的力量真正地参与就业,从事一份适合自己的工作,才可以从工作中享受到劳动的乐趣和回报,感受到自身的价值和意义,获得社会的尊重,减轻社会的负担。更为重要的是,在工作中所接触到的不同的事物和群体,有助于提高残疾人对世界的认知水平,有助于残疾人回归主流社会,更好地实现社会融合。最后,构建丰富的信息化职业教育资源。要基于现代信息技术建设残疾人职业教育信息化教育资源。针对不同障碍类型和障碍程度的残疾学生开设难度不同的个性化课程,尤其要注重孤独症谱系障碍、学习障碍等发展性障碍者职业教育信息化资源的建设。信息化资源的建设,除了借助传统的网络课程、视频公开课和微课等教育形式,还可结合人工智能技术、互联网平台和虚拟现实技术等现代网络信息技术,通过自主开发小程序或 App 的形式,实现残疾人职业教育资源的精准个性化供给。

五、扩大供给队伍,促进人才供给专业化

师资队伍建设是残疾人职业教育供给侧结构性改革的关键因素,与残疾人职业教育供给侧结构性改革的质量直接挂钩。与职业教育师资队伍建设重点相一致,"双师型"师资队伍的建设也是残疾人职业教育供给侧结构性改革的重点和难点之一。国家一直较为注重残疾人职业教育师资队伍的建设,先后在多项政策中提及残疾人职业教育的师资建设问题。2022 年,教育部等部门颁布的《"十四五"特殊教育发展提升行动计划》明确指出,加强特殊教育教师队伍建设,要"注重培养适应特殊教育需要、具有职业教育能力的特殊教育师资"。这充分表明了国家对残疾人职业教育高素质教师队伍建设的重

视。但是,在残疾人职业教育现代化进程中,数量缺少和质量堪忧一直是困扰残疾人职业教育教师队伍建设的两大难题。要破解这两大难题,需要从师资队伍结构、职前培养和职后培训三个方面提升教师的专业化发展水平。残疾人职业教育师资队伍结构,在数量基本达标的情况下,要注重师资队伍质量的提升,以及维持师资队伍的稳定性。我国职业教育教师队伍建设经历了三个阶段,第一个阶段以文化课、专业课、实习指导教师三类主体为建设重点;第二个阶段以专职教师、"双师型"教师和兼职教师为建设重点;第三个阶段注重教师的实践能力建设,以"文化课教师+产业/企业导师"多主体构建教师队伍。孙琳、李刚和孙鹏认为,我国已经逐步形成了契合职业教育发展特色的职业教育师资队伍体系[1]。相较于普通职业教育师资队伍而言,残疾人职业教育师资队伍的稳定性低、专业性不强,未来需要在学历、年龄、教师类型等方面对残疾人职业教师队伍进行优化,要加大对"双师型"教师的培养力度。杨寒和曹照洁认为,"双师型"教师在发展残疾人职业教育过程中起着重要的智力支持作用,其不仅具备专业的理论教学能力,而且实践教学能力也十分出色[2],是提升残疾人职业教育人才培养质量的关键。刘带指出,目前,学界对"双师型"教师概念的认识尚不统一,"双证"说、"双能"说、"双证双能叠加"说、"双职称"说、"双师素质"说和"双师结构"说等观点在"双师型"教师学术探讨中均有迹可循[3]。江军认为,学界对"双师型"教师概念的分歧,致使在实际的培养过程中,"双师型"教师培养面临顶层制度支撑体系不完善、培养模式与普通教育未能有效区分、师资培养过于学科化、缺乏实践基地等问题[4]。因此,出台统一的"双师型"教师资格认证标准,是解决"双师型"教师培养质量问题的关键举措。残疾人职业教育院校要重视教师的职后教育,将终身学习理念贯穿教师职后培训的全阶段。残疾人职业教育院校应做好在

---

① 孙琳,李刚,孙鹏.我国职业教育师资队伍类型结构的演变与分类管理逻辑[J].中国职业技术教育,2021(30):65-69.

② 杨寒,曹照洁."十四五"时期我国中等职业教育师资队伍建设研究——基于《中国教育统计年鉴》(2016—2020年)数据分析[J].职业教育(下旬刊),2021(9):25-34.

③ 刘带.文化取向下职业教育课程本质对"双师型"教师培养要求[J].黑龙江高教研究,2018(11):88-91.

④ 江军.职业院校"双师型"教师的专业特质及其培养培训[J].职业技术教育,2015(16):50-54.

职教师的培训工作,加强教师的职业教育和特殊教育知识与技能的训练,提高教师教学能力。深入贯彻"请进来,走出去"的原则,将优秀的特殊职业教师和丰富的职业从业者"请进来",同在校教师分享交流教学经验。职业教育教师也需要"走出去",定期组织教师走入企业,深入了解企业岗位所需的知识与能力,通过校企合作的方式帮助特殊职业教师了解企业当下所采用的新工艺、新技能,以此提升教师自身的职业教育能力。此外,为适应残疾人职业教育教师专业化发展的需求,还应逐步建立起国家、地方和校本三级培训体系,实现残疾人职业教育师资培养的专业化、制度化。

六、构筑保障机制,提升人才供给质量

优化残疾人职业教育体系、提升办学质量、培养高水平人才是残疾人职业教育供给侧结构性改革的最终目的。残疾人职业教育的高质量发展需要基于商业链端构筑专业的质量保障机制。目前,我国残疾人职业教育的办学、培养质量亟须提升,存在专业建设与市场化需求脱轨,专业的设置与调整存在封闭化、盲目化、惯性化等问题,在技术革命对外部产业转型升级的影响力度愈深的趋势下,社会所需要的劳动结构也随之发生转变。一是要建立专门的残疾人职业教育办学质量评估反馈交流平台。残疾人职业教育涉及政府、学校、社会、行业、企业和残疾人个体等多个主体,如何将上述多个主体均纳入残疾人职业教育的办学质量评估体系,是残疾人职业教育供给侧结构性改革的重点。政府可以通过信息公开的形式,定期邀请各主体对办学质量进行评估,收集各主体对残疾人职业教育办学的诉求,完善残疾人职业教育办学质量评估指标体系。二是残疾人职业教育院校要成立内部质量监控督查体系。内部质量监控督查体系是残疾人职业院校对自我发展的自评,可以帮助残疾人职业院校及时发现并解决问题,避免问题的扩大化。三是要引入涵盖多主体、多指标、多方法的第三方评估体系。传统的由教育主管部门单一主体进行的评价,通常会导致残疾人职业教育办学、管理、评估等主体的分离,而引入独立的第三方评估机构,可以有效解决评估过程中主体分离的问题,实现残疾人职业教育评估的整体性、独立性以及客观性。此外,可以在评估过程引入大数据、云计算等现代信息技术手段,减少评估中不必要的人力资源和物力资源浪费,也可以增强评估结果的透明性和公开性,提升评估的公信力。

残疾人职业教育供给侧结构性改革对于实现残疾人的政治、经济以及社会融入具有重要价值。残疾人职业教育供给侧结构性改革只有在对普通教育、特殊教育、职业教育三者充分理解的基础上，明晰其内涵、特征及意义，才能够高效地加以实施。在全面建设社会主义现代化国家、实现中华民族伟大复兴的新时代，残疾人职业教育的高质量发展需要加强制度供给，形成教育改革合力；科学设计目标，实现人才供给精准化；完善内容体系，激发人才供给实用性；丰富供给方式，助推人才供给效率化；扩大供给队伍，促进人才供给专业化；构筑保障机制，提升人才供给质量。

第四章　高质量供给的实证研究

　　残疾人职业教育供给侧结构性改革的核心追求是实现高质量供给,高质量供给的一个重要体现是从职业教育源头供需关系入手,即从社会经济、企业以及个体发展需求入手,制定精准的人才培养目标[①]。由此可见,建立精准明确的残疾人职业教育目标是提高残疾人职业教育高质量供给的首要路径。人职匹配理论是广泛应用于职业教育领域的重要理论,其主要观点是每个个体均具备独特的个人特质和发展需求,每一种职业也有着特定的工作内容和方式,个体应当根据自身的综合素质,选取与之匹配的职业类型,以满足各方发展的现实需要[②]。该理论强调以下三点:其一,关注个体的人格特征、能力水平以及主观能动性;其二,关注对职业岗位需求和特点的分析;其三,结合个体特质、职业要求以及社会需求的三方内容,明确职业教育的目标和选择职业方向[③]。残疾人职业教育高质量供给的现实追求与人职匹配理论的基本理念十分吻合,残疾人职业教育应当紧密围绕人职匹配理论的基本内容,从个体发展目标、职业需要目标、人职匹配的个性化教育目标三方面入手,制定科学精细的人才培养目标,从而保障教育供给的质量和精准性。因此,本章研究选取中部和东部 5 所特殊教育学校作为残疾人职业教育高质量供给的研究对象,从人职匹配视域下残疾人职业教育的个体发展目标、职业需求目标和人职匹配的个性化教育目标三部分入手,分析残疾人职业教育培养目标的

---

　　① 芮志彬.关于职业教育供给侧改革的思考[J].天津职业院校联合学报,2016(4):18-21.

　　② 陈吉胜,黄蓉生.人职匹配理论视域下高职院校就业模型的建构[J].国家教育行政学院学报,2015(4):37-40.

　　③ 李海波,彭万秋."人职匹配"视域下研究生就业竞争力研究——基于对用人单位的调查信息[J].学术论坛,2015(6):162-166.

特点,以探究残疾人职业教育高质量供给的成效和存在的问题,并针对存在的问题提出相关的改进对策建议。

第一节　文献综述

本节围绕个体发展目标、职业需求目标和人职匹配的个性化目标三个方面,对职业教育高质量供给和残疾人职业教育高质量供给的文献进行系统的梳理。

一、普通职业教育高质量供给研究

(一)普通职业教育个体发展目标的研究

安富海认为,教育作为培育人的一种社会活动,秉持着以人为本的理念,将个体发展置于首要位置[①]。职业教育作为国家教育体系的重要组成部分,具备教育将个体发展置于首要位置这一基本属性。职业教育的目的是使更多普通人能够进入学校平等享有受教育权利和获得生存技能,因此,其肩负着育人的重要使命。教育的属性决定了职业教育应当涵盖促使人自由全面发展和幸福生活的培养目标[②]。然而,马磊研究发现,在很长一段时间,我国职业教育基于就业导向的基本理念开展各项教育措施,以提升就业率为培养目标,专注于学生就业所需的特定专业领域知识技能的培养和训练,致力于将学生培养成职业领域的"工具人"[③]。此种忽略"人本性"的培养目标,不仅忽视了对学生精神世界的关怀,而且未能有效满足学生身心成长以及个性发展所应具备的综合能力的需要,显然远离了教育的本质。李坤宏指出,我国政府颁布《国家职业教育改革实施方案》,强调人才培养目标的完整性,将立德树人置于重要地位,尊重人才成长的基本规律,注重人才能力培养的全面

---

① 安富海.教育技术:应该按照"教育的逻辑"考量"技术"[J].电化教育研究,2020(9):27-33.

② 杨成明.论人的发展主体性与职业教育的价值诉求[J].职教论坛,2018(8):6-13.

③ 马磊.职业教育就业导向异化及矫正路径[J].成人教育,2018(7):75-79.

性①。陈德泉认为,职业教育要充分发挥教育的基本功能和价值,需要尊重学生的个体差异,激发个人特质,提升自我效能感和学习动机,帮助个体形成良好的思想道德品质,为其塑造美好人生提供机会②。与此同时,职业教育也应当培养个体持续健康发展所必须具备的社会沟通交往能力与协作能力、自我管理与监督能力、信息处理能力,从而实现提升个体综合素质的目标,为个体的全面发展和未来的幸福生活奠定良好的基础。

(二)普通教育职业需求目标的研究

职业教育是直接面向社会生产、服务等领域,与社会经济发展有着不可分割的紧密联系的一种教育类型。曹娟表示,职业教育最重要的属性当属其职业性,承担着培养企业发展所需的技术技能型人才的任务。职业需求是按照国家职业标准,通过知识、技术技能、素质和工作内容等方面对从业者所做出的具体要求③。不同职业教育院校所设的专业类型不同,因此,职业需求的具体内容也不尽相同,但是,谢鑫提出,所有的职业需求均应该包含职业知识与技能和职业素养两部分内容。面对激烈的市场竞争,企业最迫切需求的是优秀的人力资本,一名突出卓越的职业人,首先要具备符合市场需求且过硬的职业知识和技能④。杨梅认为,在信息技术快速发展的新时期,新工艺、新理念不断涌现,然而,一些职业院校的职业知识和技能目标仍停留在过去,使毕业生的能力已经无法跟上企业发展的脚步,或者其掌握的技能是已经被企业淘汰的工艺⑤。卞波和刘绍鹏研究认为,为了实现产业需求和教育供给的精准对接,各个职业院校必须充分、动态地了解各个行业和职业的现实要求,对各个岗位的职业需求进行分析,及时更新职业知识和技能领域目标,以保障学生获得新鲜有效的学习内容。在我国经济和产业升级的大背景下,社会越来越需要高端和高品质的职业人才供给,具体表现为当前各职业领域急需

---

①　李坤宏.类型教育视域下职业教育人才贯通培养的原则、问题及路径[J].教育与职业,2022(2):13-20.

②　陈德泉.德国双元制职业教育的重新审视[J].中国高教研究,2016(2):92-96.

③　曹娟.基于学生职业需求的高职体育教学模式构建研究[J].辽宁农业职业技术学院学报,2019(6):38-39.

④　谢鑫.高职学生职业核心素养与专业技能一体化培育的新模式探索[J].中国职业技术教育,2022(1):80-85.

⑤　杨梅.终身教育视野下职业院校发展改革的思考[J].职教发展研究,2021(1):67-76.

大量具备"工匠精神"的技能人才即高素质劳动者[①]。尹成鑫、和震和任锁平认为,"工匠精神"的基本内涵是敬业、乐业的职业使命感、全身心投入的工作状态、一丝不苟的卓越品质追求,最突出的特征是精益求精[②]。这些品质和特征体现出市场和企业对于从业者职业素质的高要求,因此,各职业院校应当转变轻职业素养培养的传统理念,积极构建完善职业需求目标,大力弘扬"工匠精神",培养职业人才时,需将"工匠精神"的内核融入职业素质发展目标。

(三)普通职业教育人职匹配的个性化目标的研究

孙善学表示,职业教育兼具"教育性"和"职业性"的双重属性,亦是说,职业教育既要依据人格特质育人成才,又要依据岗位需求塑造个体的能力[③]。人职匹配理论强调人格特质和职业特点特征的和谐统一,能够将职业教育的两种属性恰当融合起来。人职匹配理念下的职业教育目标能够推动学生和社会整体向前发展进步,在坚持满足企业需求的基础上,更加关注学生个体发展需求,以实现教育目标的工具性和价值性的有机结合,实现职业教育培养"完整的职业人"的追求。然而,张海娇发现,一些职业院校制定的教育目标没有充分考虑到学生能力、兴趣以及特长等方面的差异,未能很好地实现"人职匹配"[④]。2021年,中共中央办公厅、国务院办公厅印发的《关于推动现代职业教育高质量发展的意见》明确指出,要坚持面向人人、因材施教,营造人人努力成才、人人皆可成才、人人尽展其才的良好环境。这表明我国职业教育越来越强调对个体差异的尊重,强调将个体特征与职业特点进行充分对接。因此,徐畅和解旭东表示,各职业院校应当根据学生的实际能力和需求,制定差异化或者阶梯式的人才培养目标,分类别和分层次地开展个性化人才培养,借此推动人才的多样化发展。职业院校的工作者要深入企业市场领域,调动行业及企业人员参与人职匹配教育目标制定,加强各行业专业人士

① 卞波,刘绍鹏."工匠精神"的培育:高职院校教育的理念与路径[J].中国高校科技,2021(9):76-80.

② 尹成鑫,和震,任锁平.劳模、工匠精神融入高职文化素质教育的有效路径探究[J].中国职业技术教育,2021(36):59-64.

③ 孙善学.对1+X证书制度的几点认识[J].中国职业技术教育,2019(7):72-76.

④ 张海娇.智慧教育背景下职业院校学前教育专业人才培养研究[D].秦皇岛:河北科技师范学院,2019.

的交流,更快速、精准地把握各企业行业领域的职业要求特性①。

二、残疾人职业教育高质量供给研究

(一)残疾人职业教育个体发展目标的研究

作为特殊教育和职业教育的重要结合,残疾人职业教育在残疾人发展事业中发挥着举足轻重的作用。近年来,在国家陆续出台的《国家中长期教育改革和发展规划纲要(2010—2020年)》《关于加快发展残疾人职业教育的若干意见》等政策文件的推动下,越来越多的残疾人进入中等或高等职业教育院校接受系统的教育。残疾人职业教育担负着提升残疾人生存质量的重要使命。由于残疾人职业教育的对象是存在着不同类型和不同程度障碍的特殊受教育群体,其个体发展目标的内容必然紧密围绕残疾人生存发展的各种现实需要展开。第一,潘威指出,残疾人职业教育当前以及未来的首要目标皆应是帮助残疾人自食其力,提高残疾人自立谋生的能力,此目标体现了残疾人职业教育的实际价值和意义②。残疾人掌握谋生技能,不仅能够实现经济独立和人格独立,提升其自我认同感和生活品质,而且能够提升残疾人家庭生活质量,促进家庭和社会的和谐发展。第二,周姊毓等人认为,缺陷补偿是残疾个体发展目标中不可或缺的一部分,各个残疾人职业教育院校应当通过教育康复和技能训练等举措,补救残疾人在认知水平、动作技能等方面的缺陷,改善和提高他们的基础发展能力③。第三,黄宏伟和张帆表示,我国残疾人职业教育的个体发展目标非常强调社会融入,注重将社会适应能力、语言沟通技能、心理健康等内容囊括在个体发展目标之中,希望通过职业教育助力残疾人独立参与社会生活,为其胜任工作打下坚实的基础④。

(二)残疾人职业教育需求目标的研究

李秀和张碧燕提出,残疾人职业教育主要根据产业市场的具体情况,依

---

①　徐畅,解旭东.产教融合视角下职业教育政校行企协同育人机制构建[J].教育与职业,2018(19):25-30.

②　潘威.残疾人职业教育专业设置改革的探索[J].哈尔滨职业技术学院学报,2016(3):50-52.

③　周姊毓,贾海玲,刘海燕,等.校企合作视角下残疾人高等职业教育课程设置建议——以黑龙江省为例[J].绥化学院学报,2019(7):134-136.

④　黄宏伟,张帆.特殊教育高职院校人才培养方案修订理念与路径探索[J].绥化学院学报,2022(1):111-116.

托地方特色经济,培养技术技能人才[1]。同时,各个残疾人职业院校输出的技术人才主要对接当地市场和企业一线的生产和服务岗位,因此,在职业需求分析时,应当注重知识和技能方面的目标设置。雷江华表示,残疾人职业教育院校应积极响应全国职业教育大会建设"技能型"社会的号召,努力建设"技能型"学校,重点考察各个职业领域对人才的技能要求[2]。例如,李之刚发现,江苏省徐州市特殊教育学校秉持"让学生背着一只书包进来,怀揣就业技术出去"的办学思想,针对学校开设的木工、油漆、印刷、计算机、缝纫等职业方向的具体技术技能要求,进行市场的调研分析并制定精准的职业技术培养目标,使得该校培养出来的毕业生有一技之长并受到用人单位的广泛好评[3]。与此同时,各个残疾人职业教育院校也关注到市场对残疾人职业素质的高期许,纷纷在职业需求目标中增添了职业素养和行为习惯等相关内容。例如,尹成飞、盛怀峰和赵萍表示,安徽省宿州市特殊教育中心强调智力障碍者要养成良好的劳动习惯,具备一定的职业适应能力[4]。平凉市特殊教育学校为智力障碍者增添职业启蒙教育,致力于培养学生良好的职业道德和行为习惯,树立正确的职业观念,在未来就业中提高了智力障碍学生的职场优势[5]。

(三)残疾人职业教育人职匹配教育目标的研究

残疾人职业教育的服务对象包含听力障碍者、智力障碍者、视力障碍者、孤独症谱系障碍者、多重障碍者等各类障碍群体,各个职业院校主要基于不同障碍群体生理和能力上的特点,为其设定适合的职业发展方向和切实可行的人职匹配目标。残疾人职业教育院校将不同障碍群体特征和企业工作特点结合起来设定目标这一措施,进一步保障了残疾人毕业后的就业率。但是,苏晗、赵长亮和石伟星在研究中指出,各残疾人职业教育院校忽略了残疾

---

① 李秀,张碧燕.福建省智障学生职业教育现状调查研究[J].中国特殊教育,2016(2):49-55.

② 雷江华.新时代特殊教育学校职业教育高质量发展的若干思考[J].现代特殊教育,2021(15):11-14.

③ 李之刚.以特色教育促进学校内涵发展——写在江苏省徐州市特殊教育学校建校70周年之际[J].现代特殊教育,2020(21):64-65.

④ 尹成飞,盛怀峰,赵萍.大力发展职业教育,提升特殊学生职业技能[J].现代特殊教育,2021(11):68-69.

⑤ 刘旭.培智学校义务教育阶段职业启蒙教育初探[J].绥化学院学报,2021(7):67-70.

群体中不同个体的特征,当前单一化、传统化的培养目标没有充分关怀残疾学生的个体兴趣和多样化职业发展需求。以听力障碍者为例,残疾人职业教育院校为其预设和匹配的理想职业基本围绕服装制作、工艺美术、计算机技术三大领域展开,然而,听力障碍者在毕业后更倾向于选择创业或者另谋他业,由此出现了结构性失业的现实问题①。残疾人职业教育应当尊重残疾人个体的兴趣爱好,让他们体会丰富多彩的职业教育生活以及生命的多彩,展现职业教育的魅力。为了打破上述困境,更好地满足残疾人多样化的职业兴趣和需要,落实好"以学生为本"的发展理念,一些残疾人职业教育院校积极开展创新实践,设置多样化的人职匹配目标。例如,雷江华发现,湖北省武汉市第一聋哑学校增设了汉绣方向专业,培养传统工艺匠人。浙江省宁波市特殊教育中心学校引入"泥金彩漆"专业,培养非物质文化遗产传承人。湖北省武汉市江夏区特殊教育学校将制陶技术引进校园,为听力障碍学生提供新颖的岗位类型②。由此可见,未来残疾人职业教育人职匹配教育目标应当朝着多层次、多样化的方向发展,激发残疾人更多的发展潜能。

第二节　深度访谈对象

为了确保研究所选取的个案的代表性、典型性,本研究选取残疾人职业教育培养目标体系完整,且具有鲜明特色的中部和东部地区的 5 所特殊教育(职业)学校作为深入研究个案学校。其中,1 所学校地处中部地区(以下简称为 C 校),4 所学校地处东部地区(以下分别简称为 W 校、G 校、L 校、N 校)。此外,对于后续章节中重复出现的个案学校不再进行详细介绍。

---

① 苏晗,赵长亮,石伟星.新常态下特殊教育学校职业教育专业设置研究——基于十所残疾人中等职业学校的办学实践[J].现代特殊教育,2017(4):60-64.
② 雷江华.新时代特殊教育学校职业教育高质量发展的若干思考[J].现代特殊教育,2021(15):11-14.

一、深度访谈学校简介

(一)C校简介

C校是我国办学历史最悠久的特殊教育学校之一,集视力障碍、听力障碍、智力障碍以及发展障碍等多类残疾人教育于一体,包含学前康复、九年义务教育、中等职业技术教育三个办学层次,于1999年加挂"××市自立中等职业中专学校"牌子,成立中专部开设服装工艺与制作等专业,为包括听力障碍学生在内的特殊学生提供中等职业教育。该校顺应特殊职业教育发展要求,立足本土经济及文化需求,尊重残障学生自我教育和发展的需要,挖掘残障学生潜能,探索核心素养的养成,秉承"亲、爱、精、诚"校训,弘扬"博爱、平等、严谨、创新"的教风和"乐学、勤学、善学、博学"的学风,坚持以"为残障孩子的幸福明天奠基"为办学宗旨,以"人和为本、点亮生命"为办学理念,以"能生存、会生活、懂合作、乐学习"为育人目标,走出了一条独特的残疾人职业教育办学之路,其影响力在全国残疾人职业教育学校中位列前茅。

(二)W校简介

W校是全国规模最大的特殊教育学校,是集特殊儿童教育、康复就业指导、师资培训、社会服务于一体的综合性特殊教育学校,该校以"生命教育""完全学习""发展全人"为主轴,以"我能行"为校训,践行"扬长教育"的核心思想,让每一个孩子都能获得成功的体验,从而自尊、自信、自立、自强,满怀信心地迎接明天,以"为了特殊需要孩子的幸福童年和美好未来"为办学理念,引领教师队伍为每一个特殊儿童寻找"光亮的一角",使其成为热爱生活、人格健全、自食其力、融入社会的公民。

(三)G校简介

G校成立于1983年,是江苏省最早为智力障碍儿童提供教育的学校之一,为智力障碍儿童和少年提供学前教育、九年义务教育、中等职业教育,是江苏省特殊教育现代化示范学校、江苏省平安校园、南京市园林式校园、全国特奥先进单位、江苏省特殊教育师资培训中心,国培校长"影子"培训实践基地。2010年起,该校积极探索智力障碍学生中等职业教育办学,在各级政府和教育主管部门的关心支持下,学校与某中等职业学校合作办学,并根据残疾学生智力障碍程度的差异,立足学生的未来,以"爱心、责任心、耐心、细心、恒心"为教风,树立"一点点要求、一点点进步、一点点成功"的学风,现为江苏省特殊教育现代化示范学校。

(四)L校简介

L校成立于 1945 年,随着政府的支持力度不断增强,学校的教学设施日趋完善,现已跻身全国听力障碍教育名校,先后被评为全国特殊教育先进单位、山东省规范化学校等,"师爱无声"被评为青岛市服务品牌。该校中等职业教育发展较早,学校始终遵循"一切为了听力障碍学生,为了听力障碍学生的一切,为听力障碍学生终身发展奠基"的办学宗旨,以培养残而有为的有用人才为目标,全面实施素质教育,同时秉持"融合""快乐"的办学理念,以及"学会认知""学会做事""学会共处""学会生存"的办学目标,为听力障碍学生开设多样化的专业课程,使学生在校学会多门技术,达到一专多能的目标。

(五)N校简介

1995 年,N校经该市教育委员会审批,开始举办工艺美术专业的听障生职高班,招收职业中专生,是浙江省最早实施听障青少年职业教育的学校。该校不仅是浙江省先进学校,亦是该市工艺美术行业协会常务理事单位、全国特殊艺术人才培养基地和非物质文化遗产传承基地,并于 2013 年入选首批国家级残疾人职业培训基地,学校以"用爱和智慧托起特殊孩子的明天"为办学宗旨,以珍惜生命、学会生存、热爱生活的"三生"教育为育人目标,推动残疾人职业教育事业的发展。

二、访谈对象的选择

以分层抽样的方式确定学校管理者和教师层面的受访者,并采用滚雪球式抽样的方法确定各层次的研究对象,从 5 所学校共选取 5 名学校管理者和 10 名教师作为访谈对象。

(一)受访学校管理者基本信息

学校管理者是特殊教育学校发展及课程改革的"领头羊",对其进行访谈的目的是从管理者角度了解特殊教育学校课程优化改革的理念和学校的实践措施。从每所学校各选取 1 名学校管理者,5 所学校共选取了 5 名学校管理者作为受访代表,其基本信息见表 4-1。

表 4-1　受访学校管理者基本信息

受访对象编码	职务	性别	学历	职称
C-L01	主任	女	本科	高级
W-L01	校长	男	研究生	高级
G-L01	主任	女	研究生	高级
L-L01	主任	男	本科	高级
N-L01	校长	女	本科	高级

表 4-1 的 5 名受访学校管理者中,主任 3 人,校长 2 人;男性 2 人,女性 3 人;本科学历 3 人,研究生学历 2 人;5 人均为高级职称。

(二)受访教师基本信息

专业课教师和班主任是残疾人职业教育课程的主要实施者,对其进行访谈有助于从专业角度了解特殊教育学校残疾人课程的实施现状和课程优化改革成效。从每所学校各选取 2 名教师,5 所学校共选取了 10 名教师作为受访对象,其基本信息见表 4-2。

表 4-2　受访教师基本信息

受访对象编码	职务	性别	学历	职称
G-T01	专业课教师	女	本科	高级
G-T02	实习指导教师	女	本科	高级
W-T01	专业课教师	女	研究生	高级
W-T02	专业课教师	女	本科	高级
G-T01	专业课教师	女	本科	中级
G-T02	班主任	男	本科	中级
L-T01	专业课教师	女	研究生	中级
L-T02	专业课教师	男	研究生	初级
N-T01	专业课教师	女	研究生	中级
N-T02	班主任	女	本科	高级

表 4-2 的 10 名受访教师中,班主任 2 人,专业课教师 7 人,实习指导教师 1 人;男性 2 人,女性 8 人;本科学历 6 人,研究生学历 4 人;高级职称 5 人,中级职称 4 人,初级职称 1 人。

第三节　研究过程

本章研究所采取的研究过程与其他章的研究过程并无较大差别,故在后续章节中不再赘述每个研究过程。

一、确定研究角色

在质性研究中,不同的研究者能够根据其具体的研究目的扮演不同角色,以确保顺利融入研究现场,开展研究活动。在本研究初期,研究者以"学习者"的身份进入 5 所特殊教育学校,主要目的是进入陌生的环境,感受其校园氛围,了解各个学校的日常教学工作程序和教学制度。在与各个学校的相关教师建立基本的信任关系之后,研究者以"助手"的角色参与实际教学工作,深入学校教学环境,进一步拉近与学校师生之间的距离,切身感受学校的教育氛围和教育理念。在现实工作场域中与工作教师以平等对话的方式探讨和交流相关的教育课题。紧接着,以"研究者"的身份,扎根研究现场,通过各种科学的研究方法深入挖掘研究内容。

二、进入研究现场

研究者计划对某一组织或者机构展开调研活动,进入研究现场之际,必须获得所在单位管理者的批准,因为这些单位的管理者在研究过程中发挥着"守门员"的作用。在本研究过程中,各个特殊教育学校的校长即"守门员"。为了征得"守门员"的同意,首先,在正式进入研究现场之前,由笔者出面与上述 5 所特殊教育学校的校长进行沟通联系,积极寻求他们的帮助,之后向各个学校派出承担研究任务的研究者。其次,5 位研究者向各位校长提交书面的研究申请和研究计划,用以说明本研究的目的、主要内容、调研对象以及在研究过程中可能需要的帮助。基于笔者的推荐和帮助,本研究所选取的 5 所学校的校长均通过了研究者提交的研究申请和计划,表示会安排副校长或者主任专门负责此事,许诺在后续的研究中提供全力支持。上述准备为本研究后续顺利开展奠定了良好的基础。

三、收集研究资料

在进入研究现场之后,研究者采用半结构化访谈法、观察法、实物分析法收集所需的研究资料,并根据实时信息和研究情况及时调整研究策略与进度。首先,以各个特殊教育学校的管理者和教师为访谈对象,从多个层次了解学校培养目标的制定情况,以及他们对培养目标的观点和看法。其次,采用观察法深入教育活动现场,观察各个学校培养目标的开展情况。最后,采用实物分析法收集与本研究内容相关的实物资料。

四、整理分析研究资料

扎根理论是质性研究中一种非常著名且被广泛使用的理论和方法,本研究采用扎根理论对收集的信息资料进行整理和分析。首先,对原始研究资料的整理分析包括手动逐句转录各特殊教育学校管理者和教师的访谈录音,分析每日观察研究日志以及补充整理实物资料等。其次,对经过整理分析的资料进行编码。研究通过开放式、轴心式、选择式三个级别编码,提取事例或者事件所共同的特征或相关的意义,使它们能够按照内容或类别组织起来。开放式编码要求研究者应以开放的思维组织资料,尽量排除个人的预设,将资料进行拆分加以开放式编码,不漏掉原本资料中所包含的任何重要信息,直至各个核心类属编码达到饱和状态。轴心式编码主要是建立概念类属之间的各种关系,以表现资料中每个部分之间的逻辑关系,再对概念之间的关系进行分析。分析时,既要清晰表述出这些概念类属之间的关联,又要深入探究表述这些概念类属的被研究者的目的和动机。选择式编码是指在对所有已发现的概念类属经过细致剖析之后,归纳和凝练出一个核心类属。每一个核心类属代表了一个研究主题,为了将分析集中到那些与该核心类属有关的编码上,研究者需要对有关资料进行仔细审查,尽可能多地在实质理论领域对核心类属进行验证。研究基于扎根理论,借助 Nvivo12 作为资料分析工具,对收集到的信息资料进行整理,以便清晰明了地呈现研究结果。

第四节　研究结果

一、基于人职匹配的残疾人职业教育供给的编码结果

本研究对残疾人职业教育的个体发展目标、职业需求目标、人职匹配教育目标的原始材料进行编码,通过对原始访谈材料进行三级编码,共获得62

个开放式编码,16个轴心式编码和8个选择式编码。

选择式编码分别是强调生存技能、注重社会融入、关心精神品质、把握职业能力要求、关注职业素养需要、激发职业兴趣、提高职业适应能力、培养适用且够用的职业本领。上述8个选择式编码构成了基于岗位胜任力的残疾人职业教育课程的八个特征。

(一)残疾人职业教育个体发展目标编码结果

对残疾人职业教育个体发展目标进行编码,结果见表4-3。

表 4-3　残疾人职业教育的个体发展目标编码结果

选择式编码	轴心式编码	开放式编码
强调生存技能	一技之长	双手创造财富
		学会一种本领
		拥有一门手艺
	自我照顾	掌握日常规则
		掌握生活技巧
注重社会融入	社会交往	学会与人沟通
		善于与人合作
		学会自我表达
	社会适应	学会认知和理解
		遵守规则和制度
		享受社会生活
		回归主流社会
关心精神品质	自我意识	自我尊重
		相信自己
		自强不息
	健康心理	热爱生活
		健康的精神状态
		人格健全

由表4-3可以看出,个体发展目标编码共有强调生存技能、注重社会融入、关心精神品质3个选择式编码。强调社会生存由一技之长和自我照顾2

个轴心式编码构成,前者包含双手创造财富、学会一种本领、拥有一门手艺 3 个开放式编码;后者包含掌握日常规则和掌握生活技巧 2 个开放式编码。注重社会融入由社会交往和社会适应 2 个轴心式编码构成,前者包含学会与人沟通、善于与人合作、学会自我表达 3 个开放式编码;后者包含学会认知和理解、遵守规则和制度、享受社会生活、回归主流社会 4 个开放式编码。关心精神品质由自我意识和健康心理 2 个轴心式编码构成,前者包含自我尊重、相信自己、自强不息 3 个开放式编码;后者包含热爱生活、健康的精神状态、人格健全 3 个开放式编码。

(二)残疾人职业教育需求目标编码结果

对残疾人职业需求目标进行编码,结果见表 4-4。

表 4-4　残疾人职业教育的职业需求目标编码结果

选择式编码	轴心式编码	开放式编码
把握职业能力要求	专业知识	服装制作知识
		客服服务知识
		树木养护知识
		餐饮知识
		园林绿化知识
	专业技能	缝纫工艺
		客房打扫技能
		中式点心制作技能
		烘焙食品技能
		草木修剪技能
关注职业素质需要	职业习惯	爱护工具
		按时到岗
		节约用材
		爱护树木
	职业品德	认真负责
		精益求精
		恪尽职守

由表 4-4 可以看出，职业需求目标编码共有把握职业能力要求和关注职业素质需要 2 个选择式编码。把握职业能力要求由专业知识和专业技能 2 个轴心式编码构成，前者包含服装制作知识、客服服务知识、树木养护知识、餐饮知识、园林绿化知识 5 个开放式编码；后者包含缝纫工艺、客房打扫技能、中式点心制作技能、烘焙食品技能、草木修剪技能 5 个开放式编码。关注职业素质需要由职业习惯和职业品德 2 个轴心式编码构成，前者包含爱护工具、按时到岗、节约用材、爱护树木 4 个开放式编码；后者包含认真负责、精益求精、恪尽职守 3 个开放式编码。

（三）残疾人职业教育人职匹配教育目标编码结果

对人职匹配教育目标进行编码，结果见表 4-5。

表 4-5 残疾人职业教育的人职匹配教育目标特点编码结果

选择式编码	轴心式编码	开放式编码
激发职业兴趣	了解职业内容	尽早地接触职业教育
		职业启蒙教育
		去服装企业参观
		参观烘焙工作室
		观看食品大师制作面点
	进行职业体验	提前尝试树木修剪工作
		体验烘焙工作内容
		学习简单的缝纫方法
		体验简单的酒店服务工作
提高职业适应能力	认识职场环境	掌握工作环境特点
		长期实习明确工作内容
		懂得各层工作人员的职责
		明白职场规则
	顺利融入职场	学会和同事沟通
		学会表达自己的困难
		学会与遵守各项规章制度
		善于与同事合作

续　表

选择式编码	轴心式编码	开放式编码
培养适用且够用的职业本领	适当降低内容难度	不做太难的创新要求
		理论知识明白即可
		调整课程的难度
		基本技能必须掌握
		较难技能作为拓展
	加强职业素质训练	训练守时习惯
		必须操作前洗手
		用具用完之后必须放回指定地点
		每次做完都要自我检查
		认真对待每一次制作流程

由表 4-5 可以看出，人职匹配教育目标编码共有激发职业兴趣、提高职业适应能力、培养适用且够用的职业本领 3 个选择式编码。激发职业兴趣由了解职业内容和进行职业体验 2 个轴心式编码构成，前者包含尽早地接触职业教育、职业启蒙教育、去服装企业参观、参观烘焙工作室、观看食品大师制作面点 5 个开放式编码；后者包含提前尝试树木修剪工作、体验烘焙工作内容、学习简单的缝纫方法、体验简单的酒店服务工作 4 个开放式编码。提高职业适应能力由认识职场环境和顺利融入职场 2 个轴心式编码构成，前者包含掌握工作环境特点、长期实习明确工作内容、懂得各层工作人员的职责、明白职场规则 4 个开放式编码；后者包含学会和同事沟通、学会表达自己的困难、学会与遵守各项规章制度、善于与同事合作 4 个开放式编码。培养适用且够用的职业本领由适当降低内容难度和加强职业素质训练 2 个轴心式编码构成，前者包含不做太难的创新要求、理论知识明白即可、调整课程的难度、基本技能必须掌握、较难技能作为拓展 5 个开放式编码；后者包含训练守时习惯、必须操作前洗手、用具用完之后必须放回指定地点、每次做完都要自我检查、认真对待每一次制作流程 5 个开放式编码。

二、基于人职匹配的残疾人职业教育高质量供给特征的结构

本章通过对 5 所特殊教育学校职业教育开展情况的实证研究，将收集的

实物资料和访谈资料进行系统整理和分析,搭建基于人职匹配的残疾人职业
教育高质量供给特征结构(见图 4-1)。

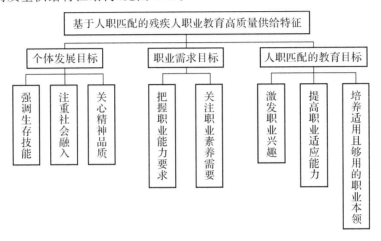

图 4-1　基于人职匹配的残疾人职业教育高质量供给特征结构

由图 4-1 可以看出,残疾人职业教育高质量供给特征具体内容包含个体
发展目标、职业需求目标、人职匹配的教育目标三个维度,具体表现为强调生
存技能、注重社会融入、关心精神品质、把握职业能力要求、关注职业素养需
要、激发职业兴趣、提高职业适应能力、培育适用且够用的职业本领八个要点。

第五节　分析与讨论

一、残疾人职业教育个体发展目标的特征分析

残疾人职业教育的个体发展目标应从残疾人发展的现实需要出发制定
具体内容,对于提高残疾人身心素质和健康发展起着重要的引领和导向作
用。基于人职匹配的残疾人职业教育个体发展目标主要呈现出强调生存技
能、注重社会融入、关心精神品质三个特征。

（一）强调生存技能

各类特殊学生由于存在不同类型和程度的障碍,他们的基本素质和独立
生活能力落后于健全学生,对于社会和家庭的依赖程度较大,教师们非常关
注特殊学生未来是否能够独立生存。"他们也不可能让父母养他们一辈子"

(教师 L-T01)。特殊教育学校希望发挥教育的最大功效,提高残疾人个体未来自我谋生的能力。例如,W 校管理者提出"让每一位学生在工作岗位上都能够获得成功的体验"的目标(学校管理者 W-L01);G 校管理者认为"智力障碍学生要通过在学校期间的学习收获有利于自己终身发展的技能从而融入社会生产生活"(学校管理者 G-L01);L 校管理者指出"听力障碍学生应该拥有'一专多能'的技术本领"(学校管理者 L-L01)。"同时也要让学生明白用自己的双手创造财富,靠自己而不是靠他人的帮助生存"(教师 W-T01);"学生有了本领,以后自己面对社会也不会太迷茫"(教师 W-T02);"我们的中职教育就是为了残疾学生的终身发展奠基,不论从事什么都能做得好,体现出自己的价值"(学校管理者 G-L01);"希望学生未来能照顾好自己,自食其力,减轻家庭的负担"(教师 L-T02)。通过关键词"靠自己""自食其力""体现自己的价值",可以发现各个学校的管理者和教师都期盼残疾学生能够在学校通过学习获得一技之长,掌握独立生活的本领。

(二)注重社会融入

校园和家庭是残疾学生最主要的生活和成长环境,由于各方面的限制,他们往往与社会的接触较少,普遍缺乏参与社会生活所需的规则意识、交往方式等必备的知识和技能。残疾人职业教育不仅承担着传授基础文化知识的任务,而且应当培养和提高个体的社会生活和交往能力。各个特殊教育学校应充分发挥教育促进个体社会化的功能,将提高社会适应能力纳入残疾学生的个体发展目标。例如,C 校管理者指出"听力障碍学生要懂得与他人合作和感知享受社会生活"(学校管理者 C-L01);W 校管理者提到"个体发展目标中包含让听力障碍学生热爱生活,成为融入社会的公民"(学校管理者 W-L01);N 校管理者提到"让听力障碍学生成为生活有质量、生命有价值的社会人的目标"(学校管理者 N-L01)。"一切为了学生,为了学生毕业后能顺利地融入社会,能有一个幸福的生活,我们的教学也是以这个为出发点"(教师 G-T01)。"最终学生是要到社会中去的,一个社会人需要与他人相处合作,会表达自己的观念,遵守各个场合的规则制度。这些也是要在学校着重培养的"(教师 C-T02)。"学生不仅要工作,还要快乐地工作,快乐的一个来源就是真的融入大的社会环境,觉得自己是其中的一员"(教师 C-T01)。各个学校的教师纷纷在访谈中突出强调"融入"这个关键词,由此得出,在制定目标过程中,教师对残疾学生的一个重要期许是残疾学生能够顺利进入社会,并真正融入和参与社会生活中的各项活动。

(三)关心精神品质

我国教育一直强调学生德智体美劳的全面发展,残疾学生也应当具备积极健康的身心状态和良好的精神品质。各个特殊学校也将残疾人精神品质的培养目标纳入残疾学生个体发展目标。例如,W校制定的目标是唤醒每一位听力障碍学生,使他们相信自己生命的潜质,成为人格健全的人;C校明确提出让听力障碍学生拥有自尊、自信、自强的精神品质;L校管理者指出"让听力障碍学生能够以自尊、自信、自立的精神状态回归到主流社会中"(学校管理者L-L01)。"虽然说听障的孩子没有像普通人那样,但是,我们在品质上不能落后,一定要踏踏实实,精心地做好每一件事情,展现我们身残志坚的精神品质"(教师C-T01)。"我们要陶冶和丰富学生的精神世界,让他们快乐、健康地成长"(教师G-T02)。"残疾人是存在一些客观的不足,我们教育的任务是让残疾人发现自己的优点,帮助他们树立自信心,学会爱护自己,这样才能感受到生活中的快乐和幸福"(教师N-T02)。特殊教育学校将"育人"作为重要理念,关注残疾学生成长过程中养成良好的精神品质,并展现出积极向上、努力向前的精神状态,以良好的面貌迎接未来的生活。

二、残疾人职业教育需求目标的特征分析

残疾人职业教育培养的技术技能型人才最终要输送至各个职业领域,因此,市场和企业的实际需求是职业教育供给着重考察和落实的内容,各个特殊教育学校制定的职业需求目标表现出把握职业能力要求和关注职业素养需要的特点。

(一)把握职业能力要求

职业需求是某个领域对人才的具体要求,同时也展现了社会发展过程中某个领域的实际发展需要。其中,职业能力既是职业需求的重要组成部分,又是各个职业对个体才能进行考查的首要内容。各个特殊教育学校围绕着残疾人需求和岗位技能设定残疾人的职业发展方向、进行专业设置,针对不同个体和岗位提出了差异化的职业能力要求。例如,W校听力障碍学生中等职业教育设定了服装、制鞋两个主要职业方向。服装专业的职业需求目标是掌握服装设计的专业基础知识、服装设计的基本能力,掌握制版与工艺制作

的核心能力、服装设计、制版与制作的综合能力,以及与服装相关的以手工艺为主的拓展能力。制鞋专业的职业需求目标是掌握鞋子的结构特点以及制鞋的手工艺流程和技巧。N 校为听力障碍学生设置了工艺美术、中餐烹饪与营养膳食、服装设计与工艺、园林绿化、计算机应用等五大专业类型。工艺美术专业可以细分为漆画制作、油画、书法、篆刻、泥金彩漆、脸谱绘画、金银彩绣以及彩泥制作八个职业类型。中餐烹饪与营养膳食专业以中式面点、西式面点和家常菜三个发展方向为主。服装设计与工艺专业拥有服装设计、服装工艺和布贴画三个发展方向。园林绿化专业以果木栽培和花草养护两个方向为主。计算机应用专业分为平面设计、电子商务(网店运营)两个方向,职业能力目标根据各个发展方向的技能和知识要求设定。"要帮助学生打下扎实的缝纫基本功,主要教学内容是一些缝纫工具的使用,如平缝机的使用以及故障处理方法,一些基本缝纫技法的练习,如三角针、直线、曲线、倒回针的练习,还会教学生制作一些小件的布艺饰品,比如围巾、茶杯袋、枕套、手袋等"(教师 W-T01)。"服装专业出来以后是干技术活,要求掌握基本的各种针法、会设计简单的服装款式、能够看懂各种版图"(教师 C-T01)。"客房服务专业的主要目标是掌握酒店客房服务与管理的基本理论知识,熟悉酒店客房部的基本操作流程和管理方法,熟练掌握客房的清洁维护技能,热爱并能胜任酒店客房服务工作"(教师 G-T02)。"园林专业其实范围比较广,具体有树木养护、蔬果栽培等。树木养护包括修剪、保暖、浇水、施肥,蔬果栽培就是蔬菜、果树、部分花草的播种、栽培,这也是分季节的,春夏栽培,秋冬还是以养护为主"(教师 N-T02)。通过对各个学校教师表述的深入分析可以发现,特殊教育学校将职业能力需求放在首要位置,依据所设置的专业及职业类型,明确具体的职业技能和知识需求,构建了较为清晰的职业能力框架内容,并将其清晰地呈现在人才培养目标体系中,作为残疾学生选择职业教育内容的重要参考。

(二)关注职业素养需要

职业教育作为我国国民教育体系中的一种教育类型,承担着培养高素质劳动者和技术技能型人才的使命[①]。高素质展现出对劳动者职业素质和素养的要求和希望。特殊教育学校致力于培养高素质技术人才,例如,C校将服装企业就业者应一丝不苟、精益求精、认真负责的内容纳入职业需求目标。G校强调要培养具备公德意识和法治观念、拥有良好职业道德的劳动人才,要求智力障碍学生拥有耐心和认真的服务态度,认真落实各项工作要求的职业品质。"做服装这一块,一定要强调精益求精,这样才能保证制作的质量"(教师C-T02)。"使学生掌握酒店服务方面的职业道德和礼貌基础知识"(教师G-T01)。"职业道德礼仪、行业规范也是在学习技能过程中要同步掌握的"(教师L-T02)。"具备良好职业品质的残疾人,首先能够在工作中展现出更好的面貌和精神状态,同时也能获得更多同事和管理者的认可和帮助,既能改善残疾人的工作体验,也能在职场树立良好的职业形象"(教师N-T02)。各个特殊教育学校的教师和管理者都非常赞同设定职业素养目标,并根据自身的经验完善具体的培养要求,希望通过培养职业素养提高残疾人的综合素质,进一步满足当今市场的人才需要。

三、残疾人职业教育人职匹配教育目标的特征分析

人职匹配理念强调个体需求和特质与职业特征的有效对接,残疾人的基础能力和身心特点和健全者存在较大的差异,因此,普通职业教育的目标并不适用于残疾人职业教育。特殊教育学校为残疾人制定的人职匹配教育目标有着激发职业兴趣、提高职业适应能力、培养适用且够用的职业本领三个重要特点。

(一)激发职业兴趣

各个特殊教育学校为了突显教育对个体差异性的尊重,在制定职业教育目标时,均较为注重培养学生积极的职业心态,帮助个体找到兴趣领域并激发其职业兴趣,因为只有对即将从事的职业有充分的兴趣,才会热爱自己未来的工作,并且产生向上的职业追求[②]。例如,W校面向义务教育阶段1—9年级的听力障碍学生的教育目标是激发学生职业兴趣,使其获得职业认知,

---

① 朱德全,石献记.从层次到类型:中国职业教育发展百年[J].西南大学学报(社会科学版),2021(2):103-117,228.

② 尹慧.工匠精神的哲学意蕴与现代表达[J].教育学术月刊,2018(1):16-23.

奠定职业基础并产生职业思想。"在学生小学的时候,就要让他们尽早地接触职业教育,进行职业启蒙,亲身体验简单的缝纫方法,让他们发现自己感兴趣的地方,这样等他们升入职业高中的时候,就不会迷茫和不知所措,以后也会喜欢和长期从事自己的职业"(教师 W-T01)。"职业兴趣的培养也是我们的一个目标,都说兴趣是最好的老师,对于我们残疾孩子来说也不例外,只有喜欢才愿意继续学习下去"(教师 C-T02)。"我们为了激发学生的职业兴趣,在学习前带他们参观烘焙工作室,观看一些食品大师制作的面点,学生们看到之后,都表示很喜欢,很想快快学习"(学校管理者 L-L01)。职业兴趣不仅是学生学习的起点,而且发挥着推动个体职业能力提升的作用。对于残疾学生而言,潜移默化地培养和塑造职业意识和职业兴趣能够减少残疾学生在职业学习过程中产生迷茫和不知所措的情况,使学生满怀自信地去拥抱未来的学习生活和职业生涯。

(二)提高职业适应能力

职业适应要求个体能够将自己的性格特征、习惯等与将要从事工作的环境相匹配,融入工作环境。残疾学生生活的环境相对封闭,主要通过教师的介绍、阅读书本文字等方式了解未来的工作环境和氛围,缺少对职业真切的感知和认识。"学生在毕业进入社会之前的生活和学习都是在特殊学校里面度过的,平时的交流与活动也基本是和听障学生在一起。但是,毕业之后进入社会可就不一样了。他们所面对的都是普通人群,不会用手语和他们交流,这对于学生们来说是陌生和极其困难的。社会上很多听障人士在进入工作岗位之后,很难适应新的工作环境,都坚持不了几天就被辞退或者自己放弃了,这就需要我们在学生毕业之前,锻炼他们与正常人相处的能力,提升他们的职业适应能力,才能让他们更好地融入社会"(教师 W-T02)。"残疾学生对于职场环境还是不太真切,很多学生毕业了,到工作环境就出现不适应的问题。不太理解职场规则,通过微信聊天向老师求助询问。所以,我们希望在学校能提高学生的适应能力,最好是实现从学校到工作岗位,在沟通、习惯方面的快速顺利过渡"(教师 C-T01)。为了弥补残疾学生社会经验缺乏这一短板,为他们步入岗位后的职业融合打下坚实的基础,特殊教育学校将职业适应的相关内容纳入人职匹配的职业教育目标。例如,C 校提出学生要具备与人沟通合作、自我管理、与同事沟通合作等能力。L 校制定了掌握食品操作间各项规章制度、学会相互合作、学会表达和沟通、能够将自己遇到的问题进行清晰表达等目标。

（三）培养适用且够用的职业本领

残疾学生在基础能力和学习潜力方面落后于健全学生，普通职业教育的职业能力培养目标对于残疾学生而言实现难度较大。如果将普通职业教育的职业能力培养目标用于残疾学生，不仅在落实过程中会花费更多的时间，而且往往效果不佳，既降低了教育教学的效率，又大大挫伤了残疾学生学习的信心，因此，普通职业教育培养目标并不适用于特殊学生的职业教育。"普通中等职业教育的课程是以实践操作为核心的，而我们对智力障碍学生的教学不同于普通中等职业学校的教学，对学生不做复杂的、创新的、艺术性的要求，只要能够帮助学生掌握一定的酒店服务的基本专业技能（中式铺床和西式铺床）就已经很好啦！对核心专业课程的目标是强调学生的动手能力，让他们掌握技能，即使毕业后没办法从事该职业，也可以锻炼他们适应生活的能力和生存能力"（学校管理者 G-L01）。"我们对学生的培养目标实用性较强且贴近生活，是能够在未来的生活和工作中用得上的"（教师 L-T02）。"一般情况下，要学生自己独立经营美术画室或独立去做什么事，还是有难度的……所以主要是职业技能、能力的培养"（教师 N-T02）。各个特殊教育学校会根据残疾学生的障碍程度以及不同领域的职业能力需求，对残疾学生的职业能力目标做出适当的调整。一方面，确保培养目标能够实现，满足基本的职业能力需求；另一方面，使残疾学生获得"实用"和"够用"的职业知识和技能，从而实现学有所获，学有所得。

第六节　结论与建议

一、结论

经过对上述 5 所基于人职匹配理论开展残疾人职业教育高质量供给实践的特殊教育学校的实地调查，并对实物资料和访谈资料进行系统整理分析，可以得到以下结论。

第一，各个特殊教育学校制定的残疾学生个体发展目标内容简洁且重点突出,将残疾学生全面健康发展作为主要理念,强调残疾学生生存技能、社会适应能力以及积极精神品质的养成,希望残疾学生能够快乐成长,平等且独立地参与社会生活。

第二,各个特殊教育学校的职业教育培养目标充分展现了职业教育服务于社会经济发展现实需求的原则,其主要内容围绕职业能力、职业素养两个方面展开,并将职业需求目标作为职业教育目标制定的重要参考内容,希望培养出具有较高素质和技能的劳动人才。

第三,各个特殊教育学校的人职匹配个性化职业教育目标将个体的发展需求和职业需求两个方面紧密相连,以学生基本的学习认知能力为起点,以学生就业需要为方向,注重培养残疾学生的职业兴趣和提高职业适应能力,并能够根据残疾学生的障碍类型和程度,对职业能力要求进行灵活调整,不仅帮助学生获得扎实的职业知识和技能,满足残疾学生未来职业生涯的需求,而且能够进一步提高职业教育供给的精准性,为职业教育质量的提升奠定较为扎实的基础。

二、建议

为了应对部分残疾人职业教育中存在的培养目标不明晰、人才培养与市场需求脱钩、无法达到人职匹配的现有问题,本书提出以下对策建议。

第一,残疾人职业教育的高质量供给应当从残疾人发展需求和市场发展需求两大源头入手,制定科学、精准、系统的培养目标体系。具体而言,各个特殊教育学校在制定个体发展目标时,必须关注残疾人的障碍类型以及身心素质,立足开发潜能和缺陷补偿的理念,致力于个体德智体美劳各项素质的改善和提升。

第二,职业需求目标应当将市场和企业的人才需要置于首要位置,精确考察和定位职业知识、技能、职业素养等各方面的具体要求。

第三,人职匹配的职业教育目标应当充分展现职业教育的"教育性"和"职业性"两大特征,在满足市场人才需求的前提下,依照残疾人的个体兴趣和能力基础,灵活、合理地调整目标内容和难度,设定科学化和多元化的人职匹配教育目标。

第五章　优化课程供给内容的实证研究

　　优化课程供给内容是提升职业教育能力的重要途径,"课程供给体系的具体内容纷繁众多,着力把握课程供给体系的构建逻辑,对我们系统化把握课程供给内容具有重要意义"①。现代职业教育课程体系结构可以分为公共基础课程、专业核心课程及专业拓展课程三个部分。为满足"职业教育人才培养供给侧对经济社会发展需求侧的适应性"②,残疾人职业教育课程体系的三个部分须精准培养学生的岗位胜任力,以提供适应未来工作岗位的人力资源。岗位胜任力是指"具体从事某一特定职位而应具备的特质要求,完成对应岗位职责要求而需要具备的组合胜任特征,这些特征包括知识、素养、行动、态度、责任、方法及价值观等"③。鉴于此,研究选取东部三省(浙江、江苏、山东)的 G 校、N 校、W 校、L 校 4 所特殊教育学校作为研究个案,并基于岗位胜任力优化残疾人职业教育课程,立足职业教育课程体系结构的通识基础性、专业特色及专业拓展性特点,从基础课程、特色课程和拓展课程三类课程出发,探讨残疾人职业教育课程体系的特征,以验证残疾人职业教育供给内容的优化成效。

---

　　① 朱宏强.思想政治教育专业课程建设中的供给与需求[J].学校党建与思想教育,2021(5):13-16.

　　② 郭璇瑄,陶红.数字经济赋能职业教育适应性研究[J].贵州师范大学学报(社会科学版),2022(1):65-74.

　　③ 李颖,康铁钢.高职技能型人才岗位胜任力分析及培养模式构建[J].教育与职业,2015(6):107-109.

第一节　文献综述

本研究从普通职业教育课程和残疾人职业教育课程两部分分析目前职业教育课程供给内容的研究现状,基于课程体系通识基础性、专业特色化及拓展性特点,从基础课程、特色课程、拓展课程三类课程进行综述。

一、职业教育课程供给研究

(一)职业教育基础课程的研究

陈咏指出,职业教育基础课程着眼于学生对工作和生活的基础和广泛的理解,属于人才培养方案中明确规定的,职业院校中的所有学生必须学习的课程。职业教育旨在培养具有岗位胜任力的专业技能人才,从业人员的岗位稳定与发展既需要其熟练的岗位技能,又需要依靠其职业素质,"而职业素质的培养需要更为宽厚的文化基础教育"[①]。2019年,教育部办公厅印发的《中等职业学校公共基础课程方案》明确,中等职业学校公共基础课程包括思想政治、语文、历史、数学、外语、信息技术、体育与健康、艺术,物理、化学为相关专业的必修课程,合计48学分。基础课程的开设既为学生的专业学习打下良好基础,又丰富了学生的文化知识,提高了学生的职业素养,因此,职业院校开展基础课程对提高学生未来生活质量、促进个人的成长和企业发展具有重要意义。周新源在研究中指出,中等职业学校应当将思想政治、语文、历史、数学、外语(英语等)、信息技术、体育与健康、艺术等列为公共基础必修课程。高等职业学校应当将思想政治理论、体育、军事、心理健康教育等课程列为公共基础必修课程[②]。目前,陈乐发现,我国职业教育中的基础课程的地位及实施处在较尴尬位置,"文化基础课和职业人文素质课程在课程体系中开设较少,课程体系结构失衡"[③]。范桂玲和韩胜难也指出,学校将学生的就业作为职业教育的主要发展目标,重视开发和开展职业技能培养的专业课程,"以文

---

① 陈咏.五国中等职业教育文化基础课程比较及启示[J].职业技术教育,2008(13):87-89.
② 周新源.现代学徒制课程设置的规范与创新[J].江苏教育,2021(4):55-59.
③ 陈乐.民办高职院校特色专业的课程建设研究[D].长沙:湖南师范大学,2020.

化基础课'够用就可'的原则大幅减少课程、压缩课时"①。周新源认为,原因在于职业院校将基础文化课程与普通院校的文化课程等同,缺乏学校职业特色,因此,职业院校在进行基础课程设置时,应"提高公共基础文化课的地位,不断改进与完善基础文化课程设置"②,明确课程理念,依据学校职业特性和教育发展水平设置基础课程,且内容遵循实用、综合、有效和应用性原则③,凸显文化基础课程的工具性④,"将能力培养放在突出的位置,努力提高学生就业和创业素质"⑤。此外,吴婷琳指出,职业教育基础课程还存在衔接雷同的问题,主要表现在中高职同类基础课程标准存在一定差距、课程衔接不力,内容存在重复性⑥,从而影响职业院校的专业建设,造成教育资源和教学时间的浪费。蒋乃平表示,职业教育基础课程的内容选择应考虑学生"职业生涯发展和转岗、晋升及更新知识、技能的需要"⑦,做好教学内容的有效衔接。

(二)职业教育特色课程的研究

职业教育特色课程是指凸显职业特色的专业课程。高帆和赵志群研究发现,中等职业教育特色课程存在与市场需求脱节的现象,课程内容缺乏职业性和专业性,多强调理论,而与职业要求的实践性缺乏关联⑧。这导致职业教育课程出现理论和实践课程的比例失调现象,影响了学生职业生涯的发展。为此,王欣和金红梅提出"岗课赛证"融合育人,对专业课程内容科学规划,并与岗位的实际需要相结合,提高学生的岗位能力,将职业资格证书、职

① 范桂玲,韩胜难.职业教育中的文化基础课问题再分析[J].语文建设,2014(36):41-42.

② 周新源.现代学徒制课程设置的规范与创新[J].江苏教育,2021(4):55-59.

③ 徐国庆.论职业教育中的普通文化课程改革[J].职教论坛,2012(3):4-11.

④ 邓泽民,苏北春,赵沛.中等职业教育课程体系研究[J].中国职业技术教育,2008(27):37-40.

⑤ 陈家颐.后金融危机时代的高职公共基础课程改革[J].南通职业大学学报,2011(4):1-5.

⑥ 吴婷琳.现代职业教育课程体系建构的路径选择[J].江苏高教,2020(5):119-124.

⑦ 蒋乃平.努力构建中国特色职教文化课体系——"宽基础、活模块"课程模式再论之十三[J].职业技术教育,2008(16):51-55.

⑧ 高帆,赵志群.胜任素质对职业教育课程改革的启发[J].职教论坛,2018(1):58-62.

业技能等级证书与职业教育专业课程对标①,促进职业教育的供给侧与经济发展的需求侧对应。此外,职业教育特色课程应当"对照专业定位,按照'适应社会、强化基础'的原则进行课程调整"②,突出专业课程的应用性和项目化,"将课程置于行业企业真实情境中"③,提高教学的实践性,"以解决实际问题为导向"④,从而培养学生解决岗位真实问题的能力。对于高等职业教育的专业课程设置,有学者提出突出课程的职业性和高等性,内容要与"职业行动领域的工作过程和技术创新过程"紧密联系⑤。在中高等职业教育课程衔接上,对专业基础和核心能力的培养要"两手抓","课程设置突出专业的拓展性与创新型能力的培养"⑥,避免中高职课程设置衔接上出现重复。除此之外,在职业教育专业课程的实施上,有学者指出,应情景化实施专业课程,使学生参与并体验岗位的真实情景⑦,从而提高其岗位胜任力。

（三）职业教育拓展课程的研究

拓展课程主要指职业院校依据自身学校的条件、学生需求及当地经济发展需要而设置的课程,主要包括学校开设的选修课程,起到满足学生个性化需要和拓展职业能力的作用,学生可以根据自身的学习需求灵活选择课程。徐永清研究发现,职业院校的拓展课程,一方面,可以依据学生的职业需要来扩充课程;另一方面,可以依据岗位的需要设置拓展课程,扩充课程的种类与

---

① 王欣,金红梅.基于大职教观的职业教育"岗课赛证"融合育人的学理基础、内在要求及实施路径[J].教育与职业,2022(2):21-28.

② 江卉.本科职业教育专业教学改革路径研究——以艺术设计类视觉传达设计专业为例[J].中国职业技术教育,2021(20):84-87.

③ 南旭光,张培.基于1+X证书制度的职业教育课程体系建设:问题、逻辑与进路[J].中国职业技术教育,2020(32):5-10.

④ 林健.新工科专业课程体系改革和课程建设[J].高等工程教育研究,2020(1):1-13,24.

⑤ 杨欣斌.职业本科教育人才培养模式的思考与探索[J].高等工程教育研究,2022(1):127-133.

⑥ 徐永清.中、高等职业教育课程衔接的对策——以郑州旅游职业学院为例[J].中国成人教育,2014(22):118-120.

⑦ 修南,唐智彬.基于职业核心素养的职业教育专业课程标准研发理念[J].中国职业技术教育,2019(29):23-28.

数量①。创新设置教学计划外的课程,周新源提出,拓展课程可以依据"专业特色和学生个性特点""合作企业文化""利用网络和信息化资源""围绕专业群和合作企业"来开拓课程②。国外职业院校也会为了满足市场的人才需求而开设拓展课程。例如,美国贝茨学院为学生开设目的性工作中心,鼓励学生从在贝茨的第一年开始进行有目的的工作,引导学生探索工作的世界,增强他们的实践技能,扩大他们的专业网络,有助于他们积累经验、探索职业和准备未来的工作③。王丹中针对一些职业院校开展的拓展类课程数量相对较少的问题,提出职业教育设置拓展课程应以拓展专业技能的广度与宽度为主,而非设置"与专业相关的更源头性的或更细化的课程"④。

二、残疾人职业教育课程供给研究

(一)残疾人职业教育基础课程的研究

基础课程是残疾人职业教育课程体系中起基础保障作用的课程,其对残疾人学习文化和职业知识、形成职业道德、提高职业技能具有重要意义。然而,范莉莉和刁春好研究发现,目前我国残疾人职业教育中的基础课程存在被忽视的现象,残疾人中等职业教育以培养残疾人职业技能、实现就业为导向,出现文化知识"够用、实用"的标准⑤。而且,学校容易忽视与专业联系不紧密的基础课程⑥,影响了后续高职教育阶段基础课程的顺利推进。徐敏研究发现,残疾人职业院校的基础课程与普通职业院校的基础课程在内容上具有较大的相似性,失去了残疾人职业教育的职业特色和个性化教育指向⑦。为了解决残疾人职业教育基础课程的现实困境,李元提出,要明确文化基础

①　徐永清.中、高等职业教育课程衔接的对策——以郑州旅游职业学院为例[J].中国成人教育,2014(22):118-120.

②　周新源.现代学徒制课程设置的规范与创新[J].江苏教育,2021(4):55-59.

③　Bates. Practitioner-Taught Courses [EB/OL]. (2022-01-05)[2022-02-26]. https://www.bates.edu/purposeful-work/practitioner-taught-courses/.

④　王丹中.中加高职院校课程设置比较分析[J].中国职业技术教育,2014(3):79-85.

⑤　范莉莉,刁春好.残疾人中高等职业教育衔接的发展现状与路径选择[J].职教论坛,2015(34):22-26.

⑥　许保生,陈瑞英,蔺洪杰,等.浙江听力障碍学生中高等职业教育衔接状况调查[J].中国特殊教育,2011(6):32-36.

⑦　徐敏.特殊高等职业教育课程建设研究[D].宁波:宁波大学,2017.

课的重要性,突出文化课的专业特点,并为专业课程服务①,应当"转变学生对文化课的态度,积极整合课程目标"②。张梦茜研究指出,可以通过提高学生对文化知识价值的理解与认识,在基础课程中渗透职业教育内容,将基础课程与专业课程紧密结合③。残疾人高等职业教育仍要坚持课程设置的基础性,并依据残疾大学生的实际基础来选择理论性课程④。针对残疾人职业教育基础课程衔接问题,许保生和陈瑞英研究指出,可以实施"2+3"模式,中职的两年教育重点是残疾学生的文化基础课程和少量专业基础课程⑤。

(二)残疾人职业教育特色课程的研究

范莉莉和刁春好研究发现,残疾人职业教育特色课程存在年级之间课程内容交叉且专业技能教学不连贯的现象⑥。史维密研究发现,残疾人职业教育特色课程设置缺乏特殊性和职业性,存在课程设置前未对社会市场需求进行调研、专业与学生的能力发展不相适应、各障碍学生之间教学资源和课程界限不清、课程目标与岗位不对应等现象⑦。王得义研究指出,课程设置与就业不匹配,不仅阻碍残疾学生就业,而且会影响各残疾人职业院校的职业教育发展⑧。除此之外,残疾人职业教育特色课程内容重复现象严重,一方面,同等水平的职业学校的特色课程内容重复,主要原因是多数残疾人职业教育院校参照普通教育的课程标准来设置专业特色课程⑨,忽视了残疾人职业教

① 李元.新课改新理念新变化——北京市盲人学校职业教育改革初探[J].现代特殊教育,2012(5):4-8.
② 姜雪.聋校中等职业教育课程设置现状研究[D].大连:辽宁师范大学,2021.
③ 张梦茜.智障学生学校人际适应性的调查研究[D].南昌:南昌大学,2017.
④ 李京龙.残疾人高等职业教育课程设置原则和模式研究[J].江苏高教,2010(2):139-140.
⑤ 许保生,陈瑞英.残疾人职业教育的"2+3"学制改革实践研究[J].职教论坛,2015(18):35-38.
⑥ 范莉莉,刁春好.残疾人中高等职业教育衔接的发展现状与路径选择[J].职教论坛,2015(34):22-26.
⑦ 史维密.河北省智障学生职业教育发展现状及对策[D].石家庄:河北师范大学,2015.
⑧ 王得义.残疾人高等职业教育课程设置研究[D].长沙:湖南师范大学,2010.
⑨ 吴涛,程蕉,陈伟,等.广州市残疾人职业教育课程研究[J].教育教学论坛,2018(42):229-231.

育的特殊性,使学校的职业教育缺乏自身特色;另一方面,残疾人中高等职业教育存在专业课程内容重复的现象,原因是我国的残疾人中高等职业教育缺乏统一的课程标准,且对应的教材短缺,职业院校多数通过校内自行编写课程选择教学内容,因此造成了课程内容的大量重复①。刘珍研究指出,残疾人高等职业教育课程特色课程的实用性较低,某些高等职业院校过分强调学科体系的完整性,而忽视了特色课程与社会实践的结合②,"且理论性比较强,动手操作的内容比较少"③。基于目前残疾人职业教育专业课程存在的问题,刘俊卿研究指出,专业特色课程的建设要充分结合理论和实践课,正确认知专业特色课与其他课程类型之间的关系④,突出职业教育特色课程的实践性和专业性特点。针对残疾人中高职教育内容重复的问题,许保生和陈瑞英指出,要做好"2+3"一体化模式,从而保证中高职教育内容的有效衔接⑤。应当在明确中、高职共有的工作岗位并剖析这些岗位所涉及的工作任务及所需的人才规格要求的基础上,分层开设各自的专业特色课程,从而避免特色课程内容的大量重复。

(三)残疾人职业教育拓展课程的研究

残疾人职业教育拓展课程旨在满足学生个性化的学习需要,拓宽学生能够适应的个性化岗位,坚持"宽基础、活模块、多能力、多层次"的模式为学生提供专业必修和选修课程,以拓宽专业课程和基础课程的学习,并促进学生多方面能力的发展⑥。例如,浙江省设置了专门的专业拓展课程⑦供残疾人职业教育选择。广州市采用交叉修读不同专业课程的模式,让学生根据不同

---

① 范莉莉,刁春好.残疾人中高等职业教育衔接的发展现状与路径选择[J].职教论坛,2015(34):22-26.

② 刘珍.我国残疾人高等职业教育现状与对策研究[D].南昌:江西农业大学,2014.

③ 徐敏.特殊高等职业教育课程建设研究[D].宁波:宁波大学,2017.

④ 刘俊卿.特殊教育学校中等职业教育的现状分析及策略选择[J].中国职业技术教育,2010(18):23-26.

⑤ 许保生,陈瑞英.残疾人职业教育的"2+3"学制改革实践研究[J].职教论坛,2015(18):35-38.

⑥ 赵小红.弱智青少年职业教育的培养目标和课程设置探讨[J].中国特殊教育,2003(6):21-26.

⑦ 刁春好.影响残疾人中高职课程衔接的因素分析[J].牡丹江教育学院学报,2015(8):79-80.

的学习兴趣选择修读不同专业的课程来开展职业教育拓展课程①。青岛聋校为拓宽学生的知识面,为实现满足学生的兴趣需要和便于就业的目的,通过开展选修职业技术课程,促进学生成为一专多能的人才,提高其岗位胜任力②。衢州市特殊教育学校坚持以生为本,参考普通职业学校的优秀改革经验,立足特殊教育学校实际,为残疾学生开齐开足各类课程,在基础课程和专业课程的基础上开设拓展活动(社团)课程和职业指导课程③。美国残疾人中等职业教育为扩展学生的专业学习领域,指导学生就业选择和个人发展,开设了职业规划、社会适应训练、个人社会与文化发展等选修课程④。残疾人职业教育拓展课程的开设,不仅促进了学生的职业技能发展,而且彰显了学校的办学特色,因此,"围绕社会就业岗位需求设置灵活实用的课程势在必行"⑤,残疾人职业教育课程应该注重某一方面技能的练习,且须做出调整,让必修课程和选修课程相结合⑥,以拓宽专业学习。

第二节　深度访谈对象

一、深度访谈学校简介

本研究选择江苏、浙江、山东等东部地区的 G、N、W、L4 所学校作为研究个案,其中 G 校成立于 1983 年,2010 年开展智力障碍学生中等职业教育,并在政府部门的支持下与某中等职业院校合作办学,为智力障碍学生提供职业技能发展机会和生存技能,同时成立酒店服务专业,在校内打造两个星级酒店标准的实景标准间,为智力障碍学生的职业教育发展提供资源保障。N 校

---

① 吴涛,程蕉,陈伟,等.广州市残疾人职业教育课程研究[J].教育教学论坛,2018(42):229-231.
② 刘本部.聋校职业教育的思考与实践[J].长春大学学报,2018(5):121-124.
③ 章金魁.听障学生职业教育的"浙江模式"[J].现代特殊教育,2020(7):11-15.
④ Moores D F. Educating the Deaf: Psychology, Principles, and Practices[M]. Washington, D.C.:Gallandet University Press,1987:123.
⑤ 刘德峰.开展聋生职业技术教育的实践与探索[J].现代特殊教育,2013(5):25-26.
⑥ 王欢. 工学结合视角下特殊教育学校职业教育课程设置研究——以辽宁省特殊教育师范专科学校口腔工艺专业课程为例[D]. 沈阳:沈阳师范大学,2016.

在 1995 年开设听障生工艺美术专业,在工艺美术专业的课程建设方面具有丰富的经验,且效果显著,N 校现已成为市工艺美术行业协会常务理事单位、全国特殊艺术人才培养基地和非物质文化遗产传承基地。W 校职业教育资源丰富,开设听障生服装专业,校内设有职业教育中心,开设电子商务课程,构建信息化拓展课,促进学生职业技能的发展。L 校成立于 1945 年,烹饪专业是听障学生职业教育的传统专业,学生的就业率达 90％以上。学校采取"一专多能"的职业教育模式,努力实现学生多技能发展,使他们能够面对未来复杂的工作环境,成为具备岗位胜任力的专业人才。因此,研究选取 G 校酒店服务专业、N 校工艺美术专业、W 校服装专业、L 校烹饪专业为研究个案,剖析 4 所学校基于岗位胜任力构建的残疾人职业教育课程体系的特征。

综合上述 4 所学校的简介可以看出,这些学校有着多年的残疾人职业教育经验,且不断进行残疾人职业教育课程建设,培养出无数特殊的专业人才,4 所学校残疾人职业教育课程体系的建设情况见表 5-1。

表 5-1　各学校残疾人职业教育课程体系建设情况

学校及专业	基础课	特色课	拓展课
G 校酒店服务专业	职业语文、职业数学、音乐、体育、美术、客房礼仪、信息技术、劳动技术、兴趣课	客房服务、餐饮服务	园艺、手工
N 校工艺美术专业	语文、数学、英语、生命、体育、心理健康、职业素养、班队	素描、色彩、书法、漆画、国画、油画、美术基础、高考美术	选修课程
W 校服装专业	语文、数学、美术、体育、心理、创客、职业道德	服装、服工	细纹雕刻、电子商务、面点、茶艺、彩绘、西点、服装画、模特训练
L 校烹饪专业	语文、国学、数学、计算机应用基础、体育与健康、心理健康教育、历史、哲学与人生、经济政治与社会、职业道德与法律、职业生涯规划	中国饮食文化、烹饪原料知识、食品营养与卫生、食品安全与质量控制、中式面点、食品雕刻、中式烹调	汽车美容、电子商务、串珠、工艺美术、服装制作、烹饪、发展性课程

二、访谈对象的选择

以分层抽样的方式，从 G、N、W、L4 所学校随机选取学校管理者、教师、学生三个层面的受访者，并采用滚雪球式抽样的方法确定各层次的研究对象，共选取 6 名学校管理者、12 名受访教师和 12 名受访学生。

（一）受访学校管理者基本信息

学校管理者是特殊教育学校发展及课程改革的"领头羊"，对其进行访谈的目的在于从管理者角度了解特殊教育学校课程优化改革的理念和学校的实践措施。从 4 所学校共选取了 6 名学校管理者作为管理层的受访代表，其基本信息见表 5-2。

表 5-2　6 名学校管理者基本信息

受访对象编码	职务	性别	学历	职称
G-L02	副校长	男	本科	中级
N-L01	校长	女	本科	高级
N-L02	主任	女	本科	高级
W-L01	校长	男	研究生	高级
L-L01	主任	男	本科	高级
L-L02	校长	男	本科	高级

表 5-2 的 6 名学校管理者中，G 校 1 人，N 校 2 人，W 校 1 人，L 校 2 人；校长 3 人，副校长 1 人，主任 2 人；男性 4 人，女性 2 人；本科学历 5 人，研究生学历 1 人；高级职称 5 人，中级职称 1 人。

（二）受访教师基本信息

专业课教师和班主任是残疾人职业教育课程的主要实施者，对其进行访谈有助于从专业角度了解特殊教育学校残疾人课程的实施现状和课程优化改革成效。从上述 4 所学校每校各选取 3 名教师作为受访对象，共选取了 12 名受访对象，其基本信息见表 5-3。

表 5-3　12 名受访教师基本信息

受访对象编码	职务	性别	学历	职称
G-T01	专业课教师	女	本科	中级
G-T03	班主任	女	本科	高级
G-T04	班主任	女	本科	中级
N-T01	专业课教师	女	研究生	中级
N-T03	班主任	男	本科	中级
N-T04	专业课教师	女	本科	高级
W-T01	专业课教师	女	研究生	高级
W-T03	班主任	男	研究生	中级
W-T04	专业课教师	女	本科	中级
L-T02	班主任	女	本科	高级
L-T03	专业课教师	女	研究生	中级
L-T04	外聘教师	女	本科	中级

表 5-3 的 12 名受访教师中,班主任 5 人,专业课教师(含外聘教师)7 人;男性 2 人,女性 10 人;本科学历 8 人,研究生学历 4 人;高级职称 4 人,中级职称 8 人。

(三)受访学生基本信息

残疾学生是残疾人职业教育课程实施的主要参与者和学习者,对学生进行访谈旨在了解学生掌握职业技能的程度,并有助于从学生身上深入探寻残疾人职业教育课程改革的成效。从上述 4 所学校中各选取 3 名残疾学生作为受访对象,共选取了 12 名受访对象,其基本信息见表 5-4。

表 5-4　12 名受访残疾学生基本信息

受访者编号	性别	年龄	年级	专业
G-S01	女	17 岁	中职一年级	酒店服务专业
G-S02	女	17 岁	中职一年级	酒店服务专业
G-S03	女	16 岁	中职一年级	酒店服务专业
N-S01	女	20 岁	中职二年级	工艺美术专业

续　表

受访者编号	性别	年龄	年级	专业
N-S02	男	18 岁	中职二年级	工艺美术专业
N-S03	女	19 岁	中职二年级	工艺美术专业
W-S01	男	20 岁	中职三年级	服装专业
W-S02	男	20 岁	中职三年级	服装专业
W-S03	女	17 岁	中职二年级	服装专业
L-S01	女	17 岁	中职二年级	烹饪专业
L-S02	女	17 岁	中职二年级	烹饪专业
L-S03	男	18 岁	中职一年级	烹饪专业

　　表 5-4 的 12 名受访残疾学生中,男生 4 人,女生 8 人;16 岁 1 人,17 岁 5 人,18 岁 2 人,19 岁 1 人,20 岁 3 人;中职一年级 4 人,中职二年级 6 人,中职三年级 2 人;酒店服务专业 3 人,工艺美术专业 3 人,服装专业 3 人,烹饪专业 3 人。

第三节　研究结果

一、基于岗位胜任力的残疾人职业教育课程特征的编码结果

　　本研究对残疾人职业教育的基础课程、特色课程、拓展课程的原始材料进行编码,通过对原始访谈材料的三级编码,共获得 66 个开放式编码,33 个轴心式编码和 13 个选择式编码。选择式编码分别是基础性、科学性、贴近性、服务性、专业特色化、实用性导向、贯通性、岗课赛证融合、理实一体化、个性化需求、发展性目标、现实性条件、信息化平台,构成了基于岗位胜任力的残疾人职业教育课程的 13 个特征。

　　(一)残疾人职业教育基础课程特点的编码结果

　　对残疾人职业教育基础课程特点进行编码,结果见表 5-5。

表 5-5 基于岗位胜任力精准残疾人职业教育基础课程特点的编码结果

选择式编码	轴心式编码	开放式编码
基础性	文化知识基础	文化课
		历史常识
		生活常识
	品德基础	社会公德
		职业道德
		职业生涯规划
		哲学与人生
		经济政治与社会
科学性	结构合理性	课程内容重复
		课程内容脱节
	内容充分性	职业人文素质课程少
		基础课程削减
贴近性	贴近生活	内容生活实用
		内容接近生活
	贴近实际	课程贴近学生能力发展实际
		贴近就业实际
服务性	服务学生发展	促学生一般能力发展
		促学生通识知识掌握
		发展学生自主学习能力
	服务专业课程	专业课程的知识基础
		专业课程的理论支持

由表 5-5 可以看出,残疾人职业教育基础课程的编码共有基础性、科学性、贴近性、服务性 4 个选择式编码。基础性由文化知识基础和品德基础 2 个轴心式编码构成,前者包含文化课、历史常识、生活常识 3 个开放式编码;后者包含社会公德、职业道德、职业生涯规划、哲学与人生、经济政治与社会 5 个开放式编码。科学性由结构合理性和内容充分性 2 个轴心式编码构成,前者包含课程内容重复和课程内容脱节 2 个开放式编码;后者包含职业人文素质课

程少和基础课程削减 2 个开放式编码。贴近性由贴近生活和贴近实际 2 个轴心式编码构成,前者包含内容生活实用、内容接近生活 2 个开放式编码;后者包含课程贴近学生能力发展实际、贴近就业实际 2 个开放式编码。服务性由服务学生发展和服务专业课程 2 个轴心式编码构成,前者包含促学生一般能力发展、促学生通识知识掌握、发展学生自主学习能力 3 个开放式编码;后者包含专业课程的知识基础、专业课程的理论支持 2 个开放式编码。

(二)残疾人职业教育特色课程特点的编码结果

对残疾人职业教育特色课程特点进行编码,结果见表 5-6。

表 5-6　基于岗位胜任力精准残疾人职业教育特色课程特点的编码结果

选择式编码	轴心式编码	开放式编码
专业特色化	烹饪专业特色课程	中式烹调课程
		食品雕刻课程
		中式面点制作课程
	客房服务专业特色课程	客房服务课程
		餐饮服务课程
	服装专业特色课程	服装画课程
		模特训练课程
实用性导向	课程内容实用	删减与专业发展无关课程
		增添实用课程
	课程目标实用	培养学生生存技能
		校外实践
贯通性	初中职衔接	初中缝纫课程
		中职服装专业课程
	中高职衔接	中职课程内容借鉴高职课程
岗课赛证融合	岗课的融合	课程满足岗位需求
	赛课的融合	竞赛课程
	证课的融合	职业技能等级证书课程
		职业资格证书课程

选择式编码	轴心式编码	开放式编码
理实一体化	理论课程	专业理论课
	实践课程	校内综合实训课程
		校外顶岗实习课程

由表5-6可知,残疾人职业教育特色课程共有专业特色化、实用性导向、贯通性、岗课赛证融合、理实一体化5个选择式编码。专业特色化由烹饪专业特色课程、客房服务专业特色课程、服装专业特色课程3个轴心式编码构成,烹饪专业特色课程包含中式烹调课程、食品雕刻课程、中式面点制作课程3个开放式编码;客房服务专业特色课程包含客房服务课程和餐饮服务课程2个开放式编码;服装专业特色课程包含服装画课程、模特训练课程2个开放式编码。实用性导向由课程内容实用和课程目标实用2个轴心式编码构成,前者包含删减与专业发展无关课程和增添实用课程2个开放式编码;后者包含培养学生生存技能和校外实践2个开放式编码。贯通性由初中职衔接和中高职衔接2个轴心式编码构成,前者包含初中缝纫课程和中职服装专业课程2个开放式编码;后者包含中职课程内容借鉴高职课程1个开放式编码。岗课赛证融合由岗课的融合、赛课的融合、证课的融合3个轴心式编码构成,岗课的融合包含课程满足岗位需求1个开放式编码;赛课的融合包含竞赛课程1个开放式编码;证课的融合包含职业技能等级证书课程和职业资格证书课程2个开放式编码。理实一体化由理论课程和实践课程2个轴心式编码构成,前者包含专业理论课1个开放式编码;后者包含校内综合实训课程和校外顶岗实习课程2个开放式编码。

(三)残疾人职业教育拓展课程特点的编码结果

对残疾人职业教育拓展课程特点进行编码,结果见表5-7。

表5-7 基于岗位胜任力精准残疾人职业教育拓展课程特点的编码结果

选择式编码	轴心式编码	开放式编码
个性化需求	烘焙兴趣	"小小烘焙师"西点社团课程
	手工兴趣	非物质文化遗产民间艺术手工社团
	缝纫兴趣	"小裁缝的布艺生活"社团课程

续　表

选择式编码	轴心式编码	开放式编码
发展性目标	人文拓展类课程	创造性思维与开发课程
	创新创业类课程	创业教育课程
		网店运营课程
	专业拓展课程	食品包装技术课程
		食品企业经营与管理课程
		食品新产品开发课程
	学习深造类课程	对口升学课程
	科技类拓展课程	图片处理课程
现实性条件	考虑学校实际情况	办学条件
		师资力量
	学生需求	学生兴趣
		学生就业需要
	社会和市场需求	岗位需求
		行业前景
	当地产业特色	地方非遗项目
信息化平台	电子商务课程	商品拍照
		商品发布
		接收客户订单
		订单发货
		售后服务

　　由表 5-7 可知,残疾人职业教育拓展课程共有个性化需求、发展性目标、现实性条件、信息化平台 4 个选择式编码。个性化需求由烘焙兴趣、手工兴趣、缝纫兴趣 3 个轴心式编码构成,烘焙兴趣包含"小小烘焙师"西点社团课程 1 个开放式编码;手工兴趣包含非物质文化遗产民间艺术手工社团 1 个开放式编码;缝纫兴趣包含"小裁缝的布艺生活"社团课程 1 个开放式编码。发展性目标由人文拓展类课程、创新创业类课程、专业拓展课程、学习深造类课程、科技类拓展课程 5 个轴心式编码构成,人文拓展类课程包含创造性思维与

开发课程 1 个开放式编码;创新创业类课程包含创业教育课程和网店运营课程 2 个开放式编码;专业拓展课程包含食品包装技术课程、食品企业经营与管理课程、食品新产品开发课程 3 个开放式编码;学习深造类课程包含对口升学课程 1 个开放式编码;科技类拓展课程包含图片处理课程 1 个开放式编码。现实性条件由考虑学校实际情况、学生需求、社会和市场需求、当地产业特色 4 个轴心式编码构成,考虑学校实际情况包含办学条件和师资力量 2 个开放式编码;学生需求包含学生兴趣和学生就业需要 2 个开放式编码;社会和市场需求包含岗位需求和行业前景 2 个开放式编码;当地产业特色包含地方非遗项目 1 个开放式编码。信息化平台由电子商务课程 1 个轴心式编码构成,电子商务课程包含商品拍照、商品发布、接收客户订单、订单发货、售后服务 5 个开放式编码。

二、基于岗位胜任力的残疾人职业教育课程特征的结构

根据编码结果发现基于岗位胜任力的残疾人职业教育课程包括 3 个主体课程和 13 个主要特征(见图 5-1)。

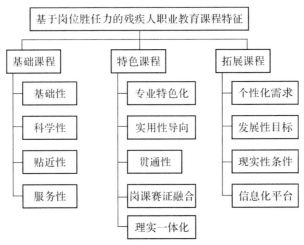

图 5-1 基于岗位胜任力的残疾人职业教育课程特征的结构

由图 5-1 可以看出,基于岗位胜任力的残疾人职业教育课程分为基础课程、特色课程和拓展课程。基础课程包括基础性、科学性、贴近性、服务性四个特征;特色课程包括专业特色化、实用性导向、贯通性、岗课赛证融合和理实一体化五个特征;拓展课程包括个性化需求、发展性目标、现实性条件和信息化平台四个特征。

第四节　分析与讨论

一、残疾人职业教育基础课程的特征分析

残疾人职业教育的基础课程为学生的岗位胜任力发展提供了文化和知识基础，促进学生正确价值观的养成。本研究进行调查后发现，基于岗位胜任力的残疾人职业教育基础课程主要体现出基础性、科学性、贴近性和服务性四个特征。

（一）基础性

残疾人职业教育基础课程建设旨在为学生提供科学文化、社会公德、职业道德等知识，以培养学生掌握基本文化常识，并树立科学的世界观、人生观和价值观，为其岗位胜任力的发展奠定基础。例如，L校烹饪专业的课程结构主要分为公共基础课模块和专业技能课模块。其中，公共基础课模块包括德育课、文化课、历史以及其他自然科学和人文科学类基础课程。公共基础课包括语文、数学、体育、品德、信息、心理、国学、历史共八门，在传授文化基础知识的基础上，L校更注重学生品德的发展，将社会公德、职业道德等培养内容加入基础课程，以提高基础教学的科学性与思想性。如"我们品德课有《职业道德与法制》《职业生涯规划》《经济政治与社会》《哲学与人生》这四本教材"（学生L-S01）；"品德课在一年级的时候就是职业生涯规划。在对职业有所了解的基础上，将个人与职业有机结合，引导学生思考这个职业我会做什么，我应该朝哪个方向去努力。二年级第一学期我们会以《职业道德与法律》这本书的职业道德与职业道德礼仪这一部分为主展开教学，第二学期是实习就业指导，以实习就业礼仪和行业规范，还有法律法规作为切入口进行教学"（教师L-T03）。同时，基础课程不仅强调学生学习知识，而且注重学生价值观的养成。"我想应该运用音乐课程教学来优化、陶冶和丰富孩子们的内心世界，开发他们对音乐的感知力，体验音乐的美感，培养孩子们对音乐课程的兴趣，通过学习爱国歌曲还可以培养他们的爱国情操吧"（教师G-T03）。

(二)科学性

科学性是课程的立课之本①,科学性原则首先是课程体系结构的合理性②,基础课程的课程结构如若缺乏科学性,则容易出现课程内容重复、课程间相互脱节等现象。同时,基础课程缺乏科学性还体现在课程内容设置上。基础课程不仅只是进行基础文化知识的传授,而且包含对学生职业道德、社会公德等的培养,基础课程的科学设置应当充分考虑课时设置比例,保证学生在各基础课程的学习中得到全面而充分的发展。例如,"我校文化基础课程都是由本校经验丰富、具有特殊教育背景的教师执教,但是,有部分教师在教学中忽略了职业道德的培养和塑造,对职业教育专业的基础课程也不是非常明确"(教师 G-T04)。"我们之前语文课每周 8 课时,为了增加实践,缩减到每周 5 节"(教师 L-T04)。"语文课尤其是文言文或是涉及历史知识的内容,孩子知道得太贫乏,所以他们要是学学历史就好一些。课时设置比例不协调,在一定程度上导致了学生的不协调发展。只在职业技能方面得到较多的训练,但缺少扎实的职业基础理论知识,职业态度、职业道德、职业情感等职业素质方面也无法得到较好的培养,不利于学生的和谐持续发展"(教师 L-T03)。

(三)贴近性

贴近性指贴近生活、贴近实际、贴近学生的"三贴近"原则③。首先,课程要贴近生活。N 校通识课程强调实用性强和贴近生活,能够将所学知识应用到未来的生活和工作中。例如,"我们选择课程时会考虑,看学生学了课程后,在他的生活中有没有用,能够体现出价值吗"(教师 N-T01)。其次,课程要贴近实际。由于特殊学生的学习水平有限,基础课程的内容设计要符合实际,G 校酒店服务专业设置职业数学课程,其依据残疾学生的数学能力和学习特点设计课程目标,以凸显课程与学生实际的结合,如"能够掌握初步的数学计算能力,会使用简单的运算工具,能够运用所学到的数学知识解决自己的日常生活中有关简单计算问题的能力"(教师 G-T01)。最后,贴近原则强调基

---

① 高建红.高职思想政治理论概论课程教学改革探析[J].中国职业技术教育,2008(19):62.

② 陈拥贤.对职教校本课程开发的探讨[J].中国职业技术教育,2001(1):45-46.

③ 金仲明.实践新课程探究新教法[J].思想政治课教学,2010(7):4-6.

础课程的建设要依据残疾学生的认知特点及学习需要,在课程目标、内容、实施及评价方面要贴近学生的特点和学习能力。G校的基础课程目标设置根据智力障碍学生认知特点以及专业课程需要,设定语文课的教学和学习目标,"学习与客房服务专业相关的物品名称,使用说明、使用方法、各种标识、标注等与专业课相关内容,提高学生的职业基础知识和口语交流能力"(教师 G-T01)。

(四)服务性

"基础课程对学生培养发挥着专业课程难以替代的作用,同时又为专业课程培养学生熟练的专业技能和良好的职业能力提供优质的服务。"[①]残疾人职业教育基础课程的服务性是指为学生发展和专业课程的学习服务,其一,基础课程涵盖传授基础文化知识、常识,品德及价值观培养等重要任务,为学生提供必需的基础课程对其今后的职业发展、融入社会生活具有重要意义。"一些公司反映学生工作不积极,总是迟到啊,质量做工不好啊,这些原因导致公司不喜欢聘用咱们的学生,所以我们这边一定要加强职业道德教育,把基础课搭好"(教师 L-T03)。其二,基础课程目标以促进学生一般能力的发展为主,培养学生掌握一定的通识知识,并发展学生的自主学习能力,为专业课程的学习打下知识和能力基础。"文化课要有一定的基础,要不然专业课有时候讲的学生就不理解,文化课最起码基础的要懂"(教师 L-T02);"如果文化知识缺少的话,对职业学习会造成的很大的困难,这也是我们遇到的。那现在就是我们要相对加强文化课的学习,做一些职业的铺垫"(教师 N-T03)。

二、残疾人职业教育特色课程的特征分析

残疾人职业教育的特色课程既是学生职业技能发展的核心课程,又是学生岗位胜任力发展的主干。特色课程为匹配岗位的需要,提高学生的岗位适应力,从专业特色化、实用性导向、贯通性、岗课赛证融合、理实一体化五个方面发力,实现特色课程供给与岗位需求的精准匹配。

(一)专业特色化

专业特色化是指特色课程区别于其他专业课程的独特之处,残疾人职业

---

① 陈桂良,童子双.高职院校基础课程与专业课程关系失衡及其原因辨析[J].中国职业技术教育,2011(23):61-64.

教育特色课程应当确保凸显专业特色化，以满足不同专业方向学生的教育需要，并精准培养学生的专业技能。本研究进行调查后发现，4所残疾人职业教育学校的特色课程建设均较注重凸显专业特色化。L校烹饪专业将"中等职业学校民族风味食品加工制作专业食品标准"列为核心课程，将中职阶段开设的核心课程融入专业技能课教学中，课程细分为中式烹调、食品雕刻、中式面点制作三个方向。"我们学习的烹饪课是按照普特中等职业学校中开设的'中国饮食文化''烹饪原料知识''食品营养与卫生''食品安全与质量控制''食品应用化学''食品微生物学'课程内容，然后结合学生的能力和需要开设的既具有专业特色又具有学校特色的中式烹调、食品雕刻、中式面点制作课程"（学校管理者L-L01）。N校工艺美术专业以学生升学为目的，根据学生的教育及升学要求开设"素描""色彩""书法""漆画""国画""油画""美术基础""高考美术"课程。"美术班很多学生都是计划考大学继续学习的，那我们就要将他们考大学可能用到的知识在课上教给他们"（学校管理者N-L02）。G校酒店服务专业将"客房服务""餐饮服务"列为两门特色课程，具体教学中，融入普通中等职业教育学校酒店服务与管理专业课内容，按照智力障碍学生的特点，设置掌握酒店客房服务与管理的基本理论知识，通过课程学习帮助学生熟悉酒店客房部的基本操作流程和管理方法，使其熟练掌握客房的清洁维护技能，进而热爱并能胜任酒店客房服务工作。该校被调查教师说："学校为智力障碍学生开设了酒店服务专业，主要有'客房服务''餐饮服务'两门特殊课程，一方面培养学生的客房服务和管理的知识、技能，另一方面培养学生提供餐饮服务的基本礼仪和技巧"（教师G-T04）。由此可知，不同专业的残疾人职业教育设置的特色课程均具有较好的专业特色，能够通过专业特色课程教学实现术业专攻的专门人才培养目标。

（二）实用性导向

实用性的核心是课程的应用性，使学生能够通过课程的学习掌握实用的知识和技能，增强职业适应性，并能够在职业领域解决遇到的问题①。残疾人职业教育特色课程以实用性为导向，主要体现在两个方面：其一，课程内容的

---

① 李颖，康铁钢.高职技能型人才岗位胜任力分析及培养模式构建[J].教育与职业，2015(6):107-109.

实用性。学校通过评估学生能力及未来考核需求,精准对标需求提供课程内容。如 N 校工艺美术专业在原本课程设置中删减"图案(构成)""广告等设计与制作""工艺美术简史""美术字(篆刻)"这些课程,并增加"书法""漆画""油画""美术基础""高考美术"课程,以探索出适合该校学生发展的特色课程设置,提高特色课程的实用性和针对性,正如访谈者所说:"以前是根据普校的课程内容,然后再做一些删减,但(普校学的内容)有些太深奥了,不适合我们学生,后来我们专业的老师就在这个基础上,挑选部分实用性的教学内容,综合在一起,经过多年的摸索,自己确定、制定教学内容"(教师 N-T04)。餐饮业食品安全一直是消费者关注的热点,L 校将"食品安全与质量监控"纳入烹饪专业的特色课程,使学生在掌握烹饪知识和技能的同时增强食品安全意识,学习质量监控技能,正如访谈者所说:"现在食品安全是我们做食品生意不可忽视的问题,想要做好生意,就要先把质量和安全做到位,因此我们开这个课程也是结合了现代市场发展的事实"(学校管理者 N-L02)。其二,特色课程的实用性体现在课程目标的实用性,特色课程的设置必须符合学生的能力水平和发展需要,且以培养学生的岗位胜任力为原则。例如,G 校依据学生的能力特点和岗位胜任力的发展需要设置以实践操作为核心,培养酒店服务的基本专业技能及生存能力的特色课程。"普通中等职业教育的课程是以实践操作为核心,而我们对智力障碍学生的教学却不同于普通中等职业学校的教学,对学生不做复杂的、创新的、艺术性的要求,只要能够帮助学生掌握一定的酒店服务的基本专业技能,比如中式铺床和西式铺床就已经很好啦,对核心专业课程的目标是强调学生的动手能力,让他们掌握技能,即使毕业后没办法从事该职业,也可以锻炼他们适应生活的能力和生存能力"(学校管理者 G-L02)。

(三)贯通性

贯通性是指职业课程在各个教育阶段能够保持衔接,实现教育的纵向贯通。纵向贯通的教育促进了专业知识和技能学习的连续性,对学生的职业胜任力发展具有重要意义。残疾人职业特色课程的贯通性主要体现在义务教育阶段的初职教育、中职教育和高职教育的课程内容衔接。其一,在初中职的衔接上,初职教育阶段为学生开展职业启蒙教育,职业启蒙教育是职业教育的先导课程,中共中央办公厅、国务院办公厅印发的《关于推动现代职业教育高质量发展的意见》提出"在普通中小学实施职业启蒙教育,培养掌握技能的兴趣爱好和职业生涯规划的意识能力"[①],形成对职业的理解和初步认识,并进行职业体验,为学生的中职教育奠定了认知、知识和技能基础。W 校在义务教育阶段开设职业先导课程,培养学生的职业兴趣和基本职业知识、技能,从七年级开始开设缝纫必修课程,作为中职服装制作专业的基础课程。"缝纫课程主要是帮助学生打下扎实的缝纫基本功,主要内容是一些缝纫工具的使用,如平缝机的使用以及故障处理方法,和一些基本缝纫技法的练习,如三角针、直线、曲线、倒回针的练习,还会教学生制作一些小件的布艺饰品,比如围巾啊,茶杯袋,枕套,手袋等"(教师 W-T01),缝纫课上学的基本技法是职高阶段服装课程所必须掌握的学习内容,"因为他们在小学阶段有开设缝纫课程,学生们的基础都很好,对职高服装的学习很有帮助,他们更容易接受职高的内容"(教师 W-T03)。其二,在中高职的衔接上,中职专业课程衔接高职专业课程,实现中职课程的基础作用,保证接受高职教育的学生能够跟上教师教学的步伐,例如 N 校残疾人中职教育的特色课程将当地高职教育课程作为课程建设的参考依据之一。"专业课部分的课程建设参照上海聋青技校以及当地普通职高的建设"(学校管理者 N-L02),为听障学生以后的职业生涯发展奠定良好的基础。

（四）岗课赛证融合

岗课赛证融合是指职业教育课程的设置要与工作岗位、比赛和职业资格证书的考试结合起来,通过岗课赛证关联培养,将职业教育课程作为专业人才的培养形式,工作岗位作为职业教育课程体系建构的逻辑起点,职业资格证书作为职业教育教学成果凭证,比赛作为职业教育拔高式的人才培养形式[②]。经调查发现,基于岗位胜任力的残疾人职业教育特色课程设置注重岗课赛证融合,将学习特色课程对接岗位需要,以赛促学,并对标职业资格证书、职业技能证书的考核。首先,在岗课融合上,G 校酒店服务专业课程设置

---

① 中共中央办公厅、国务院办公厅印发《关于推动现代职业教育高质量发展的意见》[EB/OL].（2021-10-12）[2022-04-25]. http://www.gov.cn/zhengce/2021-10/12/content_5642120.htm.

② 张慧青,王海英,刘晓.高职院校"岗课赛证"融合育人模式的现实问题与实践路径[J].教育与职业,2021(21):27-34.

的指导思想以学生职业能力发展为目标,满足职业岗位"应知""应会"的基本要求,将职业岗位的基本要求作为课程设置的出发点和落脚点。"我们的专业课对接了岗位需求,老师们提前去岗位了解酒店服务都需要做什么工作,然后回来再对应地教给学生"(学校管理者G-L02)。其次,在赛课融合上,N校遵循以赛促学的原则,积极倡导学生在实践和竞赛中提高专业技能,为探索出适合听障学生中等职业教育的课程体系而做出努力。"近年来,我们不光是把学生放在课堂上,还努力为学生提供展示的机会,学校会举办一些专业技能大赛,帮助他们巩固和提升课程所学,还会推荐学生去参加更高级别的比赛,如省赛、市级赛等,学生们参加比赛,能够向其他竞争者学习,也能提高自己的水平"(教师N-T03)。最后,在证课融合上,L校要求每个学生必须有意向对口的职业资格证书和基本职业素质证书,基本职业素质证书包括应用文阅读与写作、礼仪、电子商务和其他专业职业资格证书的中级职业资格证书等,并为学生考取证书而设置对应的课程。"我们对学生的要求就是必须拿到一个及以上的职业资格证书,然后我们会设置专门的课程辅导他们考取证书,这样既能够学习技能,也能获得学习凭证来证明自己"(学校管理者N-L02)。

(五)理实一体化

理实一体化是指课程的设置和实施要合理调整理论和实践部分的比例,以保证学生在特色课程学习中实现岗位胜任力的发展,因此基于岗位胜任力的残疾人职业教育特色课程设置强调实施理实一体化,以培养残疾学生掌握职业技能为目标,特色课程在专业理论的基础上强调课程的实践性,以促进学生的岗位胜任力的发展。特殊教育学校开设了校内综合实训课程以及校外顶岗实习课程,为学生提供一个真实岗位的工作环境,以提高学生的岗位适应能力。把控职业课程的实践性对学生的知识和技能发展具有重要意义,一方面学生通过实践可以加强对知识的理解与思考,另一方面在反复操作中提高学生的动手操作能力。"让学生通过动手操作,在实践课中反复练习,把所学的基础知识与实践课程充分结合,使学生熟悉工作所需掌握的职业技能。使智力障碍学生毕业后能拥有一技之长,融入社会,自食其力是我们职业教育的目的。专业和技术对于智力障碍学生来说是基础的基础,是一种能力"(学校管理者G-L02);"我们开设了校外实践和顶岗实习活动课,保证学生在课堂学习之后能够将所学知识应用于实践"(教师 L-T02);"课程主要还是实践为主,聋生有时候你只给他讲理论,他不容易理解和接受,在实际操作的过程中来来回回操作,把理论知识慢慢地渗入比较好"(教师 N-T03)。

三、残疾人职业教育拓展课程的特征分析

残疾人职业教育的拓展课程是学生在原有的专业知识和技能的基础上拓展学习,获得更多的知识和技能以满足自身的发展需要。基于岗位胜任力的残疾人职业教育拓展课程以培养学生的岗位胜任力为发展性目标,通过满足个性化需求、实现发展性目标、以现实性条件为依据和打造信息化平台为学生提供丰富的课程,实现学生的"一专多能"。

(一)满足个性化需求

个性化需求是残疾人职业教育拓展课程要满足的首要条件,残疾人职业教育拓展课程依据学生兴趣、特长来开设课程,以拓展学生职业能力,适应未来工作岗位的复杂性。特殊教育学校将职业选修课程与社团活动相结合,以社团为载体,固定专门的时间和场地,配备专业的教师,为学生开设不同的社团课程供学生灵活选择,并启发学生的职业思想,为学生的职业发展奠定良好的基础。例如,"小小烘焙师"西点社团课程将烘焙课程与社团活动结合起来,以社团组织的形式开展,既能让学生获得专业和真实的烘焙体验,又能拓展学生的职业技能。课程在星光烘焙室内进行,烘焙室内西点制作的设备一应俱全,"老师在小黑板上写出各种配料的配置比例以及烘焙时间等,并讲解烘焙设备使用的具体步骤和方法,老师亲自示范每一个步骤,并伴以手语讲解"(学生 W-S01)。非物质文化遗产民间艺术手工社团以社团形式向学生普及非物质文化遗产的知识,弘扬我国传统文化,同时强调学生在"做"中学习非遗手工艺,掌握基本的非遗技能,这对发展学生的工艺技能和非遗兴趣、引导学生的职业生涯选择具有重要意义。"我校非物质文化遗产民间手工课程包括细纹刻纸、瓯绣、瓯塑、木雕等几大类……听障学生能够胜任且适合从事非物质文化遗产工艺制作,或许他们能够成为非遗艺术传承的重要力量呢。此外,从事非物质文化遗产手工艺品的制作也能够给听障学生的就业提供一个新的方向,并且是个十分适合他们的方向"(教师 W-T04)。"小裁缝的布艺生活"课程与服装专业的特色进行衔接,使学生掌握服装制作的基本技能,为学生服装制作技能学习打下良好基础。"这门课程主要作为后期职高阶段服

装制作专业的先导课程,主要教学生最基本的制作与缝制方法,让学生学习制作基本的布艺饰品,比如手袋,红领巾,枕套,掌握服装制作的基本功,为今后选择服装专业的同学打基础"(教师 W-T03)。三类社团聚焦烘焙、手工以及服装制作三个方向来开设课程,为学生提供了多样化的选择,充分考虑了学生的个性化需求。

(二)实现发展性目标

拓展性课程"旨在增强学生岗位适应性及解决复杂工作问题的能力,培养学生掌握除专业核心知识和能力外所应具备的其他方面的知识和能力"[①],经调查发现,基于残疾人岗位胜任力的残疾人职业教育拓展课程的实施,以实现学生发展性目标为目的,具体目标涵盖素质拓展类、创新创业类、学历提升类、艺体类等拓展课程。例如,L校为提高学生的岗位胜任力,开发"发展性课程"模块,增设专业拓展、人文拓展、创新创业拓展、学习深造拓展及科技拓展类课程,学生可以根据自己的职业生涯规划与实际情况选修这些课程,学校不做专业必修的硬性要求。L校专业拓展课程为"食品包装技术""食品企业经营与管理""食品新产品开发";人文拓展类课程为"创造性思维与开发";创新创业类课程包括"创业教育";学习深造类课程为"对口升学课程";科技类拓展课程为"图片处理"和"网络运营"。G校为培养学生动手劳作的能力,增设"园艺""手工"两门拓展课程,"我们开设选修课程一方面是满足学生的兴趣,拓展他们的技能,另一方面也是培养学生们动手,学会勤劳,这样他们在做酒店服务的时候就更勤快"(学校管理者 G-L02)。W校服装专业开设的拓展课程丰富多样,包括"细纹刻纸""彩绘""服装画""模特训练"等课程,其目的是在学生职业兴趣的基础上促进学生服装设计技能的发展,使学生掌握未来社会所需的能力,进一步提高学生适应社会的本领。

(三)以现实性条件为依据

现实性条件是拓展性课程建设的主要依据,拓展课程虽具有较强的灵活性,但却非随意开发与建设,学校开设何种课程需要依据现实条件的需要。经调查发现,残疾人职业院校基于学生岗位胜任力发展开设的拓展性课程主

---

① 唐纪瑛. "2+1"中本贯通专业课程一体化建设实践研究——以文物保护与修复专业为例[J]. 中国职业技术教育,2020(32):19-24.

要依据学校实际情况、学生需求、社会和市场需求、当地产业特色四个现实性条件。W校依据学校的实际教学场地资源情况,在学校具备社团活动室之后为学生开设社团活动,"我们学校开社团课准备了很久,等到将学生的活动室准备好后才正式开课"(教师W-T04);G校在充分了解学生的兴趣及能力发展水平之后,为学生开设"园艺""手工"的拓展课程,"开园艺和手工课不是我们随意开,我们是提前了解过学生的兴趣,加上结合学生的认识特点和学习能力,综合考虑后选择开这两门课程"(学校管理者G-L02);L校在考察当地市场对汽车维修保养和咖啡的需求之后,为学生开设"汽车美容""咖啡制作"等拓展课程,"我们学校后面是汽修一条街,车主的需求量大,汽修门店的学徒需求也大,因此我们结合当前市场需求开设了这门课"(教师L-T04)。

（四）打造信息化平台

打造信息化平台是残疾人职业教育拓展课程的一大特色,随着"互联网＋"的发展,市场需求和工作岗位对人才的需求发生了重要变化,越来越多企业将掌握基础信息化知识和技术作为工作岗位的人才要求。为提高残疾学生的岗位胜任力,增强其工作的稳定性,残疾人职业学校逐步加入信息化教学手段,打造信息化平台,以拓宽残疾学生的职业本领。例如,W校在学生的职业技能强化阶段构建智慧电子商务实践平台,信息化平台的建设将学生的职业教育学习和实践紧密联系起来。"电子商务课程主要内容是网店的运营以及销售礼仪与销售技巧的学习,同时将所学运用于实践应用"(教师W-T03);"在课程中我们能学习拍照、上传、发布产品链接,而且我们真的做到把衣服和手工(艺品)卖出去"(学生W-S03)。L校为学生开设"图片处理"和"网络运营"等科技类拓展课程,"我们在发展性模块中增加了电子商务的知识,开设图片处理课程和网络运营课程,来帮助学生适应现代化网络销售的发展"(教师L-T04)。在电子商务实践平台上,众多职业教育课程连接销售实践,学生在电子商务平台及创客课程上学习如何管理和运营平台,以及网上销售的基本流程,包括商品的拍照、图片的美化、商品发布、接受客户订单、订单发货和售后服务的全过程。在电子商务实践平台的建立与实践基础上,学生的电子商务运营能力和网络销售能力得到发展,提高了信息化时代学生的岗位胜任力。

第五节　结论与建议

一、结论

对 4 所以岗位胜任力优化残疾人职业教育课程改革且具备丰富改革经验的特殊教育学校进行实证研究,并分析讨论收集到的信息资料,可以得出以下结论。

第一,基础课程是残疾人职业教育课程的根基,对残疾学生掌握基础知识与技能、养成科学价值观具有奠基性作用,基础课程的建设呈现基础性、科学性、贴近性和服务性的特点。

第二,特色课程是残疾人职业教育课程的主干,是促进学生职业技能形成、岗位胜任力发展的核心课程,特色课程的建设呈现专业特色化、实用性导向、贯通性、岗课赛证融合、理实一体化的特征。

第三,拓展课程是残疾人职业教育课程的枝叶,是满足学生的职业兴趣、拓展残疾人职业技能、增强学生的岗位胜任力的弹性课程,拓展课程的建设呈现满足个性化需求、实现发展性目标、依据现实性条件、打造信息化平台的特征。

二、建议

残疾人职业教育课程体系只有注重基础课程、特色课程和拓展课程的合理设置,方能充分满足残疾学生岗位胜任力发展的需要。为了弥补目前残疾人职业教育中存在的基础性课程结构不合理、特色课程专业特色不鲜明、拓展课题理实"两张皮"的不足,特提出下面三条建议。

第一,在残疾人职业教育基础课程的设置上,应突出课程的基础性,把握基础文化课程和品德教育的奠基作用,确保科学性,保证课程结构合理,课程内容充分。一是实现贴近性,强调基础课程贴近生活和实际;二是突出服务性,做好服务学生发展和服务专业课程的基础工作。

第二,在残疾人职业教育特色课程的设置上,凸显专业特色化,针对不同专业的特色课程要把握特色化,提高职业技能培养的专业性,以满足不同专业学生的教育需要。一是以实用性为导向,保证特色课程的内容和目标的实用性;二是以贯通性为原则,注重做好初—中—高职的课程衔接;三是重岗课赛证融合,以工作岗位的需求对接特色课程目标和内容设置,以比赛和考取职业证书来促进课程内容的针对性调整;其四,理实一体化实施课程,突出特色课程的实践性。

第三,在残疾人职业教育拓展课程的设置上,依据学生的兴趣和特长来开展课程,满足个性化需求。一是注重发展学生能力,可增加专业拓展、人文拓展、创新创业拓展及学习深造拓展等课程,实现学生的发展性目标;二是依据学校实际情况、学生需求、社会和市场需求、当地产业特色四个现实性条件开设拓展课程;三是打造信息化平台,满足现代社会市场和工作岗位对人才发展的要求。

第六章 丰富供给方式的实证研究

　　贺书霞和冀涛研究发现,当前我国职业教育人才供需的主要矛盾是社会对职教人才质量的要求日益提高以及职业教育个性化、多元化发展需求与职业教育不平衡不充分发展之间的矛盾[①],职业教育供给方式作为职业教育供给内容输出的重要桥梁,其改革是提升供给质量、促进人才供给效率化、实现其供给侧结构性改革目标的重要手段。为了解当前特殊教育学校在残疾人职业教育供给方式改革方面的具体进展情况,本研究在全国范围内选取了5所特殊教育学校作为研究对象,对其改革成效和改革中存在的不足进行了调查和分析,并在此基础上提出了未来残疾人职业教育供给方式改革的建议。本章主要包含五个方面的主要内容,即残疾人职业教育供给侧结构性改革的文献综述、深度访谈对象、研究结果、分析与讨论、结论与建议。残疾人职业教育供给侧结构性改革的研究结果部分主要从残疾人职业教育的供给主体和供给渠道两个方面陈述了残疾人职业教育供给侧结构性改革取得的成效。残疾人职业教育供给侧结构性改革的分析与讨论部分主要是对残疾人职业教育供给方式改革过程中出现的问题进行了分析,并根据存在的问题提出了关于残疾人职业教育供给方式的未来改革建议。

---

　　① 贺书霞,冀涛.基于校企协同的高等职业教育资源混合提供方式及路径分析[J].河北职业教育,2020(1):5-9.

第一节　文献综述

一、职业教育供给方式内涵

职业教育从属于教育,既是一种特殊的公共品,也是政府的一项重要公共服务。目前,对于什么是职业教育供给方式,学界并未有一个明确的定义,吕炜和魏胜广对现有文献进行归纳总结,认为现有文献关于职业教育供给方式的研究角度有以下两种:其一,研究围绕职业教育作为一种公共服务该由谁来提供;其二,研究围绕公共服务供给的方法或者具体路径①。例如,2020年,教育部等九部门联合印发的《职业教育提质培优行动计划(2020—2023年)》从上述两个方面对深化职业教育供给侧结构性改革提出了要求②。其中提到:一方面,要鼓励社会力量兴办职业教育,探索建设政府引导、市场参与的职业教育资源共建共享机制,支持职业学校根据自身特点和人才培养需要,主动与具备条件的企业在多方面开展合作;另一方面,要提升职业教育信息化建设水平、推动信息技术与教育教学深度融合,鼓励职业学校利用现代信息技术推动人才培养模式改革,满足学生的多样化学习需求,大力推进"互联网+""智能+"教育新形态,推动教育教学变革创新。

二、职业教育供给方式研究

(一)基于供给主体的职业教育供给方式研究

职业教育供给主体主要是指职业教育发展所需的资金、内容等资源的提供方,这是界定职业教育供给方式的重要出发点。目前,我国职业教育的供给主体呈现多元化的发展趋势,一方面,政府必须承担顶层设计的责任,与企业、行业共同参与职业教育人才培养的供给工作;另一方面,学校必须稳步推进家校企合作发展,确保职业教育供给方式改革的有效性。例如,天津市坚

---

① 吕炜,魏胜广.教育供给方式与教育满意度——基于入学方式的考察[J].经济学动态,2019(9):39-51.

② 教育部等九部门关于印发《职业教育提质培优行动计划(2020—2023年)》的通知[EB/OL].(2020-09-16)[2022-01-25]. http://www.gov.cn/zhengce/zhengceku/2020-09/29/content_5548106.htm.

持以政府为主导,依靠行业企业,同时引导民营资本等社会力量兴办职业院校,这充分反映出天津职业教育公共服务的供给主体已呈现多元化的发展趋势。但是,已有研究在供给主体的构成方面还存在一些分歧,郝冰认为,第一种观点将政府、学校、企业视为职业教育的供给主体,有研究者指出职业教育公共服务供给侧结构性改革需要以政府为主导力量,校、企等多方力量参与其中,除政府要参与资金投入之外,企业要探索投资职业教育的长效机制,院校本身也要不断加强学科建设,注重技术创新与成果转化[①];但是,曾阳和黄崴提出,要以校、企为供给主体,政府只在校企合作出现问题时进行适度介入,为职业教育的校企合作提供制度保障[②]。李新华认为,第二种观点将政府、市场、社会非营利组织视为职业教育的供给主体,研究者完全从公共服务产品的角度出发,将政府、市场、社会非营利组织视为职业教育的供给主体,将学校视作提供职业教育的场所[③]。此外,陈克军关注到了多元供给主体的关系协调问题,从供给主体的角度出发对相关问题展开研究,认为由于跨界职业教育的实施涉及政、行、企、校等多元主体利益,因此,为促进职业教育供给侧结构性改革,必须对企业、职业院校、政府等多元供给主体的教育合作关系进行协调[④]。

(二)基于供给渠道的职业教育供给方式研究

张庆华指出,"在实际的教学过程中,由于中等职业院校的大部分学生学习基础较差,绝大多数学生在普通学校学习成绩落后,大都有强烈的厌学情绪,因此,传统的课堂教学供给渠道难以获得良好的教育效果,亟须对此进行改革"[⑤]。对此,大量研究学者指出,随着现代科学技术的发展,互联网信息技术也参与到现代职业教育中来,并得到广泛应用,"互联网+职业教育"的供给方式应时而生。韩毅认为,将现代职业教育供给侧结构性改革与互联网信

---

① 郝冰.天津职业教育公共服务问题研究[D].天津:天津财经大学,2019.
② 曾阳,黄崴.政府干预职业教育校企合作的限度及其改进——基于公共选择理论的分析[J].现代教育管理,2016(5):73-78.
③ 李新华.高职教育协同供给机制的审思与建构——基于准公共产品供给机制的分析[J].职教发展研究,2021(2):32-40.
④ 陈克军.职业教育供给侧改革:目标、内容和路径选择[J].河南科技学院学报,2017(4):6-9.
⑤ 张庆华.中职院校教学模式改革研究[D].杨凌:西北农林科技大学,2015.

息技术相融合,用互联网思维思考现代职业教育体系的发展路径,是突破职业教育发展瓶颈,创新发展形式的有效途径[①]。林琳和任锁平认为,"互联网＋职业教育"的供给方式不但能有效加快职业教育的发展速度,还能提高职业院校人才培养与教学的水平和质量[②]。在"互联网＋"供给方式的教学效果检验上,高辉基于"校企平台资源"的基本研发理念,以互联网空间平台为支撑,整合海量校际资源和企业资源,实现了"互联网＋"与校企实训管理平台的结合,研究结果证明"互联网＋"与校企合作这两种供给方式的结合提高了教育的系统性,实现了职业教育的高质量供给[③]。此外,有学者对乌克兰不同地区的 10 所职业学校的学生、教师、专家代表等展开了研究和分析,以此来了解职业教育在供给方式方面的信息化状况,并通过该研究证明了教育信息化对职业教育质量有较大的影响[④]。

三、残疾人职业教育供给方式研究

(一)基于供给主体的残疾人职业教育供给方式研究

朱颂梅认为,长期以来政府是残疾人职业教育公共产品的主要供给者,随着经济的发展和公民社会责任的提高,残疾人职业教育公共产品的供给主体呈多元化发展。一方面,全国有各类慈善协会、社会福利会和青少年基金会等社会非营利组织为残疾人职业教育的发展提供资金支持;另一方面,许多企业利用互惠互利的市场机制,通过校企合作以参股、承包等多种形式参与各类弱势群体的职业教育和职业培训,间接地作为供给主体提供了职业教

① 韩毅.现代职业教育"互联网＋"平台发展新模式探索[J].中国电化教育,2017(10):32-38,135.

② 林琳,任锁平.基于"互联网＋职业教育"的职业教育课堂教学模式重构[J].陕西教育(高教),2019(10):51-52.

③ Gao H,Liu L. Construction of School-Enterprise Cooperation Training Platform for Preschool Education in the "Internet＋" Era[M]// Yang C T,Pei Y,Chang J W. Innovative Computing. Singapore:Springer,2020:245-250.

④ Lytvyn A,Lytvyn V,Rudenko L,et al. Informatization of technical vocational schools:Theoretical foundations and practical approaches[J]. Education and Information Technologies,2020(1):583-609.

育公共产品①。但是,张璐研究发现,目前校企合作供给还存在一些问题,突出表现为参与校企合作的企业数量较少、积极性低,缺乏双方互动机制②。例如,浙江省开展的对企业参与残疾人高等职业教育的现状调查结果显示,整体而言,浙江省校企合作形式和层次很丰富。但是,陈瑞英研究认为,现有的校企合作还有一些不足之处,企业层面上,浙江省企业虽然主观上对残疾人职业教育人才培养有良好的社会责任担当意识,但实际上因盈利与责任不匹配、缺乏法律约束而无合作的积极性③。为此,需要考虑残疾人职业教育的特殊性,加强残疾人职业教育校企合作的发展路径:一方面,要通过搭建政府主导的企业、行业、科研院所以及社会组织、志愿者等多方参与、相互协调的长效支持机制,维持校企合作供给的稳定性;另一方面,要运用"互联网"的现代教育手段和教育资源,构建可持续发展的残疾人职业教育校企合作供给平台,使校企合作供给方式焕发新的活力。

此外,朱斯特(Giust)和瓦莱-列斯特拉(Valle-Riestra)关注到家校合作供给对残疾人职业教育发展具有促进作用,已有大量研究都证实了家校合作供给能提升残疾人职业教育的效果,特别是中等职业教育阶段,是特殊学生日益独立、即将离开学校、选择就业或者继续教育的关键时期④,特殊学生在这一时期的顺利转变和过渡,对学生以及他们的家庭来说是一个巨大的挑战,需要学校、教师、家庭以及社区之间的协助和共同决策。弗洛伊德(Floyd)和奥尔森(Olsen)研究发现,家长在子女教育中的积极参与,有利于特殊学生改善其社会沟通能力方面的不足,提高他们对社会的认知和理解程度,从而更

---

① 朱颂梅.社会福利视角下职业教育公共产品供给路径探析——以残疾人职业教育为例[J].教育发展研究,2015(23):14-19.

② 张璐.校城融合视角下唐山市残疾人职业教育发展对策研究[D].唐山:华北理工大学,2021.

③ 陈瑞英.企业参与残疾人高等职业教育的现状调查——以浙江省为例[J].中国特殊教育,2016(8):14-18.

④ Giust A M, Valle-Riestra D M. Supporting mentors working with students with intellectual disabilities in higher education[J]. Journal of Intellectual Disabilities,2016(2):144-157.

易被同龄人接受,取得社交成功,融入社会①。因此,家长参与特殊学生的职业教育供给过程显得尤为重要。罗德里格斯(Rodriguez)和卡明(Cumming)等人指出,家庭应作为残疾人职业教育供给的重要组成部分参与特殊学生教育计划及教育供给内容的制定②。但是建立良好的家校合作供给关系,并付诸有效的家校合作活动不是一蹴而就的。梁佳指出,当前的家校合作存在较多的问题亟待解决,例如,在家校合作教育效果上,有特殊学生的家长谈到,并未看到孩子明显的变化和进步③。还有学者认为,家长在家校合作中普遍缺乏主动性,教师对于家长的参与和教育能力往往也持消极态度等④。

(二)基于供给渠道的残疾人职业教育供给方式研究

目前,基于供给渠道的残疾人职业教育供给方式研究多聚焦残疾人职业教育传统供给渠道存在的不足,隋亮和刘山陵针对其中的不足提出了未来残疾人职业教育供给渠道的改革方向。传统的残疾人职业教育供给渠道采取统一编班的线下课堂教学形式供给统一的内容,很难适应不同层次、不同身心条件的残疾学生的需求⑤。针对残疾人职业教育供给侧结构性改革中各主体需求未被满足的现状,可以通过构建一个完整的、按需对接的信息资源系统,通过收集丰富的基层案例以及优秀的课堂教学视频来构建网络课程资源,以及搭建一个信息化学习平台来满足不同职业教育需求的学生。朱颂梅认为,就目前发展现状而言,我国残疾人职业教育的线上供给渠道已经取得了一定的进展,各类社会培训机构构建了我国庞大的非学历性的残疾人职业

---

① Floyd F J, Olsen D L. Family-peer linkages for children with intellectual disability and children with learning disabilities[J]. Journal of Applied Developmental Psychology, 2017(52):203-211.

② Rodriguez C D, Cumming T M, Strnadová I. Current practices in schooling transitions of students with developmental disabilities [J]. International Journal of Educational Research, 2017(83):1-19.

③ 梁佳.培智学校家校合作的问题及对策研究[D].成都:四川师范大学,2016.

④ Houser M A, Fontenot C L, Spoede J. Home-school collaboration for students with ASDs: Parents' perspectives [J]. Journal of the American Academy of Special Education Professionals, 2015:83-97.

⑤ 隋亮,刘山陵.残疾人职业教育发展路径研究[J].中国集体经济,2021(16):153-154.

教育培训网络,为残疾人职业能力的提升提供了重要的智力支持①,但是,周哲成和葛琛根据调查发现,线上供给渠道还存在一些待完善之处,突出体现为相关的网站较少、各线上平台之间的系统性还不够强、信息数据更新频次少且案例内容不够丰富等②。此外,黄志欣和董国峰针对听障学生的职业教育供给渠道提出,要加强实践环节的供给,一方面可增设淘宝、京东等网络店铺运营管理的实训体验课程,另一方面应增设文化素养考查、认知实习、创新创业教育等实践环节③。

第二节　深度访谈对象

本研究在全国范围内选取了 W 校、Y 校、Z 校、Q 校、C 校等 5 所在残疾人职业教育方面发展较好且具有代表性的特殊教育学校。对学校管理者、学校教师、学生家长等相关人员进行了深度访谈。

一、深度访谈学校简介

(一)Y 校简介

Y 校于 2002 年 11 月经深圳市教育局正式批准成立中等职业教育学校。学校以加强职业教育基地建设和布局为基础,以创新中等职业教育办学模式、构建密切联系就业市场的课程体系为抓手,基本建成了职业教育、就业培训、就业安置相互贯通的特殊中等职业教育"立交桥"。中等职业教育部现有各类学生共 143 人,主要障碍类别为智力障碍,专任教师 43 人。学校始终坚持把培育残疾孩子"适应社会、终身发展"作为工作的目标,把营造"家校互动、合力共育"的氛围作为工作的基础,精心培育每一位残疾学生,使他们回归社会主流,成为自食其力的劳动者。

① 朱颂梅.社会福利视角下职业教育公共产品供给路径探析——以残疾人职业教育为例[J].教育发展研究,2015(23):14-19.

② 周哲成,葛琛.供给侧结构性改革视角下特殊教育支持保障体系变革探析[J].绥化学院学报,2018(10):115-119.

③ 黄志欣,董国峰.听障艺术设计专业实践教学技能培养模式构建探究[J].长春大学学报,2018(3):109-112.

(二)Z 校简介

Z 校不仅是国内第一所独立办学的特殊教育类高职院校,也是浙江省唯一一所主要面向残障者开展高职教育的院校。学校的工艺美术品设计专业在特色专业建设过程中,遵循学校"以服务残障者和残障者事业为宗旨"的办学方针,坚持"做专做强、彰显特色、共享融合、争创一流"的办学目标,立足浙江,面向全国,致力于将残障者培养成为高级技能人才和事业专业人才,以培养听障学生技艺能力为中心,结合市场行业发展的需求与企业工作岗位的要求,不断进行尝试和创新,经过不断探索和改革,工艺美术品设计专业通过校企合作,逐渐实现了理论与实践项目化、实训项目岗位化、工作任务真实化的专业发展目标,并且形成了"教、学、产"三位一体的工作室制人才培养模式。

(三)Q 校简介

Q 校作为一所百年老校,是江苏省最早开办的培智学校之一。学校以"告诉世界我能行!"为校训,大力开展自强、融合教育,精心打造阳光校园。该校于 2012 年 5 月经南京市教育局正式批准与南京市某中等专业学校联合办学,开办智力障碍学生中等职业教育,实现资源共享。学校以"生活适应"和"社会适应"为核心,坚持学业、就业一体化,12 年课程衔接一体,政府、企业、学校、家长"四位一体"多元支持智力障碍学生的发展。职业教育班级现有智力障碍学生共 25 人,专任教师 5 人。学校始终坚持把培育残疾孩子"适应社会、终身发展"作为工作的目标,把"学业、就业一体化"作为工作的方向,精心培育每一位残疾学生,使他们回归社会主流,成为自食其力的劳动者。经过多年实践,Q 校已经形成了颇具特色的"双业一体"模式。目前,学校是江苏省残疾人职业培训示范点、江苏省残疾人就业创新(创优)工作项目单位、南京市残疾人职业培训基地。

二、访谈对象简介

调研团队通过对学校管理者、学校教师、学生家长等相关人员进行深度访谈,获取有关残疾人职业教育供给方式改革的第一手资料。

(一)受访学校管理者信息

选取愿意接受访谈且能够实现的 3 所学校的管理者进行深度访谈,3 名学校管理者的基本信息见表 6-1。

表 6-1　受访学校管理者基本信息

受访对象编码	职务	性别	学历	职称	教龄
W-L02	职教部主任	女	本科	高级	15 年
Q-L01	教导处主任	女	本科	中级	15 年
C-L02	校长	男	本科	高级	25 年

表 6-1 的 3 名学校管理者中,W 学校 1 人,Q 学校 1 人,C 学校 1 人;男性 1 人,女性 2 人;教龄 15 年 2 人,25 年 1 人;校长 1 人,主任 2 人;3 名学校管理者均为本科学历;中级职称 1 人,高级职称 2 人。

（二）受访教师简介

深度访谈学校教师的基本信息见表 6-2。

表 6-2　受访学校教师基本信息

受访对象编码	职务	性别	学历	职称	教龄
W-T03	班主任	男	研究生	中级	7 年
W-T04	专业课教师	女	本科	中级	20 年
W-T05	班主任	女	本科	中级	26 年
Y-T01	专业课教师	女	本科	高级	34 年
Y-T02	专业课教师兼班主任	女	研究生	高级	19 年
Z-T01	专业课教师兼班主任	女	本科	中级	18 年
Z-T02	专业课教师兼班主任	男	研究生	中级	15 年
Q-T01	班主任	女	本科	中级	21 年
Q-T02	班主任	女	本科	中级	16 年
C-T01	专业课教师	女	本科	高级	18 年
C-T03	班主任	男	本科	初级	7 年
C-T04	班主任	女	本科	高级	22 年

表 6-2 的 12 名学校教师中,W 学校 3 人,Y 学校 2 人,Z 学校 2 人,Q 学校 2 人,C 学校 3 人;男性 3 人,女性 9 人;教龄 7 年 2 人,15—20 年 6 人,21—25 年 2 人,26 年及以上 2 人;班主任 6 人,专业课教师 3 人,专业课教师兼任班主任 3 人;本科学历 9 人,研究生学历 3 人;初级职称 1 人,中级职称 7

人,高级职称 4 人。

(三)受访学生家长基本信息

选取愿意接受访谈的 4 名残疾学生家长进行深度访谈,其基本信息见表 6-3。

表 6-3　受访学生家长基本信息

受访对象编码	年龄	关系	文化程度
Q-J01	43 岁	母女	专科
Q-J02	50 岁	母子	初中
Y-J01	39 岁	母子	专科
Y-J02	45 岁	父女	初中

表 6-3 的 4 名残疾学生家长中,Q 学校 2 人,Y 学校 2 人;39 岁 1 人,43 岁 1 人,45 岁 1 人,50 岁 1 人;母子关系 2 人,母女关系 1 人,父女关系 1 人;初中学历 2 人,专科学历 2 人。

第三节　研究结果

一、残疾人职业教育供给方式改革的编码结果

本研究对残疾人职业教育的供给主体、供给渠道的原始材料进行编码,通过对原始访谈材料三级编码,共获得 36 个开放式编码,11 个轴心式编码和 2 个选择式编码。

(一)供给主体改革的编码结果

供给主体改革的编码结果见表 6-4。

表 6-4 基于残疾人职业教育供给主体改革的编码结果

选择式编码	轴心式编码	开放式编码
改革成效	校企合作	企业实习
		构建校企合作平台
		爱心单位免费提供培训
	家校合作	家长资源中心
		家长会
		微信联系
		部分家长提供就业资源
	学校与市场合作	根据客户要求进行设计和创作
		根据客户的需求进行调整
	多维主体合作	学校现在跟多家酒店合作
		孩子的爸爸妈妈都很配合学校
		学校构建一体化的教育
改革的问题	家校合作缺乏连续性	生活老师都表示不愿意参加培训
		年轻教师刚工作的时候不会跟家长沟通
		老教师看了一堆资料不知道如何下手
		仅仅与核心家长联盟,就太有局限性了
		家长资源中心处于一个比较松散的结构,还没有很制度化
	校热企冷	校企合作是很浅的
		没有特别成形的校企合作单位
		要费很大力气建立和企业的合作关系
		现在和企业的合作就是这样的断代情况
		企业觉得开到这边来肯定是要亏本的

由表 6-4 可以看出,残疾人职业教育供给主体的选择式编码主要为改革成效和改革的问题。改革成效包含校企合作、家校合作、学校与市场的合作、多维主体合作 4 个轴心式编码。校企合作包含企业实习、构建校企合作平台、爱心单位免费提供培训 3 个开放式编码。家校合作包含家长资源中心、家长

会、微信联系、部分家长提供就业资源 4 个开放式编码。学校与市场合作包含根据客户要求进行设计和创作、根据客户的需求进行调整 2 个开放式编码。多维主体合作包含学校现在跟多家酒店合作、孩子的爸爸妈妈都很配合学校、学校构建一体化的教育 3 个开放式编码。改革的问题包含家校合作缺乏连续性、校热企冷 2 个轴心式编码。前者包含生活老师都表示不愿意参加培训；年轻教师刚工作的时候不会跟家长沟通；老教师看了一堆资料不知道如何下手；仅仅与核心家长联盟，就太有局限性了；家长资源中心处于一个比较松散的结构，还没有很制度化 5 个开放式编码。后者包含校企合作是很浅的；没有特别成形的校企合作单位；要费很大力气建立和企业的合作关系；现在和企业的合作就是这样的断代情况；企业觉得开到这边来肯定是要亏本的 5 个开放式编码。

（二）供给渠道改革的选择性编码结果

供给渠道改革的选择性编码结果见表 6-5。

表 6-5　基于残疾人职业教育供给渠道改革的编码结果

选择式编码	轴心式编码	开放式编码
改革成效	"互联网＋"供给渠道	智慧电子商务平台
		线下销售与线上销售相结合
	非教学供给渠道	走进酒店、超市、银行等场所进行实践
		以赛促练、以赛提能
		开放的交往环境
		社会融合交往
改革的问题	发展保障不足	资金供应链不稳定
		缺乏专门负责教师
		缺乏配套机制
	难以兼顾学生个性差异	学生的能力水平差距很大
		有些学生存在多重障碍
		供给渠道灵活性不足
	可复制性差	供给渠道创新困难
		可借鉴的残疾人职业教育供给渠道较少

由表 6-5 可以看出,残疾人职业教育供给渠道的选择式编码主要为改革成效和改革的问题。改革成效包含"互联网+"供给渠道和非教学供给渠道 2个轴心式编码。前者包含智慧电子商务平台、线下销售与线上销售相结合 2个开放式编码。后者包含走进酒店、超市、银行等场所进行实践,以赛促练、以赛提能,开放的交往环境,社会融合交往 4 个开放式编码。改革的问题包含发展保障不足、难以兼顾学生个性差异、可复制性差 3 个轴心式编码。发展保障不足包含资金供应链不稳定、缺乏专门负责教师、缺乏配套机制 3 个开放式编码。难以兼顾学生个性差异包含学生的能力水平差距很大、有些学生存在多重障碍、供给渠道灵活性不足 3 个开放式编码。可复制性差包含供给渠道创新困难、可借鉴的残疾人职业教育供给渠道较少 2 个开放式编码。

二、残疾人职业教育供给方式改革的结构

通过对 5 所特殊教育学校进行实证研究,并对访谈资料进行整理和分析,可以将残疾人职业教育供给方式的改革总结为如图 6-1 所示的结构。

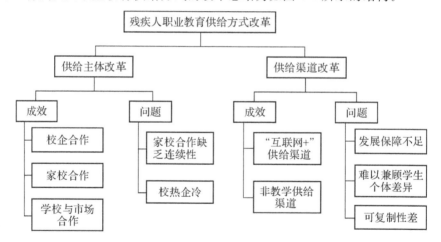

图 6-1 残疾人职业教育供给方式改革的结构

由图 6-1 可以看出,残疾人职业教育供给方式改革主要涵盖供给主体改革和供给渠道改革两个方面。供给主体改革的成效主要为构建了校企合作、家校合作、学校与市场合作等多维主体合作机制。供给主体改革存在两个方面的问题:其一,家校合作缺乏连续性;其二,校热企冷。供给渠道改革的成效主要为"互联网+"供给渠道以及非教学供给渠道。供给渠道改革存在三个方面的问题:发展保障不足、难以兼顾学生个性差异、多元化供给渠道可复制性差。

第四节　分析与讨论

研究者与目标学校的管理者、教师、学生家长及企业负责人进行了深度访谈,结果显示,研究选取的几所特殊教育学校在残疾人职业教育的供给主体和供给渠道方面的改革已经取得了一定的改革成效。

一、残疾人职业教育供给方式改革的成效

(一)供给主体的改革:构建多维主体合作机制

职业教育系统的供给主体有多种组合形式,其中学校、行业、企业、市场、政府、家庭是残疾人职业教育供给系统的主要力量,在整个残疾人职业教育的供给过程中发挥核心作用[①]。目前,特殊教育学校在供给主体方面的改革主要体现在多维主体合作机制的构建上。

第一,构建校企合作的平台。例如,C校在职业教育供给主体的改革方面实现了校企之间的良好合作,该校教师认为,校企合作平台的搭建是残疾人职业教育供给方式改革非常重要的切入点,"教科书是我们参考的一部分,还是要结合工厂的需求进行教学,书上写什么你就教什么肯定是不行的"(教师C-T03),校企合作有助于丰富职业教育的供给内容和供给质量。C校一方面,通过学生实习实现了教育资源方面的校企双供给,使学生既能充分利用学校资源,又能实地实景地感受工作岗位的职责以及提高自身职业技能;另一方面,C校通过搭建校企合作平台实现双方信息资源的互换互通,使学校能够及时了解当下的最新技能和技巧以及人才市场需求的变动情况,从而为职业教育供给侧结构性改革提供最新的专业发展动态,"我们每年的实习阶段都会和企业组长、厂长他们聊,大概知道他们需要一些什么样的人,然后他们本身要具备什么样的技能。我们也会学习他们那里好的技术"(教师C-T01),让学校供给侧结构性改革紧跟技术革新的脚步,进而实现学与用的有效对接,"我们从书上照搬的内容有些不太符合现实的情况,企业的那些师傅针对

---

① 金盛.涨落中的协同:中高职衔接一体化教育模式研究[D].重庆:西南大学,2013.

这些问题已经调整过了,所以我们学起来也更加合体、更加服帖"(教师 C-T04)。

第二,学校与市场的共同供给。W 校在其职业教育的线上商务实践平台上,根据不同客户的需求,采取"互联网＋私人定制"的经营模式,实现了学校与市场的密切互动。一方面,客户需求在很大程度上影响着学校职业教育的供给内容和供给方向,学校不再是决定职业教育供给方向的唯一主体,当客户提出需求和具体要求时,职业教育相关专业的教师便会对职业教育供给的内容和教学要求做出调整和改变,"比如之前给某个大学制作了一批布袋,我们会根据他们的要求进行制作,比如布袋的大小啊,颜色啊,印什么图案,都会根据客户的需求进行调整"(学校管理者 W-L02),"有些客户会要求特定主题的非遗艺术品,我们就会根据他们的要求进行设计和创作"(教师 W-T03),并且学校也会不定时地根据客户的反馈信息和销量的实际情况对陈旧技术与产品设计方案进行动态调整,以保证教学内容与时俱进。"我们网店中所销售的手袋销量良好,受到很多客户的欢迎,后来有客户反馈提出,如果我们的手袋增加拉链设计的话会更好用,收到客户反馈后,我们的专业老师便及时在布艺课程的教学计划中增加拉链制作的教学,这样就让我们的手袋更加完善了"(教师 W-T05)。另一方面,客户即市场也成了学生职业技能学习效果的检验主体,客户的反馈信息有助于学校进一步了解学生近期作品的质量以及学生对职业技能的掌握情况,以便及时对课堂教学存在的不足做出调整和改进。

第三,形成家校合作机制。Y 校基于区域经济发展特色,将校企合作与家校合作进行整合,成为"校＋企＋家"合作的典型案例。具体而言,Y 校主要的特色是该校在职业教育发展过程中所建立的家校合作机制。在 Y 校,基于现实智力障碍学生职业教育的现状和就业难题,无论是校级管理者还是中等职业教育部门都日渐意识到单靠学校一支力量难以突破现实困境,需要家长的参与和配合,共同提升智力障碍学生中等职业教育效果。因此,一方面,Y 校秉持着"家校合育、资源共融"的理念,通过建设家长资源中心、召开家长会等形式,实现学校与家长间资源的共享与融合,共同为学生职业教育的发展提供"学生的融合文体项目、支持性就业、教学资源支持"三大模块的资源;另一方面,Y 校还将家长视为一种复合的社会资源,"将学校与家长作为联合主体,同时吸纳社会企业、社会组织等资源加入成为一个资源共同体,由家校合作延伸为家庭、学校和社会的共同体"（教师 Y-T01），并以家校为核心联动社会其他各界力量，实现了家校企三者的合作与资源共享。此外，在"双业一体"模式的背景下，Q 校首先通过学校、家长、教师三方面共同会诊，为每个学生建立个别化评估档案，制定行为矫正方案，其次由学校统筹规划教育资源，通过家校合作的供给方式，多元支持智力障碍学生情景化、项目式学习实践活动的开展。在家校合作的形式方面，微信、陪读、春游秋游、家长会是其实现合作供给的主要形式。"我们家孩子程度重一些，情绪问题比较严重，他小学的时候是在普小上了一段时间，从他上学开始我基本上都在陪读，现在高中了老师还是让我过来。陪读的时候跟老师接触的机会就多了，孩子在学校什么情况我就都知道"（家长 Q-J01）。"他在学校的时候，学校每年组织的春游秋游活动，我们家都会陪着孩子参加，要么是我，我要是没时间就是他爸爸陪着去。春游秋游的时候，大家都处于一种比较轻松的状态，聊得也比较多，我也会跟老师们说一说孩子在家里的表现"（家长 Q-J02）。Q 校通过将家校力量整合，多维主体共同参与教育供给，打破了学校独自供给的壁垒，实现了教育资源的最大化利用，为学生提供了高质量的职业教育。

（二）供给渠道的改革：拓展多元化教育供给渠道

传统的残疾人职业教育供给渠道以线下课堂教学为主，但随着社会的发展，单纯的课堂教学已经不能满足学生专业成长的需要和人才市场对学生在技能等方面的要求，因此，为提供多元化的职业教育内容并改变当前职业教育供需矛盾的现状，特殊教育学校在职业教育供给渠道方面做出了相应的改革，其改革内容主要包括以下两个方面。

第一，"互联网＋"供给渠道。改变传统的线下课堂供给方式，利用网络平台，为学生提供了"线上＋线下"的职业教育双供给渠道。例如，W 校为特殊学生打造的 W 校创业园，它将学校开设的职业教育课程与电子商务紧密相连，W 校的新型职业教育供给方式既包括了线下课程教学，又包括学生独立的线上销售实践，使学生在线上销售的过程中既掌握了职业技能，又积累了就业经验，达成了职业教育供给侧结构性改革的目标。一是店铺出售产品全部为学生制作，因此学生在经营淘宝店铺的过程中既要学习网店运营、销售礼仪与销售技巧等内容，又要熟练掌握商品的制作技能。"我们店铺所展示出售的每一件商品和服务，都对应有具体的职业教育课程，店铺商品分为手绘、轻泥、手工作品、瓯绣、食品、服务、服装、软陶、手工皮具、细纹刻纸等几大类，每类商品来自 W 校所开设的民间手工艺课程、烹饪课程、美发美甲课程、洗车课程、按摩课程、皮艺课程、服装课程学生的学习成果"(教师 W-T03)。二是学生通过注册 W 校创业园的微店和淘宝店铺,将职业教育课程的作品与成果进行线上销售,学生在经营淘宝店铺、销售作品的同时也将所学的专业知识运用到实践当中,极大地提升了他们的职业实践能力及其他方面的能力。"在电子商务实践过程中,学生们的摄影技术、PS 技术、销售礼仪和技巧都有很大的提升,学生们更懂得如何与顾客进行交流,变得更加开朗和活泼了"(教师 W-T05)。此外,"特殊学生的就业前景不是特别好,通过计算这种电商平台从原料到成本再到销售以及利润的过程,让学生理解这种市场的竞争,这样他们进入社会一旦遇到挫折,抗打击能力会好一些"(教师 W-T04)。

第二,非教学供给渠道。特殊教育学校在传统课堂教学供给的基础上,拓展了非教学供给渠道,通过课堂以外的供给渠道为学生提供自身专业发展所需要的资源。以 C 校为例,该校在拓展非教学供给渠道方面的改革取得了巨大的成效。一方面,该校秉持着"以赛促练、以赛提能"的教育理念,积极组织师生参加所在省市服装专业相关的技能竞赛和考核,同时也在校内组织多样的评比和展示活动,给予听障学生更多的机会锻炼自己的专业技能和展示学习成效。该校教师认为,技能竞赛不仅是技能之赛,更是心理之赛,"参加比赛的话不光是专业技能的一个积累与提升,还有很多方面能得到锻炼。学生在准备比赛以及在比赛过程中心情的调整,从着急到沉着的变化,我觉得对他一辈子是受用的"(教师 C-T03),目前参加职业竞赛已经成了 C 校职业教育资源的重要供给渠道之一。另一方面,C 校在职业教育供给方式的改革中还非常注重社会融合环境对职业教育内容的补充作用,将社会实践视为职业教育的另一个非教学供给渠道,该校教师认为"其实融合对学生有很大的影响,像以前走到外面,社会上的人对他们都有一种歧视,但是现在慢慢融合了之后,他们坐地铁都很大胆,敢于与人打招呼,现在学生在公共场合可以与人勇敢大胆地聊天去表达自己的一些看法和情绪"(教师 C-T01)。因此,C 校积极创造条件为学生提供更加开放的交往环境,在课堂教学之外,教师经常带着学生和一些大学生志愿者一起参加保护环境的公益活动,组织学生和普校学生一起外出并针对某一事件开展团队讨论,或者给学生分配任务,让他们在现实生活中拿一些钱买扣子、拉链,让他们自己和布店老板沟通讲价等。

学校组织的多彩的融合活动中蕴含丰富的社会性知识,彰显着优秀的朋辈力量,上述内容是传统的课堂教学渠道所无法提供的,学生通过参与一系列的社会融合实践活动,其沟通、协作、规划等社会能力都得到了真实的操练。此外,W校在最新的职业教育供给方式改革中,将选修课程与社团相结合,以社团为载体,设定固定的活动时间和场地,配备专业的教师,让学生获得直观的职业体验,成功把学生感兴趣的社团活动转变为职业教育除课堂教学之外的另一种供给渠道。W校现已组建了"小小烘焙师"西点社团、非物质文化遗产民间艺术手工社团、"小裁缝的布艺生活"社团等众多学生感兴趣而又具有职业实用性的社团。W校职业教育社团具有操作性、实践性、趣味性的内容不仅可以作为其他职业教育课程的基础和补充,另外社团活动课程还与学生身心发展特点相适应,与学生的学习兴趣相吻合,能够调动学生学习的积极性,让学生通过自己的努力获得应有的成果,为他们今后的职业发展提供新的选择,"西点社团课程让学生们体验了做烘焙师的感觉,体验和感受美味的蛋糕是如何一步步做出来的,也是对他们职业能力的一种扩展吧,大部分同学都对蛋糕制作表现出很大的兴趣,好多学生都说以后想要去蛋糕店工作"(教师W-T05)。

二、残疾人职业教育供给方式改革存在的问题

(一)供给主体改革存在的问题

在特殊教育学校开展的职业教育供给方式改革中,部分学校已经实现了多维供给主体的良好合作,取得了较好的改革成效,但研究发现,特殊教育学校在供给主体方面的改革还存在一些不足,突出表现为家、校、企等供给主体的合作缺乏连续性,其合作的保障机制还有待加强,具体而言,可从家校合作和校企合作供给两方面进行分析。

在家校合作供给方面,对于管理者而言,权责全在职教部管理者一人身上,单靠一人的力量难以保障家校合作活动持续开展,导致目前开展的家校合作存在缺乏专门的家校合作负责人员、明确的责任分配、相应的制度规范和完善的管理体系等问题,"家长资源中心刚刚成立,划分了几个模块,但是由于缺少明确的规划和责任分工,再加上主任事儿很多,有的时候也顾不上,所以目前还没什么活动"(家长Y-J01)。对于教师而言,一方面他们常常响应学校的要求,开展相关活动,但是由于缺少后期监督管理,各种能够产生良好

效果的活动中断,使得家校合作效果大打折扣,另一方面教师缺少家校沟通与合作技巧、专业科研知识不足等原因限制了职教教师在家校合作上的创新改革步伐,使很多家校合作想法难以付诸实践,影响了家校参与的层次。对于家长而言,主要存在三个方面的问题,一是家长对家长资源中心期望过高,但是学校管理者往往被其他事务缠身,没有多余的精力和时间回应家长的呼吁,家长未感受到家长资源中心带来的实际效果,"现在学校主要做的就是家长资源中心,本来我们对这个组织抱的期望是很大的,但是在开学初的时候开过一次会,现在好像也没有什么活动,就成一个摆设放在那里了,现在我也没有感受到有什么实际的效果"(家长 Y-J02);二是部分家长表示,当前的家校合作形式中,家长多处于被动地位,学校没有建立起正式的家校合作组织,家长不知如何深入参与,"一般老师找我比较多,我们有一个班级群,一般有什么问题就在里面说。如果孩子在学校出现什么问题,比如说跟同学打架,或者是情绪上有什么问题,我会来学校,平常没事儿的话不经常过来"(家长 Y-J01);三是在家校合作当中,家长的参与全凭自觉,部分家长可能因受教育水平等因素,对孩子在学校的学习生活持"观望"态度,与学校合作的意愿并不强烈,对于学校布置的任务,以工作忙为理由敷衍了事,"家长的自身素质影响了家长在子女教育中的参与程度"(家长 Y-J02)。

在校企合作供给方面,主要问题是学校一直有强烈的意愿与企业建立密切合作,但企业与学校合作的意愿并不强烈,难以形成良好可持续的校企合作机制。具体而言,出现该现象的原因主要有以下两点:其一是与特殊教育学校合作的企业数量较少,虽然有些观念先进的企业已经形成良好的助残文化,能够针对特殊学生的特点为其设置专门的岗位,但出于对特殊学生能力的疑虑、对企业顾客接受态度的考虑、对企业未来进一步发展的规划,目前能够完全接纳智力障碍学生就业的企业还很少,而且当前保持合作的企业出现了员工数量趋向饱和问题,未来接纳智力障碍学生的数量会逐渐减少,"我们工艺美术类是没有特别大型的企业的,一般都是小型的工作室,能接收学生的量特别少"(教师 Z-T01)。其二是学校与企业合作的深度不够,"校企合作的进行其实就是一个最大的困难,我们找的校企合作是合作的,但是不是说给他们做产品或者成为他们的员工,目前都是比较浅的,比较难,层次不高,只是和小型的企业进行短暂的合作"(教师 Z-T02),"我认为的校企合作包括学校和企业结合完成项目,制作教材,教师过去进行顶岗实习,资金方面的投入和运行等,但是目前来看,工美专业的校企合作方面做得不太好,没有这些方面的内容"(学校管理者 Z-L01)。一方面尽可能降低企业成本,最大化提高企业效益是企业家的首要追求目标,面对低收益、见效慢、有风险的特殊学生教育投资,企业不愿投入大量长期的人力物力与特殊教育学校一同进行特殊学生职业教育建设;另一方面在企业负责人视角中,与特殊教育学校进行合作,学校是主要受益方,企业是主要责任方,企业承担的责任和其获得的收益相差甚远,这种不平衡致使校企之间的合作难以更进一步深入。

（二）供给渠道改革存在的问题

目前,特殊教育学校在残疾人职业教育供给方式的改革中积极探索和尝试新的职业教育供给渠道,部分学校还形成了独具特色的职业教育供给方式。研究发现,多元化的供给渠道在其取得的成效之外仍存在一些不足之处,虽然它在一定程度上丰富了残疾人职业教育的供给方式和供给内容,但多元化的职业教育供给渠道存在发展后劲不足、逐渐冷化的问题。具体而言,多元化供给渠道存在上述问题的原因主要为以下几点。

首先,多元化供给渠道的物质保障和配套机制不完善,在物质保障方面,特殊教育学校多元化职业教育供给渠道的形成和发展需要大量的资金投入,目前特殊教育学校尚未形成专门的资金供应链,因此特殊教育学校多元化供给渠道的发展存在很大的局限性。在配套机制方面,残疾人职业教育多元化供给渠道并非独立的供给链,而是需要系统的人员、政策、管理制度等的配合。特殊教育学校在残疾人职业教育多元化供给渠道方面暴露出以下几个问题,一是缺乏专门的负责教师,"职教班的老师数量上还是少了一点,一个班至少应该两个老师才行,一个做班级管理,一个进行技能教学"(教师 Q-T01),"职教老师在专业技能上只能说勉强够我们三个班的教学,每个老师身上都有多项任务,一个萝卜多个坑"(学校管理者 Q-L01),像校内社团、线上电商、校外实践等多样化的供给渠道都是由原本负责职业教育的教师兼任,因此教师的精力、专业性以及对残疾人职业教育供给方式改革的前瞻性都会对其多元化供给渠道的发展产生影响;二是缺乏相应的考核评价制度,多元化的职业教育供给渠道在丰富供给内容的同时,在供给内容、供给质量、供给效果等方面存在不确定性,如线上资源的供给既难以保证供给资源的质量,也难以考查学生的学习效果。

其次，多元化供给渠道难以兼顾学生的个体差异，与课堂教学的传统供给方式不同，特殊教育学校改革后的多元化供给渠道难以在供给过程中针对学生的个体差异为其提供不同的教育内容、教育目标和教育计划等，"学生的能力水平差距很大，有的学生接受很快，做出的东西质量也非常高，而有的学生连最基本的操作技能也很难掌握"（学校管理者 C-L02）。这就导致部分学生难以在多元化的供给渠道中满足自身的教育需求，因此家长等相关人员质疑改革后的多元化供给渠道，这成了残疾人职业教育多元化供给渠道后续发展的一大阻碍。

最后，多元化供给渠道的可复制性差，难以大范围推广，目前部分特殊教育学校已经开辟了具有学校特色的残疾人职业教育供给渠道，但是每个学校的实际情况各不相同，难以直接模仿和复制特殊教育学校的特色供给渠道，这就导致学校在多元化供给渠道的创新与实践上会耗费大量的精力，不利于残疾人职业教育多元化供给渠道的未来发展。

三、残疾人职业教育供给方式改革的建议

（一）建立家校合作供给的制度规范和管理机制

家校合作是特殊教育学校在其职业教育供给方式改革中的一项重要改革方案，针对家校两主体缺乏合作连续性这一现实问题，特殊教育学校在未来的残疾人职业教育供给方式改革中应当从以下两方面进行改进：第一，要制定家校合作的制度规范，家校合作的充分有效开展离不开制度的保障，建设一种自上而下、互相配合的家校合作制度规范可使家校合作在实践中有章可循，有利于提高家校合作的可操作性和权威性。为了确保家校合作充分有效地开展，学校应建立健全相关的制度规范，邀请家长参与制度规范建设，家校双方共同从制度层面上确立家校合作的地位，明确家校合作的重要性，明确学校、教师和家长三方的权利和义务，增强教师和家长参与家校合作的意识，提高各方的积极性；另外，在家校合作制度规范中增附实施细则，鼓励家长参与实施细则的制定，双方达成一致，制定好详细的分工与合作细则，明确学校、教师和家长各方的职责，提高可操作性和执行力，保障家校合作的顺利开展。

第二，要改革家校合作的管理机制，一是部门负责人作为核心领导人物，应大力推动家校合作管理机制建设，扩大组织纳入对象，鼓励和支持教师参

与,发挥教师在学校和家长间的沟通协调作用,同时适当放权将各教学组组长和核心家长也纳入家校合作管理体系,协助部门负责人处理相关事务。这不仅减轻了部门负责人的工作负担,使部门负责人可以有更多精力去思考和规划发展性的问题,而且在其他教师的协助管理下,家长的意见和想法能够得到及时有效的反馈,实现了学校和家长之间顺畅的信息交换和沟通反馈,营造良好的家校关系氛围,从而提高家校合作的效率和家长的满意度。二是对家校合作开展和相关活动做长远发展规划,相关管理人员做好内部分工和协调配合,使每一项活动都有与之相对应的负责人,实现权责统一,且在推进过程中不断依据实际需要进行调整,推动每一项家校合作模块的顺利进行和持续发展。三是为了家校合作的进一步发展,将监督和评价体系纳入家校合作管理机制中,对家校合作开展的过程和活动实施的结果进行评价和考核,实现家长和学校的双向监督,同时也将监督和评价体系纳入对教师的工作考核和绩效评定中,制定明确的奖惩管理办法,激发各方参与家校合作活动的积极性。

(二)深化校企合作层次,建立长效合作供给机制

目前校企合作中存在"校热企冷""合作企业数量较少""校企合作深度不足"等现象,如何激发企业参与校企合作的动力是解决该问题的出发点。首先,要充分发挥政府在校企合作中的推动作用,一是政府要为学校与企业的合作提供更加充分的物质保障,积极为学校和当地企业牵线搭桥,通过税收政策、利益绑定、法律责任、经费支持、舆论环境等多种手段吸引市场力量广泛参与职业教育,最大限度考虑企业诉求,提高企业对职业教育校企合作的积极性[①];二是政府要引导学校和企业制定相关制度并牵头成立校企合作利益协调平台,将学校和企业在利益方面的分歧汇集起来,高效解决学校和企业在合作供给过程中可能会出现的各类问题。

其次,要规范校企合作流程,一方面,特殊教育学校与企业作为协同供给的主体,应针对合作的具体目标、内容、形式、权责等方面形成书面的合作企划,并通过沟通和协商达成一致意见,从而提高校企合作的规范性,以确保在

---

① 白维,孟庆瑜.荷兰中等职业教育校企合作初探[J].中国职业技术教育,2019(24):81-85.

不干扰学校日常教学和企业基础运行的前提下顺利开展残疾人职业教育合作供给的各项活动;另一方面,要积极探索校企合作的有效机制,从实际出发,建立健全校企合作过程中的监督制度、评价机制等,确保校企合作供给的质量和有效性。

最后,寻找校企合作的利益平衡点,最大限度地满足企业的利益诉求。建立校企之间的长效合作机制是解决该问题的着力点,因此,要加强成果互认与衔接,校企双方作为共同培育学生的主体,要依据双方达成的协议,制定人才培养方案、设置课程,增强教学成果衔接、运用和转换。与此同时,校企之间建立互利互惠、优势互补的长效合作机制,学校提供人力资源支持,企业提供就业发展平台,使企业、学校双方的资源供给实现真正的长期化。

(三)完善多元化供给渠道的配套机制,激发后续发展动力

激发特殊教育学校在多元化供给渠道方面的发展动力,要从以下几方面进行完善和加强。首先,通过多方合作建立稳定的资金供给链。从政府层面出发,政府要加大对残疾人职业教育供给方式改革的支持力度,通过专项拨款、合作共建等方式为特殊教育学校残疾人职业教育多元化供给渠道的拓展提供资金支持。从学校层面出发,学校要主动寻求社会各方的支持与合作。例如,与社会公益组织合作获得社会各界对残疾人职业教育供给侧结构性改革的公益资金支持,与企业进行商业合作,通过出售职业教育学生的作品获取相应的资金用于维持残疾人职业教育多元化供给渠道的发展等。

其次,要完善多元化供给渠道的配套人员与配套机制。在人员方面,壮大职教师资队伍、配备专门负责教师是进一步发展多元化职业教育供给渠道的重要前提和保障。面对当前特殊教育学校师资普遍较为匮乏的现状,一方面,建议各级政府和教育主管部门适当增加特殊教师的编制名额,确保有专门教师负责残疾人职业教育多元化供给渠道的健康发展;另一方面,要提升职教师资队伍的专业性,学校及教育相关部门应当建立完整的职业教师培训机制,增强培训内容时效性,使职业教育教师能够掌握课堂教学供给方式与其他供给渠道的良好衔接。

最后,要根据学生的实际情况为学生选择合适的职业教育供给渠道,这就要求教师要深入了解学生,对学生的能力、兴趣、心理特点、障碍程度等进行全面评估,充分了解每一位学生的身心特点,实时掌握学生的动态变化,从而根据评估结果将学生分成不同的能力组,对不同能力组的学生确定不同的职业教育供给渠道,并设定不同的学习目标以及生涯规划方案。以 W 校的线上电子商务专业为例,对于能力较强的学生,结合他们较强的学习能力以及较高的学习意愿和热情,可以为其提供线下教学＋线上经营淘宝店铺、担任人工客服的职业教育供给渠道;对于能力一般、对此参与意愿较低的学生,则可以按照传统的课堂教学供给方式为其提供教育资源,使其参与线上电子商务的商品制作环节。因此,学校在为残疾人职业教育拓展多元化供给渠道的同时,也要做好对学生个人情况的调查工作,做到为学生提供精准、合适的职业教育供给渠道。

第五节　结论与建议

一、结论

第一,残疾人职业教育在供给方式方面的改革取得了良好的成效。

第二,在供给主体方面,残疾人职业教育已经构建了校企合作、家校合作等多维主体合作机制。

第三,在供给渠道方面,残疾人职业教育拓展了"互联网＋"线上供给以及非教学供给等多元化的教育供给渠道。

二、建议

为了解决残疾人职业教育供给方式方面缺乏物质保障、难以兼顾学生个性差异、多元化供给渠道可复制性差等问题,提出以下三条建议。

第一,建立家校合作供给的制度规范和管理机制,有效提升家校合作的质量以及合作供给的效果。

第二,深化校企合作层次,建立长效合作供给机制。

第三,完善多元化供给渠道的物质、人员、制度等配套机制,激发后续发展动力。

第七章　卓越师资队伍建设的实证研究

供给侧结构性改革是在提升人员供给质量的基础上，对相关组成部分进行改革，进而不断推动相关要素的创新，并优化相关的结构，其主要目的是有效提高全要素生产率①。教育供给侧结构性改革的核心是教育质量的提升，本质是教育供给端质量、效率的提升②。近年来，国家日益重视职业教育的供给侧结构性改革。教育部等九部门印发的关于《职业教育提质培优行动计划（2020—2023年）》明确提出深化职业教育供给侧结构性改革③。而要从供给侧进行教育改革以提升教育质量，这离不开教师，可以说教师的能力和素质决定了教育的质量④，对于教育重要组成部分的职业教育来说同样如此。教师队伍是发展职业教育的第一资源，也是支撑新时代国家职业教育改革的关键力量⑤。卓越的师资队伍是促进职业教育高质量发展的重要保障，在残疾人职业教育中，卓越的师资队伍更是扮演着重要角色。因此，要基于供给侧结构性改革构建残疾人职业教育支持保障体系，进而提高我国的残疾人职业

---

① 傅航.供给侧结构性改革背景下新生代农民工职业教育策略研究[J].农业经济，2020(4)：89-90.

② 孟庆楠，杨秀莲.基于教育供给侧改革背景下职业院校人文教育的理性回归[J].黑龙江高教研究，2019(6)：71-74.

③ 教育部等九部门关于印发《职业教育提质培优行动计划（2020—2023年）》的通知[EB/OL].(2020-09-16)[2022-01-25]. http://www.gov.cn/zhengce/zhengceku/2020-09/29/content_5548106.htm.

④ 曹强.西部高职院校"双师型"教师培养的问题与路径[J].教育与职业，2021(10)：82-85.

⑤ 教育部等四部门关于印发《深化新时代职业教育"双师型"教师队伍建设改革实施方案》的通知[EB/OL].(2019-09-23)[2022-04-16]. http://www.moe.gov.cn/srcsite/A10/s7034/201910/t20191016_403867.html.

教育质量,加强残疾人职业教育卓越师资队伍的建设。

第一节　文献综述

对职业教育卓越师资队伍建设的研究主要集中在教师数量、教师专业化、教师职后培训、教师管理四个方面。本节文献综述将围绕上述四个方面,从普通职业教育卓越师资队伍建设和残疾人职业教育卓越师资队伍建设两个层面展开论述。

一、普通职业教育卓越师资队伍建设研究

(一)数量逐步增长,总量仍显不足,东、中、西部地区差异大

数量充足的教师队伍是一个学校教学活动有序开展、教学质量得以提升的保证。郝文武指出,政府和学校往往以建设足够数量的教师团队为基础,以优化教师结构,促进教育现代化发展[①]。近年来,党和国家也加大对职业教育教师数量的扩增力度。教育部印发的《中等职业学校设置标准》第七条明确指出:中等职业学校应当具有与学校办学规模相适应的专任教师队伍,兼职教师比例适当。专任教师一般不少于 60 人,师生比达到 1∶20,专任教师学历应达到国家有关规定。专任教师中,具有高级专业技术职务人数不低于 20%。专业教师数应不低于本校专任教师数的 50%,其中双师型教师不低于 30%。每个专业至少应配备具有相关专业中级以上专业技术职务的专任教师 2 人。聘请有实践经验的兼职教师应占本校专任教师总数的 20%左右[②]。据统计,2019 年,全国中等职业学校共有专任教师 84.29 万人,比 2018 年增加 0.94 万人,师生比为 1∶18.94。高职院校共有专任教师 51.4 万人,比上

---

① 郝文武.推进农村教育现代化亟需全面优化教师队伍结构[J].中国教育学刊,2020(9):32-37.

② 教育部关于印发《中等职业学校设置标准》的通知[EB/OL].(2010-07-06)[2022-01-25].http://www.moe.gov.cn/srcsite/A07/moe_950/201007/t20100706_96545.html.

年增加 1.6 万人,师生比为 1∶19.24。① 2020 年,全国中等职业学校共有专任教师 85.74 万人,比 2019 年增加 1.45 万人,增长 1.72%,师生比为 1∶19.54。高职院校共有专任教师 55.6 万人,比上年增加 4.2 万人,师生比为 1∶20.28。② 从上述数据可以看出,2018—2020 年,我国中、高等职业学校的专任教师数量整体呈现增长趋势,且增速逐渐增加,但生师比也在上升,说明虽然我国中等职业学校教师数量在逐年增加,但其总量与增速更快的中职学生人数相比仍较少。教师数量不足会增加他们的工作量,繁重的工作量会严重影响教师的工作质量,不利于教师未来职业技能和教学研究的进一步提升。

我国职业教育教师的数量差异不仅体现在总量方面,而且体现在东、中、西部地区教师数量配置的不均衡方面。通过整理教育统计数据发现,2015—2020 年,东部地区中职学校教职工占全国中职学校教职工总数的 40% 以上,专任教师占 40% 以上,聘请校外教师的比例逐年下降,2020 年其所占比例略微增加;中部地区中职学校教职工、专任教师均占全国中职教职工总数的 30% 左右,聘请校外教师的比例六年间约提高 7%;西部地区中职学校教职工和专任教师均占全国中职学校教职工总数的 27% 左右,聘请的校外教师占比从 2016 年起逐年下降,2020 年与 2015 年相比,其所占比重下降近 6%。从横向来看,2015—2020 年,东、中、西部各区域内教职工、专任教师以及聘请校外教师的数量变化不大,中职学校师资数量总体稳定。但从纵向来看,各区域中职学校在教职工数、专任教师数方面存在较大差距。据 2020 年教育统计数据,中职学校在校生东部地区有 464.31 万人,中部地区有 407.33 万人,西部地区有 396.20 万人,按照师生比 1∶20 的标准,东部地区约需要专任教师 23.22 万人,中部地区约需要专任教师 20.37 万人,西部地区约需要专任教师 19.81 万人。赵敏和袁潇研究发现,与各地区实际的专任教师数相比,东部地

---

① 2019 年全国教育事业发展统计公报［EB/OL］.（2020-05-20）［2022-01-25］. http://www.moe.gov.cn/jyb_sjzl/sjzl_fztjgb/202005/t20200520_456751.html;各级各类学校校数、教职工、专任教师情况［EB/OL］.（2020-06-11）［2023-04-15］. http://www.moe.gov.cn/jyb_sjzl/moe_560/jytjsj_2019/qg/202006/t20200611_464804.html.

② 2020 年全国教育事业发展统计公报［EB/OL］.（2021-08-27）［2022-02-25］. http://www.moe.gov.cn/jyb_sjzl/sjzl_fztjgb/202108/t20210827_555004.html;各级各类学校校数、教职工、专任教师情况［EB/OL］.（2020-08-31）［2023-04-15］. http://www.moe.gov.cn/jyb_sjzl/moe_560/2020/quanguo/202108/t20210831_556365.html.

区专任教师数量充足,比标准要求多 5 万余人,而中部和西部地区专任教师数量不足,尤其是西部地区专任教师尚有 2 万余人的缺口,这进一步反映出专任教师数量分布不均衡①。

(二)教师专业化水平有显著提升,但仍处中低水平

李铁绳和袁芳认为,专业化是教师职业的基础,是教师队伍建设的重要目标与根本旨归②,促进教师的专业化发展是新时代背景下加强卓越师资队伍建设的重要内容和使命。刘佳认为,职业教育教师的专业化具体体现在他们的受教育背景、学历、"双师型"教师数量等方面③。我国绝大多数的高职院校仍较注重教师的理论知识和教学能力,忽视了教师的实操技能。加之随着职业教育的扩招,下岗失业人员、农民工等也成了教育对象,多样化的教育对象需要在教学中更加注重实践技能,但部分教师的实践技能较弱,可能难以保障教学效果。学历是教师专业知识水平的证明,是判断教师专业素质的最低标准。随着我国职业教育的发展以及国家对职业教育师资质量的重视,职业学校师资学历水平不断提高。张丹和朱德全研究发现,我国中职学校具有本科及以上学历的专任教师比例从 2010 年的 83.29% 上升到 2018 年的 92.1%,呈逐年上升趋势,说明我国中职学校师资队伍的专业化水平在不断提高。在高职院校中,研究生学历的教师比例也由 2010 年的 32.33% 上升到 2018 年的 49.97%,其中浙江省高达 71.57%,说明我国高职院校师资队伍专业化水平也在不断提升④。但目前高职学校教师的学历与普通高校相比仍较低,尤其是具有博士学位的高职学校教师在本校教师中的占比极低。从东、中、西部地区比较来看,东部地区中职学校本科学历专任教师占全国中职学校本科学历教师的 43% 以上,中部地区占 29% 以上,西部地区占 26% 以上。东部地区硕士、博士研究生学历教师人数也显著高于中、西部地区。2020 年东部地区中等职业学校博士研究生学历教师 265 人,中部 79 人,西部 87 人,

---

① 赵敏,袁潇.东、中、西部中等职业教育师资结构的现状、影响因素及优化策略[J].教育与职业,2021(23):75-81.
② 李铁绳,袁芳.我国教师教育专业化的三重逻辑[J].教师教育研究,2021(3):1-6.
③ 刘佳.中国教师专业化百年历程[J].中国图书评论,2022(1):123-126.
④ 张丹,朱德全.从单一到多元:新时代职业教育师资队伍建设的改革设想[J].职教论坛,2020(10):80-89.

且中部博士研究生学历教师数量呈下降趋势。2020年东部地区博士研究生学历专任教师高达61.48%,而中、西部地区均仅占20%左右。中、西部地区高层次、高学历教师的缺乏不利于该地区中等职业教育质量的提高。由此可见,各区域中等职业学校教师的学历结构存在差距,高学历教师比例差距更为明显,中、西部地区专任教师的学历还有待提升[①]。"双师型"教师是职业教育教师专业化水平的重要体现。目前,我国中职学校专任教师中"双师型"教师比例已由2010年的21.35%上升到2020年的30.87%,国家示范(骨干)高职院校累计认定"双师型"教师1514554人。这说明我国职业教育"双师型"教师人数不断增加,也表明我国职业教育教师队伍的专业化水平不断提高。张忆雯研究发现,截至2019年底,我国职业院校"双师型"教师有45.56万人,其中中职26.40万人,占中职专任教师的31.5%;高职19.10万人,占专任教师的39.7%[②]。总体来看,我国职业教育学校"双师型"教师数量仍不足,教师专业化水平仍有待提升。综上,我国职业教育教师专业化水平有显著提升,但总体仍处中低水平。

(三)职后培训体系初步建立,但国家级培训基地分布不均,培训质量有待提升

教师培训是将有培训需要的教师聚集起来,在固定的时间及地点分享教学知识、技能及经验,通过系统性、针对性的教师培训,参训教师能够获得专业知识、增长教学经验,促进教师专业发展与进步。教育部印发的《关于学习宣传贯彻习近平总书记重要指示和全国职业教育大会精神的通知》明确提出,改革教师培养培训制度,建好一批职业技术师范大学、落实教师到企业实践制度,构建职前职后一体化、校企双主体的教师培养培训体系[③]。目前,我国职业教育教师职后培训体系已初步建立。其中,国家层面建立了100个全国重点建设职教师资培养培训基地,在102家企业建立了全国教师企业实践

---

① 赵敏,袁潇.东、中、西部中等职业教育师资结构的现状、影响因素及优化策略[J].教育与职业,2021(23):75-81.

② 张忆雯.协同理论视域下职业院校"双师结构"教学团队的内涵及建设路径[J].教育与职业,2021(15):87-92.

③ 教育部关于学习宣传贯彻习近平总书记重要指示和全国职业教育大会精神的通知[EB/OL].(2021-04-27)[2022-04-29].http://www.moe.gov.cn/srcsite/A07/s7055/202104/t20210429_529235.html.

基地;省级层面建立了 300 多个省级职教师资培养培训基地。这些基地与 1000 余家企业建立了广泛的联系,初步形成了培养培训基地与企业共同参与的职业院校教师培养培训体系。"十三五"期间,建立起了中等职业学校四级教师培训网络、高等职业院校三级培训网络,使落实五年一周期的教师全员培训制度得到了有效的保障。但西部地区职教师资培养培训基地建设仍较为滞后。与 2005 年相比,2015 年全国中职学校在校生增加了 3.5%。其中,东部地区和中部地区分别下降了 10.26% 和 5.63%,而西部地区却上升了 45.97%。为应对西部地区中职学生数量快速增加的情况,急需加强职业教育教师的培养培训工作来满足中职学生的教育需求。但西部地区,如宁夏仅有一个国家级培训基地,无论是国培项目还是省培项目,基本依托省外基地开展培训。曹晔认为,省内培训基地不足,致使"十三五"期间国培项目提出的"中高职教师协同研修、技术技能传承创新、培训者培训"等任务均无法深入开展①。此外,职后培训形式大于内容,企业参与教师培养动力不足。目前,根据国家要求,职业院校会定期组织教师进入企业开展实践培训,但大部分培训为生产参观、座谈会、专题培训等,较少根据教师的类型、授课内容等组织具有针对性的培训内容,导致部分教师在培训中出现"吃不饱""吃不好"等情况,培训难以真正使教师受益②。

(四)教师管理制度逐步健全,但激励机制不够完善

近年来,我国发布了一系列政策来推进教师队伍建设的制度化和规范化,进而逐步健全具有职教特色的教师管理制度。2011 年印发的《教育部关于进一步完善职业教育教师培养培训制度的意见》从推进培养培训制度建设的主要措施和构建校企合作的教师培养培训体系等方面来促进我国对职教教师培养培训的规范管理。2016 年,教育部等七部门印发了《职业学校教师企业实践规定》,从教师企业实践的内容和形式、组织与管理、保障措施、考核

---

① 曹晔.职业教育教师培养培训体系建设的成绩、问题与对策[J].教育与职业,2021 (17):55-60.

② 张丹,朱德全.从单一到多元:新时代职业教育师资队伍建设的改革设想[J].职教论坛,2020(10):80-89.

与奖惩等方面对职业学校教师到企业实践做出了规范①。但仍存在以下问题：第一，政策制度欠缺激励机制。高职院校的教师聘任制度大部分参考本科院校，且在教师职称评审过程中以论文发表的数量和刊发的期刊等级作为主要指标，使专业教师的实操技能在考核评定中所占比重较低，但高职院校教师兼具理论教学和实践教学，与普通高等院校教师更偏向教学和科研任务相比，二者在办学定位、类型属性以及教师职责方面均差异较大，因此，这样的制度降低了具有实操技能的教师的入职期望。冼梨娜认为，高职院校对"双师型"教师在薪资待遇、晋升评定等方面缺乏相应的激励政策，难以调动教师向"双师型"教师方向发展的积极性②。第二，教师评价与考核结果缺乏有效的反馈。对教师评价与考核主要是为了有效促进教师的自我反思与其自身能力的提高，因此，评价结果的反馈极其重要。王宏兵和华冬芳认为，在高职院校的教师评价与考核中，忽视了对教师评价结果的反馈③。第三，职称评定不够合理。目前，发达国家中职学校教师职称结构主要呈"钻石"形，但我国中职学校专任教师职称结构呈"金字塔"形，说明我国中职学校中职称较高的教师数量极少，这会导致在中职教师队伍发展中缺少专业骨干教师和学科带头人，进而较难建立"传、帮、带"的培养体系。在高职教育中，具有高级职称的专任教师占比虽不断上升，但与发达国家相比仍存在一定差距④。

二、残疾人职业教育卓越师资队伍建设研究

（一）特教教师数量稳步上升，但职教师资缺口依然较大

数量充足的师资队伍是促进教育发展的重要基础和保障。中国残疾人事业统计年鉴数据显示，2017年，我国特殊教育教师共计5.6万名，2018年，我国特殊教育教师共计5.9万名，2019年，我国特殊教育教师共计6.2万名，截至2020年底，全国在校特殊教育学生共计880800名，其中中职教育学校

① 孔巧丽.新时代高职教师队伍建设的成效、问题与出路[J].教育与职业,2021(6)：70-76.

② 冼梨娜.高职院校卓越教师培养的价值追求与实施路径[J].教育与职业,2017(10)：80-82.

③ 王宏兵,华冬芳.高职院校师资队伍提质培优：新要求、新挑战与新路径[J].职教论坛,2020(11)：88-93.

④ 张丹,朱德全.从单一到多元：新时代职业教育师资队伍建设的改革设想[J].职教论坛,2020(10)：80-89.

(班)147个,中职教育在校学生17877名,全国特殊教育教职工人数76415名,其中专任特殊教育教师66169名[①],这说明我国特殊教育教师数量在逐年稳步上升。但与教育部要求特殊教育学校教职工人数按照盲校、聋校师生比1∶3.5,培智学校师生比1∶2的比例配置的规定[②]相比仍有一定的差距,这说明我国特殊教育教师数量仍不足,而残疾人职业教育教师数量更是少之又少。张璐对河北省唐山市两所残疾人职业教育学校教师进行调查后发现,两所学校仅有61名教师,教师数量远远不能满足庞大的残疾学生需求[③]。李秀和张碧燕对福建省智力障碍学生的职业教育调查发现,22所学校中,有508名智力障碍学生接受职业教育,但从事智力障碍学生职业教育的教师仅有106人,师生比约为1∶4.8,兼职教师82人,占总教师人数近八成,这说明智力障碍学生的职业教育教师数量也较为缺乏[④]。综上可知,虽然我国特殊教育教师数量在逐年稳步上升,但残疾人职业教育教师数量仍较为缺乏。

(二)残疾人职教教师专业化水平逐年提高,但总体质量欠佳

教师队伍专业化水平的高低对教学效果的优劣具有重要影响。尽管近年来我国注重培养专业化的教师队伍,但教师整体的专业化水平仍欠佳。教育对象的特殊性决定了残疾人职业教育教师不仅要具备特殊教育相关的知识与技能,还要掌握职业教育相关的知识。但是,杨柳和崔铭香对全国11所残疾人中职学校教师教育背景调查发现,多数教师教育背景与所教授课程相匹配,但具有特殊教育专业知识的教师比例不足3%[⑤]。方仪和朱岩岳对我国残疾人高等职业教育教师进行调查后发现,从教育背景上看,教师队伍中仅有15.6%的教师任职前接受过特殊教育相关知识与技能的学习与培训,74.4%的教师在任职初期对于特教教师的知识和能力储备较少,对于残障学

---

①　国家统计局.中国统计年鉴[M].北京:中国统计出版社,2021:23.

②　教育部学校规划建设发展中心[EB/OL].(2015-09-09)[2022-03-24].https://www.csdp.edu.cn/article/594.html.

③　张璐.校城融合视角下唐山市残疾人职业教育发展对策研究[D].唐山:华北理工大学,2021.

④　李秀,张碧燕.福建省智障学生职业教育现状调查研究[J].中国特殊教育,2016(2):49-55.

⑤　杨柳,崔铭香.残疾人职业技能培训问题与策略[J].中国成人教育,2016(1):127-131.

生的认识不够清晰。教师的教育背景、学历、"双师型"教师占比等都在一定程度上反映出教师队伍的专业化水平，影响着职业教育人才的培养质量。① 王琳琳对云南省12所特殊教育学校的92名残疾人职业教育教师进行调查后发现，92名教师中，专职教师35名，占总数的38%，兼职教师57名，占总数的62%，说明云南省残疾人职业教育教师以兼职教师为主。在学历方面，本科学历教师49名，占总数的53%，专科学历教师29名，占总数的32%，说明云南省残疾人职业教育教师总体学历水平较低。在专业证书方面，70名教师拥有教师资格证，22名教师未取得教师资格证，占总数的24%；拥有某项专门技术资格证的教师仅有15名，占总数的16%。综上可以看出，12所特殊教育学校的职业教育教师的专业化水平有待提高。被调查的12所学校也均认为，目前学校职业教育开展存在困难和阻碍的最主要因素是缺乏职教师资。具备教师资格的教师多，但专业技术教师少、专业化水平低。② 李秀和张碧燕对福建省智力障碍学生职业教育教师进行调查后发现，106名教师中，具有与职教课程相关的专业技术资格证书的教师仅有13名，占总数的12%，且大部分教师为校外兼职教师，缺乏特殊教育相关专业背景；拥有教师资格证的教师虽具有较好的特殊教育相关的知识与技能，但与职业教育相关的知识与技能较为薄弱。这说明福建省从事智力障碍学生职业教育的教师的专业化水平还需进一步提高。③ 近年来，残疾人职业教育机构在教师的招聘上虽然开始注重招收高学历层次的教师，但高学历层次的教师在整个教师队伍中所占的比例仍较低。此外，谢颖主张，在强调教师人才高学历的要求之外，也要加强对从事特殊教育的教师的职业技能和职业实训经验的关注，部分学校通过聘请企业技术人员来校施教，但实际教学效果一般，不利于残疾人职业教育教学水平的提高④。

① 方仪,朱岩岳.残疾人职业教育体系:现状与挑战——基于残疾人高等职业教育的视角[J].教育理论与实践,2016(27):27-29.
② 王琳琳.云南省少数民族地区特殊教育学校职业教育现存问题及建议[J].中国特殊教育,2016(11):7-11.
③ 李秀,张碧燕.福建省智障学生职业教育现状调查研究[J].中国特殊教育,2016(2):49-55.
④ 谢颖.利益相关者视角下残疾人职业教育发展路径研究[D].南京:南京大学,2020.

(三)职后培训日益重视,但覆盖面不足且培训内容偏理论

残疾人职业教育师资职后培训是提升其教学能力的重要途径,是弥补师资培养缺陷的重要措施[①]。因此,我国也日益重视残疾人职业教育教师的职后培训。教育部等七部门印发的《第二期特殊教育提升计划(2017—2020年)》的通知明确指出,到2020年,所有从事特殊教育的专任教师均应取得教师资格证,非特殊教育专业毕业的教师还应经过省级教育行政部门组织的特殊教育专业培训并考核合格。加大培训力度,对特殊教育教师实行五年一周期不少于360学时的全员培训[②]。但是,残疾人中职师资职后培训仍存在整体规划不足、管理体制不完善、培训量供不应求、培训方式单一、培训内容实践性弱等问题。陈蓓琴、连福鑫和王辉对我国11所残疾人中职学校教师队伍进行调查后发现,我国残疾人中职学校大部分教师在五年之内都接受了职后培训,培训内容特殊教育与职业教育并重,但有将近四分之一的教师在五年内未接受过任何的职后培训,一半以上教师未参与过特殊教育培训,接近一半的教师未参与过职业教育培训,这说明残疾人中等职业教育教师职后培训的覆盖面较窄。此外,目前我国残疾人中等职业教师的职后培训针对性也有待加强。调查数据显示,52.3%的教师所接受的职后培训内容与其所任教课程不一致[③]。王琳琳对云南省12所特殊教育学校的92名残疾人职业教育教师进行调查后发现,92名教师中,参加过培训的共80名,占总调查人数的87%,说明参加职后培训的教师占比较高。培训内容主要有特殊教育理论培训、特殊儿童康复技能培训、民族特色项目技能训练及职教传统技能训练,但参加过职业教育相关培训的仅有30名,占总人数的33%。由此可见:其一,参加职业教育培训的人数较少。其二,民族特色职教专业技术项目培训欠

---

①　郑中原.残疾人中等职业教育师资职后培训的现状分析及对策[J].江苏教育研究,2014(18):21-24.

②　教育部等七部门关于印发《第二期特殊教育提升计划(2017—2020年)》的通知[EB/OL].(2017-07-20)[2022-03-28]. http://www.moe.gov.cn/srcsite/A06/s3331/201707/t20170720_309687.html.

③　陈蓓琴,连福鑫,王辉.关于我国残疾人中等职业学校教师队伍现状的调查[J].中国特殊教育,2011(11):60-65.

缺①。李秀和张碧燕对福建省智力障碍学生职业教育教师进行调查后发现，近年来，职后培训偏重特殊教育相关理论与研究方法、校本课程开发等，缺乏与职业教育相关的知识和技能的培训②。

(四)国家重视特教教师管理，但薪资偏低、编制紧缺

随着我国特殊教育的发展，国家日益重视对特殊教育教师的管理。2012年，教育部等部门印发的《关于加强特殊教育教师队伍建设的意见》明确指出，要健全特殊教育教师管理制度。各省级有关部门要落实特殊教育学校开展正常教学和管理工作所需编制，根据特殊教育学校学生少、班额小、寄宿生多等特点，可结合地方实际制定特殊教育学校教职工编制标准。完善特殊教育教师准入制度，从事特殊教育应取得相应层次的教师资格，非特殊教育专业毕业的还应参加教育行政部门组织的专业培训。将特殊教育相关内容纳入教师资格考试。探索建立特殊教育教师专业证书制度。研究设定随班就读教师、康复类专业人员的岗位条件。制定符合特殊教育教师工作特点的考核评价标准和办法。教师职务(职称)评聘向特殊教育教师倾斜③。2022年，教育部等部门发布的《"十四五"特殊教育发展提升行动计划》明确提出，"注重培养适应特殊教育需要、具有职业教育能力的特殊教育师资"，"认真落实特殊教育教师津贴标准，保障特殊教育教师待遇，吸引优秀人才从事特殊教育事业"，"教师职称评聘和表彰奖励向特殊教育教师倾斜"④。但残疾人职业教育教师的薪资待遇仍偏低、教师的编制仍较紧张，导致很多有专业背景的人员不愿意在特殊教育学校担任教师。普通的职业工作者很少有机会了解或者接触特校的职业教育，也很少考虑在特殊教育学校任教，如有教师说：

---

① 王琳琳.云南省少数民族地区特殊教育学校职业教育现存问题及建议[J].中国特殊教育,2016(11):7-11.

② 李秀,张碧燕.福建省智障学生职业教育现状调查研究[J].中国特殊教育,2016(2):49-55.

③ 教育部等关于加强特殊教育教师队伍建设的意见[EB/OL].(2012-12-14)[2022-02-22]. http://edu.people.com.cn/n/2012/1214/c1053-19896591.html.

④ 国务院办公厅关于转发教育部等部门"十四五"特殊教育发展提升行动计划的通知[EB/OL].(2022-01-25)[2022-02-22]. http://www.gov.cn/zhengce/zhengceku/2022-01/25/content_5670341.htm.

"有的专业老师,是学校老师介绍过来的自己的熟人,正好是做这个职业的。"①

第二节　深度访谈对象

研究选取我国残疾人职业教育师资发展具有特色的中、东部地区 6 所特殊教育(职业)学校,其中中部地区 3 所(以下分别简称为 C 校、E 校、H 校),东部地区 3 所(以下分别简称为 Z 校、W 校、Q 校)。

一、深度访谈学校简介

(一)E 校简介

E 校获得了黑龙江省特殊教育先进集体、省标准化特殊教育学校、市文明单位标兵、教育科研先进集体等荣誉称号。研究者在走访 E 校后发现,E 校结合当地的非遗文化,将非物质文化遗产作为开拓学生就业渠道、拓展潜能的一种重要途径引进学校,且该校学生在全国多项比赛中取得良好的成绩,但 E 校缺乏专业的非遗人士实施教学。

(二)H 校简介

H 校秉承"学会生活,融入社会"的办学宗旨,于 2012 年 9 月成立职业托管班,解决九年义务教育毕业后残疾学生托管和生活生存技能的需求,以此支持智力障碍学生的发展。职业班现有学生 18 名,专任教师 4 名,教师均从义教班选拔而来,在职业教育方面缺乏一定的专业性。

二、访谈对象的选择

(一)受访学校管理者基本信息

从上述 6 所特殊教育学校各选取 1 名学校管理者作为访谈对象,其具体信息见表 7-1。

---

① 韩贵娟.皖北特殊教育学校职业教育实施的现状与对策研究[D].淮北:淮北师范大学,2018.

表 7-1　受访学校管理者基本信息

受访对象编码	职务	性别	学历	职称
C-L01	主任	女	本科	高级
E-L01	主任	女	本科	高级
H-L01	主任	女	研究生	高级
Z-L01	主任	男	研究生	高级
W-L01	主任	女	研究生	高级
Q-L01	校长	男	研究生	高级

由表 7-1 可以看出,6 名受访学校管理者中校长 1 名,主任 5 名;男性 2 人,女性 4 人;本科学历 2 人,研究生学历 4 人;6 人均为高级职称。

（二）受访教师基本信息

专业课教师和班主任作为学校师资队伍的主要建设对象,在职业教育课程实施中扮演着重要角色,从专业课教师和班主任视角了解学校的师资队伍建设情况,有助于深入探究学校职业课程师资队伍的专业化发展水平,进而有助于为学校师资队伍建设献计献策。研究选取了 6 所学校共 11 名教师作为访谈对象,其基本信息见表 7-2。

表 7-2　受访学校教师基本信息

受访对象编码	职务	性别	学历	职称
C-T01	专业课教师	女	本科	高级
E-T01	专业课教师	女	研究生	中级
E-T02	专业课教师	女	本科	中级
E-T03	专业课教师	女	本科	中级
E-T04	班主任	男	本科	中级
H-T01	专业课教师	女	研究生	中级
H-T02	专业课教师	男	本科	初级
Z-T03	专业课教师	女	研究生	中级
Z-T04	专业课教师	男	研究生	高级
W-T01	专业课教师	女	研究生	高级
Q-T03	专业课教师	女	研究生	高级

表7-2的11名教师中,班主任1名,专业课教师10名;男性3人,女性8人;本科学历5人,研究生学历6人;初级职称1人,中级职称6人,高级职称4人。

(三)受访学生基本信息

学生作为学校职业教育课程的直接教育对象,与职业课教师有着紧密关系,通过对学生进行访谈,能够了解更加真实的学校师资队伍建设基本情况。研究选取了1名程度较好的学生作为访谈对象,其基本信息见表7-3。

表7-3 受访学生基本信息

受访对象编码	性别	年级	专业
Z-S01	女	中职二年级	面点制作

第三节 研究结果

一、残疾人职业教育师资队伍建设的编码结果

通过对残疾人职业教育教师的原始材料进行三级编码,共获得37个开放式编码,12个轴心式编码和4个选择式编码,具体见表7-4。

表7-4 残疾人职业教育教师队伍特点的编码结果

选择式编码	轴心式编码	开放式编码
师资数量	身兼数职	缺少协教教师
		没有生活老师
		很难顾得过来
	数量不足	教师数量赶不上班级建设
		缺教师
专业化	专业基础好	科班出身
		能力和作品都很不错
		团队实力很强
	系统性不足	一边学习一边上课
		半路出家

续　表

选择式编码	轴心式编码	开放式编码
专业化	系统性不足	目前水平无法跟上市场节奏
		没有经过系统性的学习
		教学生底气不足
		网上自学，未经过专业培训
	缺乏大师	没怎么聘请过外面的人
		大师请不来
		缺少真正的大师
		兼职教师辞职
职后培训	培训形式	教学技能比赛
		教师基本功大赛
		进修学习
		网络技能培训
		参观
		讲座
	培训内容	形式大于内容
		不是系统地学
	培训针对性	美术培训少
	培训重视度	学习只停留在学习阶段
		不会去消化观念和知识为己用
教师管理	编制管理	编制岗位有限
		职教教师没有对应的编制
	支持力度	政府资金投入不足
		学校政策制度不完善
		领导思想保守
	奖励晋升	绩效考核促进不明显
		做与不做相差不大
		腿伸出来要被打

由表 7-4 可以看出,残疾人职业教育教师队伍建设主要涉及师资数量、专业化、职后培训、教师管理 4 个选择式编码,师资数量包含身兼数职和数量不足 2 个轴心式编码,专业化包含专业基础好、系统性不足和缺乏大师 3 个轴心式编码,职后培训包含培训形式、培训内容、培训针对性和培训重视度 4 个轴心式编码,教师管理包含编制管理、支持力度和奖励晋升 3 个轴心式编码。

二、残疾人职业教育师资队伍建设的结构

通过对 6 所特殊职业教育学校进行实证研究,并对访谈资料进行整理和分析,可以将残疾人职业教育师资队伍建设特征总结如图 7-1 所示。

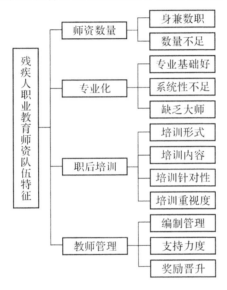

图 7-1　残疾人职业教育师资队伍建设特征

(一)数量短缺致使残疾人职教教师身兼数职,无暇提升自我

具备数量充足的教师是满足教学需求、提升教学质量的基本保障和前提[①]。C 校服装工艺与制作专业顺应残疾人职业教育发展要求,立足本土经济及文化需求,尊重学生自我教育和发展需求,挖掘残障学生潜能,探索核心素养的养成,构建独具特色的职业能力导向的听障学生中等职业教育人才培养模式,可作为听障学生中等职业教育人才培养模式的典型案例。从师资方

---

① 王宏兵,华冬芳.高职院校师资队伍提质培优:新要求、新挑战与新路径[J].职教论坛,2020(11):88-93.

面究其原因,这与其拥有一支数量充足的师资队伍具有密切关系。据统计,截至 2020 年,C 校中职学生有 127 名,教师 47 名,师生比约为 1：3.7,接近教育部规定的聋校 1：3.5 的师生比,说明 C 校师资数量较充足。但总体来看,我国大部分残疾人职业教育学校的师资数量仍较为短缺,教师身兼数职,导致教学精力不济。江苏省 Q 校职业教育一共三个班级,学生共有 25 人,职业教育教师共 5 名,师生比为 1：5,但江苏省特殊教育学校的师生比例要求为 1：2.5,这说明 Q 校职业教育教师数量不足。三个职业教育班级仅有 5 名职业教育专业教师,这 5 名教师不仅要负责智力障碍学生专业课程教学和基础课程教学,还承担着学生的日常管理事务,精力容易分散,致使专业教师身兼数职,无暇进一步学习提高和进行知识更新,进而影响课堂教学质量和职业教育发展。正如访谈中提道:

> 职教班的老师数量上还是少了一点,一个班至少应该两个老师才行,一个做班级管理,一个进行技能教学。老师人数再多一点的话,我们可以把专业具体地分开,比如某个方面的东西由特定老师来教,而不是像现在这样,你看我又要教职一的中式面点,又要带职三的西式面点,每一个方向由一个或者两个专门的教师来教最好了,这样的话大家就更有时间深入学习相关的一些内容(教师 Q-T03)。

> 我觉得职业教育班级很需要辅助教师,特别是生活老师,能够在上课的时候帮助我们照看一下这些小孩的情绪。有的他在实训间待不住老往操场跑,助理教师就可以帮忙出去照看这些小孩一下,以免出现什么意外。跟那些招收正常孩子的职业院校不一样,我们这些小孩因为病理也好生理也好他是会出现情绪问题的,他可能会控制不住自己就往实训间外面走。我们真的一半的精力都是要照看这些小孩儿情况,你比如孩子上课要上厕所的,我们一方面担心着孩子,一方面还得想着操作间内的烤箱不要烤糊了(教师 Q-T02)。

黑龙江省 H 校的职业教育教师也存在与 Q 校相似的情况。H 校赫哲族鱼皮画教师都身兼数职,如教师 H-T01 不仅教授听力障碍学生鱼皮画的制作,还教授义务教育及高中阶段的美术课程,同时担任班主任、美术组组长等多个职务。教师的日常工作任务多,教学任务重,这足以反映 H 校教师队伍数量的短缺情况。除此之外,H 校听力障碍学生赫哲族鱼皮画课程目前都是单一纸稿来代替教材,缺乏规范的教学材料,因此鱼皮画教师教学需要自己设计教学内容,没有教材可以参照,教学的规范性和系统性难以保证,学生的预习、巩固复习同样缺乏教材的参考。H校赫哲族鱼皮画教学迫切需要规范的教材来引导,而教师数量短缺、教学工作繁忙却成为教材编写的一大阻碍。

(二)专业化师资队伍逐步优化,但总体水平仍待提高

教师专业化水平的高低是教学质量的重要保障①。Z校工艺美术品设计专业的教师不仅具有扎实的艺术类专业的学科背景,还通过实际作品和各种比赛等硬实力来证明自身较强的专业能力,在自己参赛获得许多奖项的同时,也带领学生参加了一些国家级、省级等的高规格比赛,并取得了良好的成绩,其较强的专业水平和能力获得了学校管理者、家长及学生的一致肯定和认可。正如访谈中提道:

> 我们专业的老师都是科班出身,专业基础都很好的,大部分都是中国美院毕业的,还有就是毕业于各个高校的美术专业等(教师Z-T04)。

> 老师们的能力和作品都是很不错的,我们都很佩服,以前带着一些学长学姐的作品去参展,还获奖了(学生Z-S01)。

> 工美专业的老师其实都是蛮厉害的,不仅自己获得很多奖项,而且之前带着学生参加了一些国家级、省级的比赛,获得了很好的成绩,最近的一次就是今年八月份,工美专业师生组队在浙江省高职院校教学能力比赛中获得了二等奖,这是省教育厅举办的面向全省高职院校的最高规格赛事,以前带的学生当中还出了几个很厉害的大师(学校管理者Z-L01)。

教师较强的专业能力也是Z校工艺美术品设计专业成为业界翘楚的重要基础和保障。与之相似的是发展较好的C校服装工艺与制作专业,该专业师资队伍的专业化建设水平也较高。C校47名专任教师均为本科以上学历,硕士研究生及以上学历10名,占比约为21.3%;专任教师高级职称13名,占比约为27.7%,C校优质的师资队伍为其高质量的职业教育教学的开展提供了基础性保障。但C校高学历和"双师型"教师队伍建设仍需进一步加强,与

---

① 何婉亭,赵计平.高职教师教学能力专业化发展三维三阶培养模式[J].教育与职业,2021(15):93-96.

之相似的 E 校、H 校也存在进一步提高教师专业化水平的需求。对传统工艺的教学离不开专业人士进行指导和支持,H 校听障生非遗手工艺教师有着丰富的教学经验和较强的美术功底,虽然曾经向专业人士请教过技法和教法,跟随专业人士学习过一段时间,但是在非遗手工艺制作上,与非遗传承人或手工艺老师傅相比,他们对非遗文化的认识及非遗手工艺制作技法的掌握程度仍相对较浅,而现阶段教学因为多方面的原因,H 校并没有像其他特殊学校或职业学校一样请来非遗专业人士进行指导和教学,因此,在听障生非遗手工艺教学上缺少专业人士的教学人力资源支撑。正如访谈中提道:

> 我觉得虽然我们参加过一些教学技能大赛,教学的比赛啊,但是专业上我们学习的还是少,因为开设这门课的就很少,你比如说鱼皮画、泥塑啊这些,我们不能说一下子找到这么多特校老师来进行培训,那么我们更多的是去找到这些的共同之处,朝这种工艺品的制作方向去培训,但是我觉得咱们缺少真正的大师,虽然老师们都是跟大师学过的,但是真正地将非遗大师请来教学,那就是另一回事了(教师 H-T02)。

"双师型"教师是发展职业教育的最优资源,是加快推进职业教育现代化建设的基本保障,也是推动职业教育改革的核心力量[1]。近年来,党和国家在职业教育发展中,也日益重视"双师型"教师队伍的建设。中共中央办公厅、国务院办公厅 2021 年印发的《关于推动现代职业教育高质量发展的意见》明确提出,"强化'双师型'教师队伍建设","支持高水平学校和大中型企业共建'双师型'教师培养培训基地"[2]。W 校 13 名教师中,"双师型"教师有 7 名,占比约为 53.8%,超过国家规定的 50% 的要求,说明 W 校教师专业化水平较高。W 校专业的师资队伍为其特色鲜明的残疾人职业教育发展提供了强有力的人力资源保障。但目前我国残疾人职业教育学校"双师型"教师数量仍不足,因此,国务院办公厅印发的《职业技能提升行动方案(2019—2021 年)》

---

① 杨嵩,杨大伟.地方院校联合跨界培养"双师型"教师机制研究[J].职教论坛,2021(4):96-101.

② 中共中央办公厅、国务院办公厅印发《关于推动现代职业教育高质量发展的意见》[EB/OL].(2021-10-12)[2022-04-25]. http://www. gov. cn/zhengce/2021-10/12/content_5642120. htm.

指出,职业院校实行专兼职教师制度,可按规定自主招聘企业技能人才任教①。由此可见,聘请兼职教师是推动职业技能培训发展、提高教师整体素质的有效方式②,这也是推动我国职业教育师资队伍建设的一个趋势。Z校经过十几年的探索和改革,形成了独具特色的工作室制人才培养模式。从师资方面究其原因,其专兼职结合的教师团队在其中发挥了重要作用。在Z校工作室制人才培养模式中,工作室负责人根据培养需要,建设了一支由专业教师、企业的兼职教师或技术型外聘教师组成的专兼结合型教学团队。学生在专业教师的带领下积极参加企业商品化项目的设计和制作,且通过近距离感受市场的变化来了解行业实际的技术方法和最新的市场动态。兼职教师通常来自合作的企业,课程模块化为其提供了集中性的阶段性教学时间,校企共同解决其课酬问题。兼职教师在熟悉专业教学计划和课程要求的基础上,结合生产实际寻找适合学生学习的教学方法,有助于提高教学水平与质量。这种方式主要是从企业引进和聘请有丰富经验的企业专家来校教授和负责实践教学,并参与审议教学计划,推动实践教学改革,将兼职教师当作整个师资队伍中不可或缺的部分进行培养和管理,增强了其主人翁的责任感和参与意识。

(三)职后培训形式多样,但培训效果不佳

教师职后培训对于教师适应人才竞争,提升教育教学质量,促进自身专业成长具有重要作用③。W校职业教育教师的职后培训具有以赛促教、多元化培训的特点,具体包括:①校级层面组织专业教师每年进行技能展示与比赛;②每位专业教师每两年要参加市级专业教师基本功大赛;③为每个专业教师配备相应的专业大师进行跟踪指导;④定期组织教师向兄弟学校学习;⑤组织教师进企业工厂进行进修学习。多元化的职后培训不仅提高了教师的专业技能,而且加强了教师课堂教学与社会市场的联系。H校职后培训从

①　国务院办公厅关于印发职业技能提升行动方案(2019—2021年)的通知[EB/OL].(2019-05-27)[2022-05-18].http://www.moe.gov.cn/jyb_xxgk/moe_1777/moe_1778/201905/t20190527_383321.html.

②　孙琳,李刚,孙鹏.我国职业教育师资队伍类型结构的演变与分类管理逻辑[J].中国职业技术教育,2021(30):65-69.

③　孔养涛.教师职后培训的模式、问题及对策[J].中国成人教育,2016(22):127-130.

教师教学培训和教师技能比赛两条途径展开。在教学培训上,H校主要通过校内、校外及网络教学培训的方式进行,教师的教学培训以分享教学经验、学习教学方法、提高教师教学能力、加强教师职业道德等为目的开展培训活动,为教师提供了丰富的教学资源。在培训中,学校还会依据培训内容分成全年级的培训和分科培训,进而使培训内容及范围更加精准化,更有效地提高教师的教学技能;在教师技能比赛上,其形式主要包括校内教师的教学技能比赛以及校外的教学赛事。正如访谈中提道:

> 横向的本市的学习,H市就一所盲聋学校,这种横向培训搞得不是很多,咱们这个培智课程就教基础最简单的东西,所以这跟横向的他们进行培训一般不好整,所以一般横向培训很少,但是一旦有机会,不管外面是搞盲生教育培训还是聋生教育培训,我们都会派人去学习,去全国各地参加培训。校内也有培训,其他的教师比赛,以学科组为单位进行教研,然后承接区里市里的这种专门的比如说老师网络培训、通识培训,包括每年还要进行师德培训(学校管理者 H-L01)。

> 教师队伍的教学培训这块呢,通过听课,普通课、推门课、同门课,然后教师技能大赛、校内教学大赛,促进他们教学水平的提高,然后市里的大赛,省里的大赛,国家大赛,各种赛事吧。一方面,推拔尖的老师走更高层的赛事的级别;另一方面,推普通的老师在校内做普通的课,骨干教师做校内的示范课、引领课,推教学高手往国家层次赛事走的赛课,几种不同的角度推动教师队伍的建设(学校管理者 H-L01)。

> 关于美术的培训比较少,但是培训也去过,去过教师发展学院学习过(教师 H-T02)。

> 我的专业是美术专业,来到这还是从事美术教学工作,有时候学校会安排我们去参加一些培训,出去或者在学校内,学习一些网课,或者是自己制作网课大家一起点评教学,有时候是全体,有时候分科目、专业进行培训,以小组为单位,我们美术组,他们烘焙组,这样进行培训(教师 H-T01)。

但H校听障生赫哲族鱼皮画教师职后培训的针对性不强。听障生赫哲族鱼皮画教师参加培训的主题大都是针对教师教学技能发展的培训,很少有专门针对非遗项目,甚至是非遗手工艺的培训,教师的非遗手工艺知识大多数来自其自身学习进修及拜师学艺。教师教学培训过于强调对教师教学技能的培养,而忽视各科教师的教学知识培训,缺乏一定的系统性,对教学知识的培训针对性不强。E校也重视教师的职后培训,支持教师到外地高校、优秀特殊教育学校进行访问及学习,汲取优秀的知识和经验以推进自身的发展。但整体而言,培训形式和内容主要是参观、讲座式的理论知识学习,学习的时间阶段呈现阶段性,缺乏一个持续的学习阶段,很难把学到的东西真正落实下来,导致教师培训的形式大于内容,职业班的专业教师也难以实现职业技能层面的发展。正如访谈中提道:

> 我们学校在疫情前会经常组织出去培训,但是疫情后就比较少了。通常我们出去学习都是去一些南方比较先进的特殊教育学校,去学习一下他们的职业教育都是怎样发展的,因为我们职业班设立时间不长,还是需要不断地去学习别人先进的地方。教师希望能多培养一些职业专业技能,多开发一些课程,像我们现在除了文化课,也就编彩珠这一个职业课程,总的来说课程是比较单一的,要是教师的专业技能培养到位了,我们的课程也就会丰富起来(教师E-T02)。

> 早前培训的机会很多,但是都是皮毛,培训的内容都是别人总结的经验然后告诉你。我们之前培训都是去外地,每次培训去的地方都不一样,我去过深圳、哈尔滨这些地方,我觉得这些地方的特殊教育发展都挺不错的,特别是深圳,觉得我们学校和那些地方的特校相比差距还是很大的,最明显的一点就是我们的师资跟不上去,但像是我们培训参观过的那些学校规模就挺大的,光教师就有三百多,包括正式的职工、聘请兼职的职工,反正各种不同岗位、职能的老师,但我们这里相比起来就比较落后了,我们去学习只停留在学习阶段,也不会去消化那些观念和知识然后为己所用。我们还会去一些高校学习理论,但是也不是系统地学。我们这个地方的条件也是比较有限,普通的教育资源都不算好,更何况是特殊教育了,特殊教育的发展是比别的地区要慢,这里本身经济发展就不算好,政府投入的资金也不充足,所以在特殊教育这一块就不出成绩(教师E-T03)。

> 现在我们主要是校内培训了,校长主讲,给我们普及一些概念知识(教师E-T04)。

（四）师资管理制度逐步完善，但整体仍较缺乏

教师管理包括编制管理、薪资管理、奖励与晋升、评价机制等方面的管理。岗位编制、薪资待遇等是影响培智学校教师择业的重要因素。E校教师编制紧张，编制内外的工作在福利待遇、工作稳定性、社会地位等方面存在一定程度的差异，因此编制对个体的工作态度和行为具有较大影响，有编制的教师的离职倾向较低，留职意愿较强烈①。因此，岗位编制是教师择业的重要条件，编制的缺乏在一定程度上影响E校的教师规模发展，并且加大了人员的流动性。此外，E校薪资福利待遇差强人意，缺乏较大的吸引力。当地经济情况、编制、薪资待遇等问题使得E校难以吸引大量优秀的残疾人职业教育教师来本校任职。正如访谈中提道：

> 我们学校的师资是比较缺乏的，虽然这两年通过校招招进来了一批比较年轻的教师，但是总体来说教师数量还是不够，一方面是上级下发的编制岗位有限，另一方面可能受到地域条件的限制，我们这里不是省会城市，再加上受到东北整体环境影响，大量人口外流，对于很多应届毕业生来说，这里的岗位就没有那么大的吸引力（学校管理者E-L01）。

> 目前我们学校没有编制的就只有在财务处的那几位职工了，别的有教学任务的老师都是有编制的，之前我们学校有过几个没有编制的老师，但是待的时间都不长，没有编制也没几个人愿意待啊（教师E-T04）。

> 现在的年轻人都南下找工作了，愿意留在这里的也没有多少人，这么低的工资谁愿意待啊，那几个刚来的年轻教师就三千元左右一个月，我们教龄都差不多二十年的教师也就五千多元工资，虽然说有个编制，工作也相对比较稳定，但是更多的年轻人就会选择去繁华的地方寻找更多的机会（教师E-T01）。

党的十九大以来，我国致力于办好特殊教育，让残疾人享受到平等的教育权利，通过教育使其能自食其力、自力更生，最终融入社会。为此，国家大力支持我国特殊教育事业的发展，不断健全特殊教育经费投入机制，在财政拨款时向特殊教育倾斜，逐步提高特殊教育的办学及教学质量。H校想要引

---

① 尚伟伟,陈纯槿,孙迪.幼儿园教师离职倾向的影响机理研究——基于有调节的中介模型[J].教育发展研究,2020(24):76-84.

进非遗传承人担任教学指导或兼职教师,但会遇到非遗传承人的年龄、教学距离、沟通及资金等多方面的问题,从而导致非遗大师进校园的目标至今没有实现。其中,资金是限制特殊教育学校采取人才引进行动的关键,邀请非遗传承人进校园不仅需要人员经费支出,还需要支出如交通补助费等额外的费用。邀请非遗传承人进校园之后需要逐步建立非遗大师工作室,形成一个系统的非遗教学体系,而非仅让非遗传承人进行短短几年的教学指导,所以其中的费用需要稳定的专项资金来支持,从而保证非遗教学体系得以稳步发展。H 校学校管理者也曾表示并没有额外的资金用于引进非遗传承人,且在 2020 年 H 校部门决算中发现,H 校一般公共预算财政拨款支出主要用于各类教育支出、培训支出、其他教育支出(助学金)及人员经费等的支出,其中 2019 年结余 125.28 万元,2020 年财政收入 1661.01 万元,支出 1683.48 万元,2020 年结余 102.81 万元,由此可知,H 校经费较为紧张,且没有专项资金用于开展非遗传承人的引进工作。良好的制度管理体系会促进高水平教师团队的发展,反之,则会打击教师积极向上的积极性,不利于教师团队凝聚力的形成。Z 校对于教师的动态管理和考核激励机制较缺乏,使得教师的工作积极性不高。正如访谈中提道:

> 这个团队的管理是很难的,因为存在一些老师,说难听一点就是只把自己的三分地管了,然后也不想做额外的工作,因为在我们学校里,绩效考核这种促进并不是很明显的,好像你做了也就做了,做与不做其实相差不大,有时候有些老师就会想轻松一点,就会出现这样的小问题(教师 Z-T04)。

> 所以有些老教师就会觉得自己做不做都是一样的,而且做得不好反而要被说,所以就不愿意做这些事。每个人走到新岗位上对这个事情都是充满热情的,但是为什么热情已经消退了,是有很多方面的原因,不仅仅是个人的原因,其实也是一些历史遗留问题对他们积极性造成影响,有专业氛围的影响,也有学校制度的影响,因为之前一些老师想去做一些事情,学校不是很支持(学校管理者 Z-L01)。

第四节　分析与讨论

一、残疾人职业教育教师数量

研究发现,我国残疾人职业教育师资数量不断增加,但总体来说,教师仍较缺乏。出现上述现象的原因在于,第一,教师编制有限。充实的教师编制是实现教师数量充足供给的前提和保障[①]。教师编制供给紧缺,较难满足学校基本的教学需求,限制了新教师的进入,使得教师数量较少。正如访谈中提道:

> 我们学校的编制都是中小学的,而职业教育班级已经算是高中教育了,但我们又没有对应的教师编制。这使得职业教育专业的毕业生不愿意来我们学校,人家要么去酒店,工资比较高,或者一些优秀的就留校了。我们很希望能够多给我们一点编制,这样我们老师发展起来也有动力(学校管理者 W-L01)。

第二,中高职残障学生数量增加需要更多教师。教育部等部门发布的《"十四五"特殊教育发展提升行动计划》明确提出,要"着力发展以职业教育为主的高中阶段特殊教育","推动特殊教育学校增设职教部(班),鼓励普通中等职业学校增设特教部(班)",这说明我国残疾人职业教育的发展已经进入了快车道,中高职残障学生的数量不断增加,与此同时,也需要更多的残疾人职业教育教师,使得师生比进一步提高。

第三,教师薪资待遇较低。薪资待遇是影响教师进入某一学校和流动的重要因素[②]。由于教育对象的特殊性,在特殊教育学校,教师除教授学生基本的知识与技能外,还要关注学生的安全、生活等各个方面,且中高职残障学生相较健全学生更难管理,需要付出更多的时间和精力,但目前残疾人职业教

---

① 刘善槐,朱秀红,李昀赟.农村教师编制制度改革研究[J].中国教育学刊,2019(1):7-12.

② 刘颖.幼儿园教师薪资状况及政策的国际比较研究——基于 OECD 等数据库的数据分析[J].外国中小学教育,2018(12):68-76.

育教师的薪资待遇与其付出仍不平衡,教师的付出较多,但薪资待遇较低,使得残疾人职业教育教师不愿进入特殊学校进行教学。

第四,特殊教育专业毕业生数量较少且存在抗拒心理。目前我国特殊教育专业的毕业生相对较少,加之教育对象的特殊性和社会观念问题,很多特殊教育专业的学生对从事特殊教育有所抗拒,还有部分毕业生无法到特殊教育学校就业,导致特殊教育教师数量不足。

二、残疾人职业教育教师专业化发展

研究发现,我国残疾人职业教育专业化师资队伍逐步优化,但总体水平仍待提高。出现上述现象的原因在于,第一,学历水平相对较低。调查发现,我国中高等残疾人职业教育学校师资学历主要以本科学历为主,学历水平不高的教师在专业知识结构上难免有不够用的情况,特教师资队伍里不可避免地出现了一些不合格的教师,进而影响了教师的整体专业化水平。

第二,我国残疾人职业教育教师准入制度不够规范且标准过低。由于残障学生的特殊性,在发展残疾人职业教育时,既要注重残疾人职业教育的特殊教学方法,还要掌握职业教育技能的实际操作,残疾人职业教育需要"双师型"教师。由于缺乏规范的准入制度,我国残疾人职业教育学校师资主要来源包括普通高校、职业学校留校生、特殊教育师范生、兼职教师、企业技术人员等,不满足"双师型"教师的要求,难以保障残疾人职业教师师资的专业化水平[1]。

第三,付出与回报不平衡且工作环境较差导致优质师资"难进难留"。目前我国残疾人职业教育教师的薪资待遇与其劳动付出相比偏低,且教师编制较紧张[2],因此难以吸引到优秀的教师。此外,教育对象的特殊性使得部分专业化水平较高的教师会选择到环境更优质的学校工作。

第四,教师自身专业素养有待提高。大部分残疾人职业教育教师的受教育背景为特殊教育,掌握的更多的是教育学、心理学、特殊教育学相关的理论知识,其职业技能相关的实践能力较差,在教授职业教育课程时,其职业技能水平未达到执教职业教育课程的要求。此外,部分非特殊教育专业背景的教

---

① 刘珍.我国残疾人高等职业教育现状与对策研究[D].南昌:江西农业大学,2014.
② 韩贵娟.皖北特殊教育学校职业教育实施的现状与对策研究[D].淮北:淮北师范大学,2018.

师除缺乏职前培养外,职后培训也未接受到系统的特殊教育知识与技能的训练[①]。教师的自身专业素养影响了残疾人职业教育师资的专业化水平。

三、残疾人职业教育教师职后培训

研究发现,我国残疾人职业教育教师职后培训形式多样,但职后培训效果不佳。出现上述现象的原因在于,第一,培训体系尚未完善。目前对我国残疾人职业教育教师的培训没有形成相关的制度文件,教师培训缺乏周期性和常态化,这使得教师接受专业技能的培训机会较少,进一步发展受阻。

第二,培训的专项资金较为匮乏。调查发现,目前用于职业教育教师职后培训的经费投入较少,使得部分教师在培训中需要承担部分费用,降低了教师参加培训的积极性。此外,受培训经费的限制,部分特教教师较难有机会去一些特殊教育发展较好的城市学习,不利于特教教师获得最新的、最前沿的信息,不利于教育观念的更新[②],进而影响了培训效果。

第三,培训重理论、轻实践,缺乏针对性。调查发现,部分残疾人职业学校的培训形式主要是参观、讲座式的理论知识学习,培训内容以特殊教育学相关的理论知识为主,实践性技能教学的培训较少。职业教育学校注重学生的实操技能,因此也重视教师的实践教学能力,但培训中对残疾人职业教育教师的实践培训较少。此外,培训也缺乏针对性。培训内容主要为与特殊教育或职业教育相关的公共基础知识,具有一定的笼统性,缺乏基于残疾人职业教育的特殊性而进行的有针对性的培训,使得教师本来应该从中汲取新知识、获得新技能的期望无法实现,影响了培训效果。

第四,教师对职后培训的重视度不够。部分残疾人职业教育教师参加学校组织的职后培训只是为了完成培训课时,完成学校的"任务",对于培训内容没有认真学习,使得培训效果不佳。

四、残疾人职业教育教师管理

研究发现,我国残疾人职业教育学校师资编制供给较紧张,资金较缺乏,考核激励机制不够完善。出现上述现象的原因在于,第一,学校的管理缺乏

---

① 徐知宇,王雁.学习《全面深化新时代教师队伍建设改革的意见》——加快建设高素质专业化特殊教育教师队伍[J].教师教育研究,2019(1):24-30.

② 冯建新,冯敏.陕西省特殊教育教师专业发展现状的调查研究[J].中国特殊教育,2011(1):65-69.

残疾人职教特色。残疾人职业教育教师具有职业教育教师和特殊教育教师双重身份,因此,对他们的管理和考核应结合职业教育教师和特殊教育教师的管理和考核办法,但目前大部分学校对于残疾人职业教育教师的考核以特殊教育教师为主,缺乏职业教育教师的管理和考核特色。

第二,缺乏完善的政策制度。部分残疾人职业学校管理者的管理改革思想谨慎保守,难以适应我国残疾人职业教育发展的改革进度,所以学校相关政策制度的制定一直被搁浅,处于一种因循守旧、安于现状的不良状态。正如访谈中提道:

> 但是我们学校目前来看还不太完善,这个要从很多制度层面上去体现,后面我们的专业结构是要进行调整的,上面有政策来推动我们整个专业建设,其他很多学校都是这样做的,我们是因为刚成为高职院校不久,发展比较晚,而且之前的管理者思想都比较保守,所以就一直没有做这个事情(学校管理者 W-L01)。

第三,缺乏动态管理和考核激励机制。由于师资数量短缺,我国残疾人职业学校的师资主要为经验型教师,具有丰富的特殊教育教学经验,能够更好地对残障职业教育学生实施教学,但与此同时,他们也因为多年的教学易产生职业倦怠。而学校缺乏对这些教师的动态管理和考核激励机制,使得他们在工作中难以保持积极饱满的情绪和状态。

第五节　结论与建议

一、结论

第一,教师数量充足是建设残疾人职业教育卓越师资队伍的前提和基础。

第二,教师专业化是建设残疾人职业教育卓越师资队伍的重要体现。

第三,职后培训是建设残疾人职业教育卓越师资队伍的重要途径。

第四,教师管理制度是建设残疾人职业教育卓越师资队伍的重要保障。

二、建议

针对残疾人职业教育卓越师资队伍建设存在的数量短缺致使残疾人职

业教育教师身兼数职,无暇提升自我;专业化师资队伍逐步优化,总体仍待提升;职后培训形式多样,但培训效果不佳;师资管理制度逐步完善,但整体仍较缺乏四个方面的问题,提出如下四条建议。

第一,增加残疾人职业教育教师数量。一是增加残疾人职业教育教师编制。将学校中小学阶段和高中职业教育阶段教师的编制进行合理调整,增加职业教育教师编制,增加岗位吸引力。二是提升薪资待遇。认真落实特殊教育教师津贴标准,保障特殊教育教师待遇,进而吸引优秀人才从事特殊教育事业。三是加强特殊教育专业学生职业认同教育。在培养特殊教育师范生时,注重职业认知与理解的引导,加强特殊教育专业师范生对本专业的职业认同教育,从而增强其未来从事特殊教育职业的信念。

第二,进一步加强残疾人职业教育师资队伍专业化建设。一是引进高学历、专业化的残疾人职业教育教师。一方面,高校要注重培养兼具特殊教育和职业教育能力的残疾人职业教育教师;另一方面,要加大对特殊教育专业硕士、博士培养力度,为我国专业化的残疾人职业教育师资队伍提供强有力的保障。二是规范我国残疾人职业教育教师准入制度。增大"双师型"教师的聘请力度,加强校企协同育人,聘请优秀的兼职教师来校任教。学校从准入制度、薪资待遇等各方面向"双师型"教师、优质兼职教师倾斜,吸引优秀师资来校任教。三是提高在校教师的薪资待遇,改善教师的工作环境,留住优质师资。四是注重提升教师自身专业素养。一方面,教师在日常教育教学工作中要不断进行自我总结与反思;另一方面,教师要积极参与学校组织的培训,认真思考与消化所学内容,不断提升自身专业素养。

第三,改善培训效果。一是要完善培训体系。制定与残疾人职业教育教师培训相关制度文件,规范残疾人职业教育教师培训,形成培训的周期性和常态化。二是增加培训专项资金。专款专用,促进教师积极、主动地参与培训。三是加强培训的实践性和针对性。残疾人职业教育教师除了掌握特殊教育相关知识,还应具备职业教育相关知识和技能。因此,一方面,在培训中要增加实操性内容;另一方面,要针对某一职业技能开展一些专业化、细致的培训,进而提高残疾人职业教育教师的职业技能。四是教师自身要重视培训。在职后培训中,残疾人职业教育教师应重视培训机会,在培训中认真学习、汲取营养。

第四,完善残疾人职业教育教师管理制度。一是凸显残疾人职业教育教师管理特色。对于残疾人职业教育教师的管理和考核应结合特殊教育教师和职业教育教师的双重身份进行。二是制定残疾人职业教育教师管理相关制度。学校管理者要基于本校实际情况,积极改革,创新思想,制定适合本校职业教育教师发展的管理考核机制。三是设置动态管理和考核激励机制。不同年龄阶段、不同教龄阶段教师的工作能力和工作积极性不同,因此,要根据本校教师的年龄、教龄等设置教师的动态管理和考核激励机制,帮助教师以积极饱满的情绪和状态投入工作。

第八章　质量保障体系改革的实证研究

2020 年 9 月,教育部等九部门印发的《职业教育提质培优行动计划(2020—2023 年)》明确指出,"育人为本,质量为先",要"完善多元共治的质量保证机制,推进职业教育高质量发展"[①]。可见,着力把握高质量发展已成了新时代我国职业教育改革与发展的新诉求。对于职业教育质量保障,我国学界已经形成基本的共识,由外部质量保障体系和内部质量保障体系共筑质量保障工程,其中"外部保障体系以政府与社会为主体,是职业教育质量的基础和前提,内部保障体系以职业院校为主体,是职业教育质量保证的关键"[②]。鉴于此,研究选取浙江省、江苏省、湖南省的 4 所质量保障体系改革较完善的特殊教育学校作为本章的研究对象,尝试从外部保障体系和内部保障体系改革出发,探讨残疾人职业教育质量保障体系改革对残疾人职业教育人才供给质量保障的成效。

第一节　文献综述

教育质量保障体系是确保教育质量的一系列制度安排和体制机制的总和,惠及全体学生的身心发展和素质提升,对我国教育质量具有"纲举目张"的促进作用。本节主要对职业教育支持保障体系和残疾人职业教育支持保

---

① 教育部等九部门关于印发《职业教育提质培优行动计划(2020—2023 年)》的通知 [EB/OL]. (2020-09-16)[2022-01-25]. http://www.gov.cn/zhengce/zhengceku/2020-09/ 29/content_5548106.htm.

② 李亚东.职教质量保障体系质量建设的多面思维[N].光明日报,2013-01-22(16).

障体系已有的研究进行梳理和归纳。

一、职业教育质量保障体系研究

职业教育质量保障体系关乎学生个人发展、学校办学、岗位需求等方面的专业化和市场化建设,已有研究对职业教育外部和内部质量保障两方面展开了叙述。

(一)职业教育外部质量保障体系的研究

外部质量保障体系是指以行业、企业和社会机构等为主导的职业教育质量保障体系,在诊断办学问题、评估办学水平、总结发展经验、推进教学改革等方面发挥了重要作用,可以保证职业教育质量评价的客观性和公正性。外部质量保障体系主要通过两种方式加以实现:其一,强调行业企业主体参与的第三方评估;其二,政府部门为主体的质量评估。通过上述两种方式的评估,共同监督职业教育的高质量发展,牢牢把握人才质量的出口关。

2019年,《中华人民共和国职业教育法修订草案(征求意见稿)》增补了第三方评估的法律条款,明确了行业组织参与职业教育办学和质量评估的主体地位,以此体现第三方评估对于职业教育高质量发展的重要影响。韩喜梅、潘海生和王世斌指出,"第三方评估同时也在促进职业教育产教融合、激发职业院校办学活力上发挥着重要作用,当前,实践领域的职业教育质量第三方评估已逐渐开展,取得了一些颇具价值的实践经验"[①]。李梦卿和杨秋月调查研究发现,福建省率先引入第三方评估推进职业教育发展,通过对福建省教育厅形式审查的165个职业教育教学成果奖申报项目进行项目初评、现场答辩和评审及综合评定等,对职业教育深化产教融合发展起到促进作用[②]。丁建石指出,天津职业院校委托第三方教育调查机构——麦可思公司——对学校人才培养质量进行调查与评价[③]。王江清认为,除了第三方机构的参与,政府部门在职业教育质量提升中也发挥着重要作用。为全面监测人才培养质

---

① 韩喜梅,潘海生,王世斌.职业教育质量第三方评估的现实背景、合法性危机及化解路径[J].高校教育管理,2018(6):29-36.

② 李梦卿,杨秋月.职业教育第三方评价:试水·反响·路径——以2017年福建省职业教育教学成果奖评审为例[J].职业技术教育,2017(27):36-39.

③ 丁建石.第三方参与职业教育质量评价的现状、问题及法律政策建议[J].教育与职业,2017(20):26-32.

量,把住出口评价关,湖南省教育厅实施了专业技能抽查、毕业设计抽查、公共基础课普查"三查"①。李钰指出,上海市中等职业教育在全面提高教学质量行动中,学校与政府、社会之间构成了"三角形"的关系,上海市中等职业教育努力构建"政府宏观管理、学校自我保证、第三方评估服务、市场需求调控的内外结合的管理体制和运作方式,逐步探索教育现代化管理和运行体系"②。

除了以上两种主要的外部质量评估模式,任聪敏研究提出,国内职业教育评估模式可以学习欧盟职业教育"同行评议"质量评估模式,作为对现阶段职业教育人才培养评估的一个补充和参考,使现有的评估体系更加立体完整③,因为当前职业院校开展"同行评议"尚缺少一些必备的条件,"同行评议"的研究和实施尚处于探索阶段。虽然目前外部质量保障取得了一定成果,但是整体仍较为薄弱,主要体现为第三方评价发展相对较晚,缺乏职业教育领域专业化、市场化的第三方评价组织,行业标准和准入资质未能确立;政府在制定标准、监督评价等方面应承担的责任未能充分落实④。因此,职业教育外部质量保障应以政府的调控治理、评估机构的监测治理为主要参与方式,"推进主体权责的明晰,建立专门的、自成系统的质量治理机构或权力规约组织"⑤,培育第三方的行业协会社会机构,并引入市场竞争机制,同时规范行业准则,完善外部质量保障体系,以此促进职业教育的高质量发展。

(二)职业教育内部质量保障体系的研究

内部保障体系是学校为提高教育质量,配合外部保障活动而建立的组织与程序系统,它与外部质量保障机构相互合作,以便完成教育质量的保障任

① 王江清.评查协同结果倒逼省级职业教育质量监控体系建设模式探索[J].中国职业技术教育,2020(22):25-28.

② 李钰.职业教育大发展背景下上海市中等职业教育外部质量保障体系的构建[J].中国职业技术教育,2011(14):37-43.

③ 任聪敏.对职业院校质量评估的新思考——基于同行评议的维度[J].职教论坛,2015(22):48-51.

④ 黄云飞.基于国外经验完善我国职业教育质量保障体系[J].教育与职业,2015(2):17-19.

⑤ 朱德全,徐小容.协同共治与携手共赢:职业教育质量治理的生成逻辑与推进机制[J].西南大学学报(社会科学版),2016(4):74-83,190.

务。与外部质量保障体系不同,职业院校是内部质量保障体系的建立者和实施者,质量检测、提升的过程与教育教学活动过程同步或一致,在教育教学活动中实行质量保障[①]。大多数职业院校通过自设的质量管理办公室牵头进行保障体系的自我诊断与问题发现。赵志群指出,职业院校内部保障自我评价主要涉及教学内容、教学过程、教师和教学设施设备等影响教育质量的多个方面[②]。赵志群等人进一步研究指出,职业教育质量保障体系是根植于教育实践的实际操作活动系统,主要是对专业建设进行监控评价[③]。除上述因素之外,课程建设、教学管理亦是影响职业教育高质量发展的重要因素,在内部质量保障体系建设的过程中应给予重视。由此可见,目前内部质量保障尚未有一个统一的标准,各个职业院校的内部保障侧重亦各有不同。

为了破解职业教育质量提升的难题,不少职业院校通过加强内部的质量监控与管理保障职业教育的高质量发展。例如,广东岭南职业技术学院使用成果导向、多元全程、赋能改进的高职教学质量评价模式,达成精准监测教学过程质量,有效促进教师精准整改,有力保障教学目标有效达成,实现应届毕业生初次就业率在 90% 以上,雇主满意度在 95% 以上[④]。通过有效的教育质量监测和管控,实现了人才的高质量输出。常州工程职业技术学院确立了"质量靠自身保证"的理念,从质量标准、服务质量保障等方面进行内部质量保证体系的研究与实践,建成"55821"模式的内部质量保障体系,以此为院校的高质量发展护航[⑤]。

虽然我国职业院校的内部质量保障体系建设已经全面展开,但是汤生玲指出,质量保障体系方面的研究和实践仍然较为薄弱,主要体现为职业院校

①　刘振天.系统·刚性·常态:高等教育内部质量保障体系建设三个关键词[J].中国高教研究,2016(9):12-16.

②　赵志群.现代职业教育质量保障体系研究:现状与展望[J].西南大学学报(社会科学版),2014(4):64-70,182.

③　赵志群,何兴国,沈军,等.产出导向的职业教育质量监控——职业院校的职业能力测评案例[J].中国职业技术教育,2015(9):5-13.

④　马国勤.成果导向的高职教学质量评价改革探索与实践[J].职教论坛,2021(5):62-69.

⑤　周晶.常州工程职业技术学院内部质量保证体系[J].职业技术教育,2020(29):1.

人员对内部评价缺乏主体意识以及相关方法的运用不规范[①],标准和目标不明确,组织架构不健全,信息平台建设滞后等,需要进一步加强质量保证体系建设。甘华银指出,构建职业院校内部质量标准体系,可以采用"树立理念—确立原则—抓住重点—掌握方法—优化程序—应用修正"螺旋递进的构建思路,并在实践中将其落实和应用[②]。除此之外,周茂东建议,可以立足市场的需求,建立人才培养质量与效益的考查机制和毕业生跟踪调查制度,以确保人才输出端的高质量发展[③]。

二、残疾人职业教育质量保障体系研究

残疾人职业教育质量保障体系是保障人才培养精准化供给、满足市场需求、促进残疾人职业教育有效发展的支持体系。已有研究对残疾人职业教育内外部质量保障体系进行了梳理分析。

(一)残疾人职业教育外部质量保障体系的研究

产教融合是促进残疾人职业教育长效发展的重要举措,2018年,教育部等四部门出台《关于加快发展残疾人职业教育的若干意见》指出,"鼓励职业院校与现有独立设置的特殊教育学校共建共享实训实习和创业孵化基地",强调了产教融合和校企合作的重要性,以外部支持体系为保障满足残疾人职业教育高质量发展需求。我国残疾人职业教育外部质量保障体系发展起步较晚,结构较为单一,主要依托企业的力量对学生进行有针对性的岗位培训教育,保证残疾人职业教育的高质量发展。例如,青岛市中心聋校烹饪专业采用顶岗实习的形式加强学生的专业技能培训。实习结束后,校企共同参与对顶岗实习学生进行严格考核,从职业道德、劳动态度、专业知识与技能、职业纪律等方面提出意见和建议。此外,许力主张,学生在企业实习期间获得的荣誉或奖励也应作为个人能力评价的依据,对于在顶岗实习中表现优异的

① 汤生玲.职业教育质量评价中的民主、和谐与群策群力——《职业院校质量诊断:授权评价理论与实践》评介[J].职业技术教育,2019(36):58-61.
② 甘华银.新时代高职院校高质量发展的困境与突围[J].教育与职业,2020(7):34-39.
③ 周茂东.高职院校内部教学质量保障长效机制的构建与实践——以广东女子职业技术学院为例[J].中国职业技术教育,2008(13):18-20.

听障学生进行表彰并推荐听障学生留职就业①。李嘉美在研究中提到,杭州市萧山区特殊教育学校残疾人职业院校充分利用企业资源,优化实训课程设置和实训基地建设,提升学生实习效果,促进了残疾人职业教育质量与效益的提升②。雨田提到,南京市秦淮特殊教育学校积极联合院校、酒店等各个企事业单位,共同创建校外就业实训基地,做到人才培养定向定岗,确保教学内容和市场产品需求、学生技能训练与岗位能力需求、校内学业与社会就业的高度贴合③。

张金福认为,"企业和行业组织的参与对促进残疾人职业能力的提升具有重要的意义"④,大部分特殊教育学校亦能够主动寻求与企业的合作,以此加大学生的高质量输出。国内残疾人职业教育学校均积极开展校企合作,但是,其在发展中存在的三个方面问题亦需要引起研究者的重视:其一,企业对于残疾人职业教育培养的参与度较低。因为国家对于企业参与残疾人职业教育办学的质量保障机制政策支持力度较为有限,所以企业参与残疾人职业教育的整体情况不容乐观,呈现滞后的状态。其二,供需结构失调。残疾人职业教育的资源分布不均衡,人才培养与岗位需求不匹配,残疾人的人才输送重点放在了数量方面与企业的岗位对接,轻视了质量方面的精准对接。其三,校企合作不够稳定,可持续性差。纵使残疾人职业院校采取了多种服务校企合作的积极措施,在校企合作方面已经取得了良好开端,但是,由于外界的扶持力度不足,校企合作在后续发展过程中仍存在较大的不稳定性,校企合作的可持续性差。企业能够接收的残疾人实习生数量有限且残疾人就业率偏低,这是造成校企合作仅停留在实习层面、未真正实现产教融合、"校热企冷"的主要成因。

针对当前残疾人职业教育外部质量保障所存在的问题,陈瑞英建议,可

①　许力.融合教育背景下中职聋生顶岗实习探索与实践——以我校烹饪专业为例[J].中国校外教育,2019(16):148-149.

②　李嘉美.发挥自贸试验区优势促进残疾人职业教育高质量发展[J].成人教育,2022(3):79-84.

③　雨田.南京加快推进特殊教育学业就业"双业一体"培养模式[J].现代特殊教育,2012(6):22.

④　张金福.我国残疾人职业教育的发展及职业能力开发[J].教育理论与实践,2016(27):21-23.

以通过搭建多方参与、相互协调的长效支持机制,鼓励更多的企业参与到残疾人职业教育的发展中,同时给予参与企业一定的政策倾斜①。只有在考量参与各方利益的统筹与平衡的前提下,校企深度合作的模式方能有效保障残疾学生职业技能的高质量习得,从而实现人才的高质量输出。因此,针对残疾人职业教育的外部质量保障体系建设,应当立足于地方实际,加强顶层设计,增强政策文本的可执行力。为了更好地满足残疾学生的多样化需求和企业的岗位需求,国家和地方政府在出台各项政策法规时,应该充分考虑地方的经济文化实际情况,加强企业办学、校企合作的衔接机制,向企业提供一定的政策倾斜,从而提高企业的教育参与度,加快产教融合的深度发展。

(二)残疾人职业教育内部质量保障体系的研究

残疾人职业教育内部质量保障目前尚未形成统一的标准体系,各个特殊教育学校内部对质量保障的监测侧重点亦各有不同。赖立香研究指出,浙江特殊教育职业学院形成了较为系统的高等特殊职业教学质量监控体系,学校、系(部)、教研室三级管理部门分工明确,形成了以教学管理部门为中心的校级监控制度,以专业教学为中心的系(部)监控制度,以课程教学为中心的教研室监控制度。通过内部三级质量保障体系的构建,学校教学质量监控部门可以随时掌握教师的教学情况和学生的学习情况,随时跟踪改进,不断进行教学质量的强化②。俞林亚和雷江华研究指出,杨绫子学校在评估的基础上,由教师、家长、雇主等组成辅导团体,按照学生的意愿和需求提供有针对性的密集辅导,加强学生的职业技能能力,为就业做好准备③。广东省深圳元平特殊教育学校通过产教融合构建立交桥式的职业教育体系,建设系统的、可供选择的职业教育课程,让特殊学生在获得毕业证的同时取得至少一个职业技能证书④,以提升学生的就业竞争力。杭州市萧山区特殊教育学校充分关注学生的就业,对学生进行岗前培训与岗后指导。岗前培训主要采用教师

---

① 陈瑞英.残疾人职业教育校企合作支持体系构建[J].实验室研究与探索,2020(7):247-250.

② 赖立香.听障生学习质量监控保障体系构建初探——以浙江特殊教育职业学院为例[J].现代特殊教育,2018(20):41-45.

③ 俞林亚,雷江华.基于评估的智障学生职业教育[M].北京:科学出版社,2018.

④ 黄建行,雷江华.智障学生职业教育模式[M].北京:北京大学出版社,2017.

演练方式,帮助指导学生应对突发模拟事件,提高其应变能力。岗前培训时,师生之间尽量师徒结对,做到一对一帮扶。黄银华和刘珣建议,岗后培训于学生上岗后开始实施,巡回指导教师及时发现学生在工作中面临的问题,为学生提供及时的、有效的指导①。杜芬娥和张玲研究发现,我国台湾地区的残疾人职业教育起步较早,已经形成较为成熟的培养体系,岗位实习贯穿学生的整个高中阶段。对于能够适应职场要求的学生,安排其进行职场实习;对于无法适应职场要求的学生,则先为其安排校内实习,以提高其职业技能,经过后续的评估判断其能否适应职场实习的要求,之后再做进一步的安排②。

　　各个特殊教育学校为保障残疾人职业教育质量的发展进行了大量的努力,取得了较为显著的成效,但是就残疾人职业教育内部保障体系发展而言,陈瑞英和王光净研究指出,特殊教育学校职业教育存在内涵建设不够、教学保障不足等问题③。内涵建设不够主要体现在学校的专业设置、课程设置和教学模式三个方面。特殊教育学校专业设置的创新意识不强,难以随着时代的发展而改进,仍然是以传统的"按摩、缝纫、种地"为主要专业,有些专业开设盲目跟从当下热门专业,未审视当地实际发展状况和企业的岗位需求,造成专业设置缺乏依据并忽视了残疾学生的发展特征,致使按照专业设置培养出的人才与社会发展脱节。残疾人职业教育课程设置主要依照普通教育的课程计划纲要实施,弱化了残疾学生的特殊性,致使课程设置与学生的发展适应性不强。残疾人职业教育教学模式虽然一直在强调根据学生的个体差异特征推行个别化教育,但现实教学实施中的"满堂灌"现象依然屡见不鲜。此外,随着信息技术的广泛应用,特殊教育教师对信息技术的依赖性过强,教师在教学过程中过分重视使用智能课堂,轻视了学生的主体性,舍本逐末,降低了教学的有效性。教学保障不足主要体现在师资队伍、实训基地和教材方面。当前,特殊教育学校对职业教育的认识理念滞后,职业教育的实施动力不足,师资队伍较为薄弱,任课教师主要由文化课教师兼任,仅有极个别学校

---

① 黄银华,刘珣.培智职高教育多元支持模式的建构与实施[J].现代特殊教育,2019(7):56-57.

② 杜芬娥,张玲.台湾地区身心障碍学生职业教育及启示[J].现代特殊教育,2021(1):75-79.

③ 陈瑞英,王光净.残疾人职业教育产教融合的推进策略[J].中国高等教育,2020(23):49-51.

能够聘任企业专业技能人员担任专业课教师,由此导致职业教育教师的专业性不强、数量不足。实训基地由各个学校依据自身条件进行创设,虽然大部分学校充分开发校内资源打造实训基地,校内自给自足在一定程度上得到了保障,但是实训基地建立在校园内挤占了原有的其他教学场地,无异于"拆东墙补西墙",如校内洗车训练基地建立在以缩小操场面积为代价的基础上。有的学校甚至将实习实训基地建立于狭小的教室内,致使实训基地场景模拟不足,非常容易使校内实训基地陷入"真空"状态。我国政府在近几年加快推动了学校课程的标准化和教材使用的规范化进程,但是,对于职业教育的课程设置和教材编写使用缺乏严格的指导和监督,导致职业教育教材数量与质量无法获得有效保障,课程实施亦缺乏标准化参考。

三、研究述评

通过上述对职业教育质量和残疾人职业教育质量内外部保障体系已有研究的梳理,本研究发现,无论是普通职业教育还是残疾人职业教育,目前已取得了较为显著的发展,但仍存在诸多问题,具体内容见图 8-1。

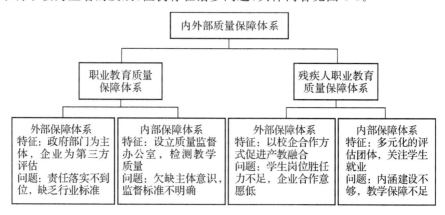

图 8-1　内外部质量保障体系研究

图 8-1 表明,职业教育质量保障体系由外部保障体系和内部保障体系两部分构成。前者主要强调以行业企业为主体参与的第三方评估和政府部门为主体的质量评估,共同监督职业教育的高质量发展。在《职业教育法》的推动下,职业教育外部质量保障研究日渐注重第三方评估的作用,并将外部质量评估模式作为职业教育高质量发展的重点支持体系。然而政府部门对职业教育实施的责任落实不到位,职业教育的行业标准缺乏以及专业化、市场

化的第三方评估组织不到位是主要问题。后者主要强调各个院校通过建立质量监督办公室对教学内容、教学过程、教师和教学设施设备等方面进行教学质量检测的自我诊断,但存在人员对内部评价缺乏主体意识、自我监督的标准不明确等不足。残疾人职业教育保障体系由外部保障体系和内部保障体系构成。前者主要通过校企合作促进产教融合以支持残疾人职业教育的高质量发展,面临供需结构失衡造成的学生岗位胜任力不足、人职不匹配,企业合作意愿低,"校热企冷"问题。后者主要通过特殊职业学校管理部门发挥作用,借助完备的监控制度和多元化的辅导团体,充分关注学生的就业实现,但存在内涵建设不够、教学保障不足的问题。

综上所述,残疾人职业教育与普通职业教育既有耦合点又有差异之处。共同之处主要体现在:其一,外部质量保障体系都寻求企业参与,深化校企合作,推动职业教育向专业化和市场化拓展。为了严格把关人才培养的质量,应当建立考查学生专业技能、职业素养等方面的评估体系,提高学生的个人综合能力,强化其岗位适应性。其二,内部质量保障体系以学校内部自成体系的教学质量监控为主要模式,试图建立"专业建设—课程设置—教学模式—就业指导"的职业教育质量评估系统,帮助学生在牢牢掌握专业知识与技能的同时,注重学习文化知识。内部质量保障的标准化考核成为各个学校教学效果测评的主要依据,就业追踪是职业教育内部质量保障的关键任务之一。残疾人职业教育的外部质量保障体系的实现需要立足于学生个体综合素质的提升,寻求校企合作,加强产教融合;内部保障体系的实施则需要关注学生个人成长、标准化考核和就业支持。只有内外部保障体系综合考量,从保障内容、保障方式、保障补充方面协同发力,方能促进残疾人职业教育的高质量建设。

第二节　深度访谈对象

研究分别选取 G 校的烹饪专业、W 校皮艺制作专业、Z 校工艺美术专业、C 校服装制作专业作为研究个案,剖析 4 所学校的质量保障体系的现状和特征。

一、访谈对象的选择

(一)受访管理者基本信息

选取上述 4 所特殊教育学校的 4 名校企合作中的企业方管理者为代表进行访谈,基本信息见表 8-1。

表 8-1　校企合作企业方管理者基本信息

受访对象编码	职务	性别	学历
G-M01	酒店管理者	女	本科
W-M01	企业管理者	女	本科
Z-M01	企业管理者	女	本科
C-M01	工厂主管	男	本科

表 8-1 的 4 名校合作企业管理者中,1 名酒店管理者,2 名企业管理者,1 名工厂主管;女性 3 名,男性 1 名;4 人均为本科学历。

(二)受访教师基本信息

教师是学校教育高质量发展的人力资本,在教育教学质量保障体系建设中扮演着重要角色。选取学校中与职业教育关联紧密的班主任或专业课教师作为访谈对象,有利于全面了解残疾人职业教育质量保障体系建设的状况,受访教师基本信息见表 8-2。

表 8-2　受访教师基本信息

受访对象编码	职务	性别	学历	职称
G-T05	班主任	女	本科	初级
G-T06	班主任	女	本科	初级
W-T02	专业课教师	女	本科	高级
W-T06	专业课教师	女	本科	高级
Z-T01	专业课教师兼班主任	女	研究生	中级
Z-T05	专业课教师兼班主任	女	研究生	高级
C-T03	班主任	男	本科	初级
C-T04	班主任	女	本科	高级

表 8-2 的 8 名受访教师中,班主任 4 人,专业课教师 2 人,专业课教师兼任班主任 2 人;女性 7 人,男性 1 人;本科学历 6 人,研究生学历 2 人;初级职称 3 人,中级职称 1 人,高级职称 4 人。

第三节　研究结果

一、残疾人职业教育质量保障体系的编码结果

研究对残疾人职业教育的外部质量保障体系、内部质量保障体系的原始材料进行编码,通过对原始访谈材料三级编码,共获得 28 个开放式编码、12 个轴心式编码和 5 个选择式编码。

(一)外部质量保障体系的编码结果

外部质量保障体系的编码结果见表 8-3。

表 8-3　残疾人职业教育外部质量保障体系编码结果

选择式编码	轴心式编码	开放式编码
个人综合能力	岗位适应	能否跟得上生产进度
		沟通能力
	专业技能	专业技能水平是重点
		产品质量能否过关
	职业素养	责任感
		个人品德
校企合作	实习接纳	顶岗实习
		专业调整
	信息反馈	培养模式改进
		考核标准制定

由表 8-3 可以看出,残疾人职业教育外部质量保障体系包含个人综合能力和校企合作 2 个选择式编码,前者包括岗位适应、专业技能和职业素养 3 个轴心式编码。岗位适应包含能否跟得上生产进度和沟通能力 2 个开放式编

码。专业技能包含专业技能水平是重点和产品质量能否过关 2 个开放式编码。职业素养包含责任感和个人品德 2 个开放式编码。校企合作包括实习接纳和信息反馈 2 个轴心式编码。实习接纳包含顶岗实习和专业调整 2 个开放式编码。信息反馈包含培养模式改进和考核标准制定 2 个开放式编码。

（二）内部质量保障体系的编码结果

内部质量保障体系的编码结果见表 8-4。

表 8-4　残疾人职业教育内部质量保障体系编码结果

选择式编码	轴心式编码	开放式编码
综合素质	文化素质	学科知识
		专业知识
	专业素质	面点制作
		缝纫设备使用
		皮艺制作
		扎染
	基本素质	工作态度
		道德行为
		创作能力
		沟通能力
标准化考核	学业评价	作业
		期末测试
	技能考核	技能竞赛
		职业技能证书
就业支持	巡回指导	跟进指导
		实习指导
	个别化教育计划	人职匹配
		就业安置建议

由表 8-4 可以看出，残疾人职业教育内部质量保障体系包括综合素质、标准化考核和就业支持 3 个选择式编码。综合素质包括文化素质、专业素质和

基本素质 3 个轴心式编码。文化素质包含学科知识和专业知识 2 个开放式编码。专业素质包含面点制作、缝纫设备使用、皮艺制作、扎染 4 个开放式编码。基本素质包含工作态度、道德行为、创作能力、沟通能力 4 个开放式编码。标准化考核主要有学业评价和技能考核 2 个轴心式编码。前者包含作业和期末测试 2 个开放式编码。后者包含技能竞赛和职业技能证书 2 个开放式编码。就业支持包括巡回指导和个别化教育计划 2 个轴心式编码。前者包含跟进指导和实习指导 2 个开放式编码;后者包含人职匹配和就业安置建议 2 个开放式编码。

二、残疾人职业教育质量保障体系研究的结构图

综合上述编码结果,获得残疾人职业教育质量保障体系研究的结构如图 8-2 所示。

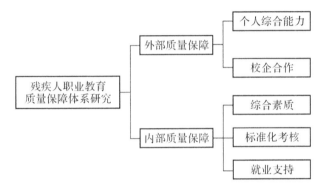

图 8-2　残疾人职业教育质量保障体系研究的结构

如图 8-2 所示,残疾人职业教育支持保障体系分为外部质量保障和内部质量保障。外部主要以学生个人综合能力为保障导向,以校企合作为保障方式;内部以学生的综合素质为保障内容,以标准化考核为质量保障方式,以就业支持为保障补充。

第四节　分析与讨论

一、残疾人职业教育外部质量保障体系分析

（一）以学生个人综合能力为质量保障导向

外部质量保障既促进了残疾人职业教育的高质量输出,又促进了职业教

育学生个体的综合发展。本研究发现,残疾人外部质量保障主要以企业为主体,围绕着学生个人综合能力展开,其中包括岗位适应、专业技能和职业素养。

第一,岗位适应。岗位适应能力是职业院校毕业生就业的核心能力,岗位适应能力越强,就业质量越高,用人单位和毕业生就业满意度就越高[①]。在学生实习期间,良好的岗位适应能力能促进后续的职业生涯发展,加强企业对于残疾毕业学生的就业接纳意愿,企业单位对学生岗位适应能力的考查主要关注生产进度和人际关系两大方面。例如,Z校合作企业管理者指出,在实习期间学生对于生产的熟练程度直接影响后续的岗位提供:

> 主要还是看派送来实习的学生能不能跟得上生产的进度,要是经过一段时间的培训后半天都完成不了一件比较简单的产品,完全跟不上平均生产率的话,后续学生毕业后我们也是不会考虑聘用的,所以在学生实习期间我们就已经进行考查了,看哪些学生工作效率是达标的(校合作企业管理者 Z-M01)。

此外,个人的沟通能力也是需要考查的一个方面,沟通能力是工作过程中必需的核心能力,是顺利接收雇主传达的工作任务,以及与同事建立自然支持关系基础要素:

> 还有就是在为人处世的方式上,包括他们与人沟通的礼仪之类的也是欠缺的,在学校里,有时候找老师有事情就是"老师,你来",这个方面是需要培养的,不仅是专业要好,为人处世也要会,最后才能被企业接纳(教师 Z-T05)。

> 我们会看学生的沟通能力,虽然没有具体的标准,但是会重点关注学生的理解能力、表达能力以及人际交往,具体点就是安排给他们的工作任务能不能理解,遇到问题能不能清晰地反馈,以及和同事之间相处如何,能否正常交流沟通等(校合作企业管理者 G-M01)。

第二,专业技能。专业技能主要是指与职业院校学生所学专业密切相关

---

① 陈江,查良松.岗位适应:高职院校实践教学的逻辑路向和基本路径[J].中国职业技术教育,2016(8):10-13.

的基础技能、拓展技能等①,是从事某一职业的前提条件。于企业而言,学生扎实的专业能力是工作开展的重点:

> 我们当地服装市场对于劳动者还是有一定需求量的,听力障碍学生的服装制作学习还是可以的,来我们企业实习的学生手艺活儿都挺好的,技能的高低是我们评价学生的关键(校合作企业管理者 C-M01)。

此外,对于学生专业技能的考查还通过产品质量体现:

> 很多时候服装的成品就能反映学生的专业技能高低,像衣服线的走位是否顺直、线路是不是牢固、整体剪裁是不是合理等,在学生来实习的时候,看着他们的服装成品我们心里会有个评价,对于成品的评价也间接体现出学生技能习得的情况,所以产品的质量也是一项重要的考查项目(校合作企业管理者 C-M01)。

可见,在企业看来,专业技能的考查是从"输出端"评价学生的关键,而产品质量也能反映出学生的专业技能水平,在对产品的考查中对学生进行择优录取。但依然存在部分企业对听力障碍学生不了解而忽视了其扎实的专业技能:

> 有些企业对听力障碍学生并不了解,不知道他们能够和正常人一样有能力做一些东西,因此也就不愿意与我们合作(教师 G-T05)。

第三,职业素养。职业素养指依据自身行为准则与职业能力履行岗位职能,形成良好的职业责任感以及道德感,从而引导学生恪守职业道德底线,并以积极精神面貌、专业态度去解决职业活动中所遇到的问题②。本研究进行调查后发现,企业对于个人的职业素养有一定的要求:

> 个人的专业素养也很重要,在我们单位看来,这是着重考查的一项,技能和工作岗位的内容可以慢慢学,但是态度和责任感这些就很能反映一个人的素养,学生要是缺乏责任感,或者态度不端正,在实习期间我们

①　郝天聪.指向一体化的高质量职业教育人才培养路径探析[J].中国职业技术教育,2022(7):18-22.

②　王丽.1+x 证书制度下劳动精神引领高职生职业素养提升研究[J].湖北开放职业学院学报,2021(24):62-63,69.

就会把他淘汰了(校合作企业管理者 W-M01)。

除了对职业素养的考查给予足够的重视,企业也会根据岗位的工作性质,给实习学生安排一些烦琐且枯燥的任务,以此磨炼学生的工作责任感和耐心:

> 我们会给学生安排一些比较费心思的发簪制作任务,过程是比较烦琐的,但是也从中磨炼实习生的耐心和责任感,进一步提高他们的整体素养(校合作企业管理者 Z-M01)。

(二)以校企合作为质量保障方式

校企合作主要是指职业院校与企业在人才培养、培训中进行相关的合作①,通过实习学生培养、信息反馈的形式,在共同培养的基础上实现高效率、高质量的人才输出。

第一,实习接纳。实习是指学生将所学的职业技能在实际的工作情境中应用并受到检验,以此得到相应的锻炼。目前,大多职业院校主要采取顶岗实习的形式,组织学生到真实的企业环境中进行"零距离"的职业岗位实践实习,让学生初步适应职工的身份,以企业员工的视角和身份亲自参与实际的生产,在学校与企业共育的框架下,提高学生的"输出端"质量。"目前的校企合作主要是承接学生过来实习,在进行短暂的培训后,便和正式员工一起工作了,工作量也差不多"(校合作企业管理者 W-M01)。学生的顶岗实习主要承担着技能提升、经验积累的任务,能够加强学生与岗位的贴合度,在实习期间促进学生整体的高质量发展。此外,学校与企业之间建立合作关系在一定程度上是解决学生毕业就业问题的有效手段。"对于实习期表现优异的学生,我们会择优录取,直接提供正式的工作岗位"(校合作企业管理者 Z-M01)。企业的积极接纳态度是促进校企合作的关键要素,同时能够满足双方利益,"学校找到我们公司的,说能不能让残疾孩子来这里实习,我感觉挺好的,能向外界展现我们的企业文化,形象更好一些,就答应了"(校合作企业管理者 C-M01)。以此搭建人才培养末端的"质量提高—就业支持"链,保障人才的培育高效、高质量发展。

第二,信息反馈。院校的职业技能培养在一定程度上存在滞后性,而良

---

① 黄才华.职业教育校企合作机制研究[J].中国职业技术教育,2014(13):66-68,76.

好的校企合作机制能通过及时、精准的信息反馈有效地应对滞后问题，以适应时代发展的需求。"我们做服装的要时刻紧跟潮流发展，如现在市场上流行什么款式、兴起了哪些缝纫技术，对于崭新的东西我们会及时教授给实习的学生，另外，我们还会派送技术人员到学校交流，以更新课程的内容设置"（校合作企业管理者 C-M01）。在校企合作的机制下，协同育人的模式打通了信息交流的渠道，让院校做出合理的调整，使得人才培养更能符合时代发展的需求。此外，企业还将实习期间学生的表现行为、实践技能、思想品德等情况反馈给学校，使得学校能更加全面、深入地了解学生的发展情况，及时实施相应的改进措施。"在实习期间有些学生在酒店做不下去，完全不能适应岗位工作，我们就会和带班老师交流，这些学生的表现情况怎么样、有哪些不足以及需要改进的地方，老师就会把学生带回去，继续加强培训"（校合作企业管理者 G-M01）。学生经历了真实的岗位锻炼后，更能反映出学校培养的局限，在与企业的合作交流下，能进一步促进学校人才培养的发展，保障毕业学生的高质量输出。

二、残疾人职业教育内部质量保障体系分析

（一）以学生综合素质为质量保障内容

第一，文化素质。文化素质的培养是残疾人职业教育培养体系中必不可少的一部分，同时也是重点关注和考查的一项，为保障残疾学生群体的高质量发展，不少特殊教育院校把文化素养纳入考评，在一定程度上提高学生的就业竞争力。W 校的职业教育皮艺卫星班注重学生文化素养的形成与发展，将语文、数学等文化类学科纳入人才培育的重要环节，同时将过程性评价和终结性评价相结合，以提高学生的文化素质，"在学生接触职业教育之前，首先需要他们熟悉语文、数学等基本知识，作为职业技能学习的先决条件，对学生进行评价时我们不仅要考查学生的职业技能，还要对文化课进行考查"（教师 W-T02）。C 校通过增加文化课时比例以及文化知识考评，弥补听力障碍中职生文化水平不高、基础薄弱的问题，"良好的文化知识是学习职业技能的基础，像我们服装制作专业，数学就得过关"（教师 C-T03）。"因为他们到社会上学习文化就很难了，文化对于学生终身的发展更加有益处"（教师 C-T04）。扎实的文化知识基础除了是专业知识学习的基石，还拓宽了学生未来发展的道路，尤其是对于有升学意向的学生而言，良好的文化素质是学历提升的

关键。

第二，专业素质。专业素质主要指社会参与的职业能力素养①，是保证残疾人职业教育发展的重要环节。经调查发现，学校专业素质的培育包括两个方面，分别是职业理论知识与职业技能操作，二者共同构成专业技能发展的"双翼"，以驱动学生未来的职业发展。其中，C校基于"理实一体"的学习理念，"有些知识确实是太难了，学生有时难以理解或记不住。我们老师教研的时候就挑一些书上必须掌握的、最基本的、学生学习后基本也能用的知识拿到课堂上来讲"（教师C-T04）。依据技能所需筛选理论知识，要求学生必须掌握与专业核心技能相关的理论知识，"服装专业出来以后是干技术活，所以要求学生多多练习，把要领印在脑子里，最重要的就是要能够熟练地操作，最后要看学生能不能学会做零部件、整衣缝纫的技能"（教师C-T03），使学生的理论知识与技能操作高度融合，达到基础扎实、技能精巧的水平。而以智力障碍学生为主体的G校，因受学生生理条件的限制，职业理论知识传授的难度较大，对于专业素质的关注更多的是以技能操作为主，"我们的学生理论知识学习能力有限，但是动手能力还是不错的，我们重点关注的是学生的操作能力，像是面点制作、洗菜切菜、厨房清洁等"（教师G-T06）。虽然不同特殊教育院校对于职业理论知识和职业技能操作的重视程度不同，但均围绕专业技能开展，可见，学生的专业素养为职业教育培养体系中的关键环节，是高质量人才输出的重点部分。

第三，基本素质。基本素质主要指通过后天的进一步学习与实践而形成的素质，其中包含思想政治道德素质、沟通能力、创新能力等。党的二十大报告提出，要培养造就大批德才兼备的高素质人才。例如，C校重视对学生基本素质的培养，以培养学生的社会规则学习、沟通表达能力等社会能力为重要部分，减轻学生步入社会的无力感和迷茫感，缩短其社会环境的"适应期"，"学校以聋生为主，这些学生有自己的交流方式，但不能让他们沉浸在自己的世界中，他们终究要步入社会生活，所以需要拓展他们的交际圈，增加他们与普通人交流的机会"（教师C-T04）。W校以社团为载体，开展各种社团活动，激发学生的职业兴趣，促进学生个性的发展，培养学生团结协作的意识，同时

---

① 余朝宽,张扬群,邓朝平,等. 中职学生综合素质"多元立体"评价模式研究——以重庆市渝北职业教育中心为例[J]. 中国职业技术教育,2021(8):52-58.

也在活动中促进了沟通能力的提高。"社会上很多听障人士在进入工作岗位之后很难适应新的工作环境,都坚持不了几天就被辞退,这就需要学生在毕业前增强其沟通交往能力,鼓励学生参加团体活动"(教师 W-T02)。G 校将职业道德理念渗透到课程以及实习实践当中,并着重培养学生的责任感,以此支撑学生在工作中更广阔的发展空间。对于学生基本素质的培养是保障教育质量的重要组成部分,且对于加强学生未来职业生涯的可持续发展起着关键的作用。

(二)以标准化考核为质量保障方式

第一,学业评价。学业评价指对学生学习能力和学习效果进行评价,以了解教育教学实施的效果,并在此基础上改进教学手段,提高人才培养质量[①]。本研究进行调查后发现,为了解学生的学习效果,残疾人职业学校采取过程性评价和终结性评价结合的方式,在充分了解学生学习情况的基础上,改进人才培养过程中的不足之处,以此提高学生的输出质量。一方面,以作业提交为过程性评价的主要手段。例如,C 校以作业的形式关注学生技能的习得过程,以此了解其对于所学内容的掌握情况,并根据学生暴露出来的问题,及时纠正不足之处,"对学生的进步或者问题,我会一边教一边进行评价,不然小孩不知道哪做得对哪做得不对,那不就白做了吗"(教师 G-T05)。"我们每逢学习新的技能模块就必须提交一次作业,对于作业评价为不及格的同学,我会指出不足之处,提出修改意见,让他们重做一遍,学生的技能一定要学扎实了"(教师 C-T03)。C 校以作业的形式对学生的学习情况进行阶段性检验,在不断"发现问题—修正问题"的过程中提升学生的专业技能水平。另一方面,以期末测试为终结性评价的重要手段。例如,Z 校在一个学期的教学活动结束后对学生学习进行评价,总结一学期的学习成果,"我们学校在每个学期末都会进行期末考,理论知识和操作实践的都有,主要是考查学生的整体学习情况,对于将来的实习安排、就业安置也能起到一个参考的作用"(教师 Z-T05)。期末测试的实施除了是对学生学习成果的检验,还是学生未来职业生涯规划的基础参考材料,保证对人才成长的引导。

---

① 韩永霞,韩玉.我国职业教育学业评价研究的分析与展望[J].职业教育研究,2017(3):10-15.

第二,技能考核。技能考核是促进学生职业技能水平发展、引领人才职业素质提升的重要方式,通过对学生进行技能考核,把握劳动者高质量输出的关卡,实现就业质量的提高。调查研究发现,残疾人职业学校技能考核主要包括技能竞赛和职业技能证书考核。一是以技能大赛为导向,提升职业技能教学质量。"技能大赛的举办对于学生的技能提升效果比较明显,学生的积极性都比较高,这些活动也给予听障学生更多的机会提高专业技能和展示学习成效"(教师 Z-T01)。Z 校高度重视并积极鼓励校内学生参加省、市级服装制作专业技能竞赛,以此作为锻炼专业技能和心理素质的平台,让学生在竞赛的过程中提高综合实力,此外,学校在每一学期组织"亲爱杯"比赛,并进行成果展示,让学生的学习态度也从"被动依赖型"向"主动探索型"转变。随着各类型技能竞赛的举办,学生自我提升的驱动力日益增加,技能也随之变得更加娴熟和精湛。二是以职业技能证书为保障,提升学生的就业竞争力。"像我们烹饪专业,我们会要求学生考取烹饪职业技能证书,毕竟有些用人单位看见学生有职业技能证书的话,的确是会优先录取,比较有优势"(教师 G-T06)。通过引入职业技能证书,学校在输出端严格把控劳动力的产出,提高技能型人才的培养质量,且有利于将学生以高质量的技能水平推向工作岗位,在保障了劳动力高质量输出的同时,还提高了学生的核心竞争力。

(三)以就业支持为质量保障补充

第一,巡回指导。残疾人职业学校的巡回指导是指通过定期或不定期派出专业教师,对处于实习期或者就业初期的学生提供指导、咨询与帮助的重要支持方式,以协助学生顺利开展岗位工作。巡回指导主要通过跟进指导和实习指导两个途径实施。一是跟进指导。学校为了解刚迈入职场的学生与其工作岗位的适应情况,进行就业情况咨询和定期的回访,并对有工作辅助需求的学生给予进一步的指导帮助。W 校对于就业初期难以适应工作环境的学生进行一对一的工作辅助,以帮助学生更好地适应整个工作环境和制度,完成从"学生"到"劳动者"的角色转换,"有些学生适应环境的周期比较长,虽然已经经历过实习期,但是工作初期还是需要老师多关注他们的工作情况,要确保学生能熟练地工作,并鼓励他们以积极的状态参与工作"(教师 W-T06)。二是实习指导。为了进一步加强学生的实践能力和工作适应能力,学校会组织实习实践活动推动其提高能力水平。C 校专业老师着重关注学生的实习工作动态,并辅助学生顺利开展各项工作,以加强其对岗位任务和工作节奏的熟悉程度,"像我们的学生都是听力障碍学生,企业的管理层也不会手语,工作任务的安排和交流很困难,这主要是靠老师们帮忙解决问题,让他们能适应工作环境,投入工作的生产活动"(教师 C-T03)。

第二,个别化教育计划。个别化教育计划指为每一位残疾学生制订适应其发展的教育计划,且规划和指导残疾学生接受特殊教育的方方面面①。在残疾人职业教育阶段,个别化教育计划更多地加入了"职业"元素,以此支持学生职业生涯的探索和发展。例如,Z 校采取人职匹配的方式,根据学生的个性特点、个人需求、兴趣爱好寻找相应的专业技能,最大限度地发挥个人的潜力,以实现人职匹配。"我们会根据学生的特点、需求和个人评估,为其匹配适合他们的专业学习"(教师 Z-T05)。在人职匹配的基础上,除了能提高人力资源配置效益,还能激发学生的内驱力,调动其积极性,发挥个体的学习潜能。此外,对于即将步入社会的学生,学校还将依据学生的能力就业,给出合理的就业安置建议,如 G 校充分考虑学生和家长的需求,基于学生的实际能力,"我们学校虽然开设的专业不是很多,但是我们力求做到针对性强、实用性强,要适合我们地域,适合学校的孩子,将来能够让学生真正走上岗位"(教师 G-T06),及时和学生、家长沟通交流,并就此提出就业安置建议,为其争取合理权益的同时,还拓宽了职业发展的道路。

第五节 结论与建议

一、结论

通过对 4 所残疾人职业学校质量保障体系的研究探索,在对访谈资料进行分析和讨论后,可以得出以下结论。

其一,残疾人职业教育质量保障主要由外部保障和内部保障两个部分有机构成。

---

① 胡永崇,吴永怡,刘锡吾.广东省特教学校教师制订个别化教育计划的专业能力及协助需求研究[J].现代特殊教育,2021(24):12-21.

其二，残疾人职业教育外部质量保障以企业为主体，保障内容主要围绕学生个人综合能力开展，其中包括岗位适应、专业技能和职业素养，并以校企合作为质量保障方式，通过实习学生培养、信息反馈的形式，在校企协调培养的基础上实现高效率、高质量的人才输出。

其三，残疾人职业教育内部质量保障围绕残疾人职业学校展开，主要以学生综合素质为质量保障内容，其中包括文化素质、专业素质和基本素质，并以标准化考核为质量保障方式，以学业评价和技能考核为主要手段。此外，就业支持作为内部质量保障补充，通过巡回指导和个别化教育计划的方式实现劳动者的高质量输出。

二、建议

残疾人职业教育质量保障体系应以外部保障为支持，内部保障为主体，协同促进残疾人职业教育质量提高。

其一，残疾人内部保障体系和外部保障体系均为保障体系的重要构成部分，需要对二者同等重视，在聚焦于目标一致的系统考量下，对内、外部保障体系进行顶层设计。

其二，残疾人职业教育的外部保障应加强政府的引领机制，为残疾学生提供优惠补偿措施的同时，以产教融合为出发点，大力满足企业的发展需求。标准化问题是残疾人职业教育体系建设的一大障碍，这就要求教育部等部门推行职业教育课程、教材、教师等标准，提升职业教育质量的标准化水平。校企合作要注重以学生的个人综合能力为主要取向，避免为合作而合作的形式化问题，学校与企业在合作过程中理应建立互惠协调机制，加强人才专业知识技能培养的内容保障，提升残疾学生的岗位胜任力。

其三，残疾人职业教育的内部保障应从校内职业教育质量管理体制着手，建立学校、系（部）、教研室分工明确的管理体系，可以组建教师、家长、企业多主体的职业教育质量评估组织。职业教育的专业设置要提前考察当地实际发展状况，充分考虑市场需求、学生的特征及企业需求开设相关专业。实训基地既要建设校内基地，又要开发校外基地，打造校内校外双向培养模式，保障学生的综合素质得到应有的发展。教师不仅要关注学生的学业考核还要注重技能考核，对于学业的考核要将过程性评价和终结性评价相结合，技能的考核主要以学生的职业技能掌握为核心，以职业技能大赛为考核方式,以职业技能证书为考核结果,最终增强学生的岗位胜任力。对已经就业的学生可通过巡回指导跟踪学生的就业情况并给予指导,还可以借助个别教育计划为学生提供就业安置计划和服务。

第九章　综合分析与讨论

本章在对前面已有的浙江、广东、山东、湖南、江苏、黑龙江等10所特殊教育学校残疾人职业教育供给侧结构性改革的试点单位研究的基础上,以年满16岁的残疾人和残疾人职业教育学校的专任教师为主要研究对象,从供给质量(学校培养目标、市场需求)、供给内容(学生岗位胜任力、学校课程设置)、供给方式(家校企合作、教学信息化情况)、供给队伍(师资规模、专业化水平)、供给保障(内外部保障机制)等维度,综合归纳了近年来残疾人职业教育供给侧结构性改革在支持性政策完善、多元化就业格局、职业教育现代化、家校社协同育人机制四个方面的提升给残疾人职业教育带来的实际效果和制约发展的主要因素,并提出了完善供给侧结构性改革对残疾人职业教育支持保障体系的对策。

第一节　残疾人职业教育供给侧结构性改革的具体效果

一、残疾人职业教育供给侧支持性政策不断完善和发力

我国政府出台了多项残疾人职业教育供给侧支持性政策,努力改善我国东西部因为经济发展不均衡所造成的教育发展不平衡的现状,不断增加残疾人接受职业教育的机会,并加强对残疾人的职业教育与就业指导。大量有关残疾人职业教育和就业政策文件的出台,不仅为残疾人职业教育提供了强有力的政策支持,而且为其供给侧结构性改革指明了未来努力的方向。

（一）中西部地区残疾人职业教育发展的支持力度不断加大

我国中西部地区经济发展情况不如东部,受经济因素影响,加之东西部

文化观念、地理位置的差异,导致西部人口的就业率低于东部,加之残疾人较健全人更多的不利处境因素,西部的残疾人就业率远低于当地健全人就业率,成了国内人口就业的洼地。

1989年起,国家通过设立特殊教育补助专款和专项制度支持各地区特殊教育学校改善办学条件和水平,重点支持中西部地区特殊职业教育建设。国务院先后出台《关于加快发展现代职业教育的决定》(2014年)、《国家职业教育改革实施方案》(2019年)等政策、条例,高度重视中西部地区残疾人职业教育供给侧的发展。上述文件均明确提出,加大对中西部地区残疾人职业教育发展的支持力度,通过实施职业教育东西部协作行动,逐步改善中西部地区残疾人职业教育办学条件,形成东西部残疾人职业质量均衡发展的格局。此外,教育部等部门还先后颁布实施《特殊教育提升计划(2014—2016年)》《第二期特殊教育提升计划(2017—2020年)》《"十四五"特殊教育发展提升行动计划》,强调中央财政对特殊教育的资金补助重点是改善中西部地区特殊教育学校办学条件,保障中西部地区残疾人职业教育供给侧结构性改革。

（二）不断增加残疾人接受职业教育的机会

我国业已出台若干政策法规,进一步推动了残疾人职业教育供给侧结构性改革,提升了残疾人职业教育普及水平,在指导各地优化残疾人中等职业教育学校布局、优化专业设置结构、科学配置职业教育资源等方面起到了巨大的引领作用。2018年,教育部等部门共同制定出台的《关于加快发展残疾人职业教育的若干意见》明确提出,"以中等职业教育为重点不断扩大残疾人接受职业教育的机会"①。2022年5月1日起,新修订实施的《职业教育法》明确规定,国家采取措施,支持残疾人教育机构、职业学校、职业培训机构及其他教育机构开展或者联合开展残疾人职业教育,以便更好地保障残疾人受教育的权利,不断增加残疾人接受职业教育的机会。在政策的推荐下,我国2011—2012年,残疾人中等职业学校(班)数量、在校学生数量获得了较大发展,具体情况见图9-1。

---

①　教育部等四部门关于加快发展残疾人职业教育的若干意见[EB/OL].(2018-04-23)[2022-05-02].http://www.gov.cn/zhengce/zhengceku/2018-12/31/content_5443433.htm.

图 9-1　2011—2021 年我国残疾人中等职业学校数量及在校生人数

由图 9-1 可以看出,2011—2021 年,我国残疾人中等职业学校(班)数量有所增长,在校生人数整体呈增长趋势,表明接受残疾人职业教育的人数整体呈增长趋势。截至 2021 年,我国残疾人中等职业学校(班)161 个,在校生 17934 人,毕业 4396 人,其中 1005 人获得了职业资格证书[①]。

(三)持续增强残疾人职业教育与就业的指导力度

为了提高残疾人的职业素养和就业技能,教育部会同多部门制定支持残疾人职业教育与就业指导的系列政策文件,共同搭建残疾人就业创业平台,帮助残疾人学习掌握实用技术技能。2022 年 3 月,中国残疾人联合会发布的《"十四五"残疾人职业技能提升计划》指出,残疾人职业教育与就业指导应"依托公共实训基地、普通高校、职业院校、特殊教育学校、职业培训机构、行业企业和社会组织等,结合地域特点和残疾人需求,通过挂牌认证的方式,加强各级残疾人职业培训基地的培育和建设"[②]。同年 4 月,国务院办公厅印发《促进残疾人就业三年行动方案(2022—2024 年)》对残疾人就业目标进行部

①　中国残疾人联合会.2021 年残疾人事业发展统计公报[EB/OL].(2022-04-06) [2022-05-02].https://www.cdpf.org.cn/zwgk/zccx/tjgb/0047d5911ba3455396faefcf268c 4369.htm.

②　中国残疾人联合会.关于印发《"十四五"残疾人职业技能提升计划》的通知[EB/ OL].(2022-03-15)[2022-05-02].https://www.cdpf.org.cn/zwgk/zcwj/wjfb/81ffe97ef4 be4cb0b12eb5febbb84b69.htm.

署,以有就业需求和就业条件的城乡未就业残疾人为重点,三年实现全国城乡新增残疾人就业 100 万人。实施残疾人职业技能提升行动,提高残疾人就业竞争力,针对残疾人文化水平不高的实际,开展大规模培训,扩大中高等职业教育。这些支持性政策进一步阐明,残疾人职业教育和就业的具体内容为:提供更加便捷高效的职业培训、就业指导等服务。

二、残疾人多元化就业格局逐步形成

根据 2022 年出台的《"十四五"特殊教育发展提升行动计划》《促进残疾人就业三年行动方案(2022—2024 年)》和新修订的《职业教育法》等政策法规,国家要求重视每一个残疾人的就业潜能,从生涯发展、终身学习视角出发,搭建系列残疾人职业教育课程、就业转衔支持体系。2021 年底,全国已就业残疾人约为 880 万人。其中农村种养殖业占 48.8%,灵活就业占 28.4%,按比例就业占 9.3%,个体就业(含创业)占 7.2%,集中就业占 3.0%,公益性岗位就业占 1.7%,辅助性就业占 1.6%。

本书通过调查浙江、广东、山东、湖南、江苏、黑龙江等地区的残疾人就业形势得知,目前依法推动逐步形成了以社会保障为主,农村种养加、按比例安排就业、支持性就业、创新创业等多样化的残疾人瀑布式多元化就业格局(见图 9-2)。

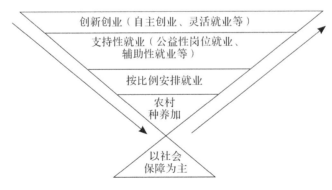

图 9-2　残疾人瀑布式多元化就业格局

(一)以社会保障为主

在当地政府和地方残联的指导下,各地区结合残疾人的身心发展情况,分类实施技能培训,促进残疾人社会保障兜底就业。首先,针对身心障碍较轻、职业技能成熟的残疾人,鼓励其通过正常岗位就业或创业参与人才市场

的竞争。其次,针对就业能力较弱且自制力较差或无法独立完成工作的残疾人,为其提供"托养＋就业"的帮扶模式。"托养＋就业"的帮扶模式既能够为其提供康复医疗、日托照料、技能培训等公益性服务,帮助他们恢复自制力,又能够通过面点制作、缝纫加工、农作物种植等多种实践培训帮助其积累就业经验。截至 2021 年底,全国残疾人托养服务机构 11278 个,其中寄宿制托养服务机构 2337 个,日间照料机构 5089 个,综合性托养服务机构 1790 个。13.8 万残疾人通过寄宿制和日间照料服务机构接受了托养服务①。最后,针对存在重度肢体残疾或对人际社交关系存有抗拒心理的残疾人,利用互联网为其构建"居家无障碍就业"模式,提供类似电信居家客服、线上解答、平台投诉文字回复等就业岗位。同时,政府和社会在为重度残疾人购买失业救济金、养老保险等方面提供了资金保障,助力其实现"居家无障碍就业"。截至 2021 年底,708.8 万 60 岁以下参加养老保险的重度残疾人中,685.9 万人享受到个人缴费资助政策优惠,占比 96.8%。

（二）农村种养加

为了做好农村残疾人就业工作,地方各级人民政府和农村基层组织将农村残疾人的事业发展纳入中小城镇建设和管理范畴,积极吸纳农村残疾人就业。当地人力资源和社会保障部门与残联组织密切配合,组织和扶持农村残疾人开展各类自主创业或从事种植、养殖业等多种形式的生产劳动。截至 2021 年,全国城乡持证就业的 881.6 万残疾人,从事农村种养加的有 430.1 万人。

（三）按比例安排就业

按比例安排残疾人就业是指依据《中华人民共和国残疾人保障法》的有关规定,国家机关、社会团体、企业事业单位和城乡基层群众性自治组织,应当按照一定比例安排残疾人就业,并为其选择适当的工种和岗位。达不到规定比例的,按照国家有关规定履行保障残疾人就业义务。国家鼓励用人单位超过规定比例安排残疾人就业。

---

① 中国残疾人联合会.2021 年残疾人事业发展统计公报[EB/OL].（2022-04-06）[2022-05-11]. https://www.cdpf.org.cn/zwgk/zccx/tjgb/0047d5911ba3455396faefcf268c4369.htm.

2013 年 8 月,中共中央组织部等七部门联合出台了《关于促进残疾人按比例就业的意见》,该意见指出:"残疾人按比例就业是国家为保护和促进残疾人就业而采取的重要举措,是法律赋予用人单位的责任和义务。"①20 世纪 90 年代,我国参照国际通行做法,建立了用人单位按比例安排残疾人就业制度。按比例就业已经成为我国残疾人就业的一种重要形式。但从实践看,目前残疾人按比例就业仍然存在相关规定落实难、用人单位缺乏主动性和积极性等问题。

该意见还要求,"党政机关、事业单位及国有企业要带头安置残疾人"。各级党政机关在坚持具有正常履行职责的身体条件的前提下,对残疾人能够胜任的岗位,在同等条件下要鼓励优先录用残疾人。各级残疾人工作委员会成员单位要率先招录残疾人,继而带动其他党政机关。"到 2020 年,所有省级党政机关、地市级残工委主要成员单位至少安排有 1 名残疾人。各级残联机关干部队伍中都要有一定数量的残疾人干部,其中省级残联机关干部队伍中残疾人干部的比例应达到 15％以上。"各级党政机关要督导所属各类事业单位做好按比例安排残疾人就业工作。国有和国有控股企业应根据行业特点,确定适合残疾人就业的岗位,招录符合岗位要求的残疾人就业。加大对用人单位的补贴、奖励和惩处力度。对吸纳残疾人就业并符合条件的用人单位,按规定给予社会保险补贴。加大残疾人就业保障金对按比例和超比例安置残疾人就业单位的奖励力度,提高用人单位安排残疾人就业的积极性。用人单位安排残疾人就业达不到规定比例的,应严格按规定标准交纳残保金。对拒不安排残疾人就业又不缴纳残保金的用人单位,可采取通报、申请法院强制执行等措施。各地应将用人单位是否履行按比例安排残疾人就业义务纳入各类先进单位评选标准,对于不履行义务的用人单位,不能参评先进单位,其主要负责同志不能参评先进个人。对擅自多征、减征、缓征残保金的,要严肃追究责任人的责任。进一步规范残保金使用管理,残保金要专项用于残疾人职业培训、奖励超比例安置残疾人单位、扶持残疾人就业相关支出,不得挪

---

① 中共中央组织部等 7 部门关于促进残疾人按比例就业的意见[EB/OL]. (2013-08-29)[2023-05-03]. http://www.gov.cn/fuwu/cjr/2013-08/29/content_2630797.htm.

作他用[1]。

残疾人是需要国家和社会帮助扶持的特殊群体,在就业市场上,残疾人由于自身生理或心理上的缺陷,在竞争中处于明显的劣势地位,需要国家和社会给予特别的政策扶持。因此,按比例安排残疾人就业,是我国要着重抓好的一种残疾人就业方式。这种就业方式可以使残疾人就近得到安排,从而方便残疾人,为残疾人提供适宜的工作岗位。同时,残疾人和健全人在一起工作,有利于他们之间的融合、交流和互相理解,体现了社会责任平等原则,这既有利于提高公众意识和精神文明建设,又可以减轻国家的负担。

(四)支持性就业

目前,部分残疾人职业教育院校积极开展创新实践,通过立足当地文化特色和尊重残疾人个体的兴趣爱好,设置多样化的实践课程,为提高残疾人职业教育水平、帮扶残疾人就业做好支持性就业服务。例如,湖北省武汉市第一聋哑学校增设了汉绣方向,培养传统工艺匠人;浙江省宁波市特殊教育中心学校引入了"泥金彩漆",培养非物质文化遗产传承人;湖北省武汉市江夏区特殊教育学校将制陶技术引进校园,为听力障碍学生提供新颖的岗位类型[2]。由此可见,未来残疾人职业教育做好支持性就业服务应当朝着多层次化、多样化的人职匹配教育目标方向发展,通过全面摸排就业市场和残疾人就业需求信息,推动学校与用人单位根据残疾人特点设置适合残疾人的实践课程和就业岗位。

(五)创新创业

近年来,各地各部门出台多项举措促进残疾人自主创业。第一,完善了残疾人就业创业政策体系。黑龙江省"十四五"工作部署和目标中提到,省残联通过鼓励创新创业增岗,实行"问需响应式"服务,实现残疾人较为充分、较高质量就业。第二,提供了资金奖补支持,积极鼓励和培育残疾人自主创业。济南市对全市358家用人单位进行超比例安排残疾人就业奖励。每超比例安

---

① 中共中央组织部等 7 部门关于促进残疾人按比例就业的意见[EB/OL]. (2013-08-29)[2023-05-03]. http://www.gov.cn/fuwu/cjr/2013-08/29/content_2630797.htm.

② 雷江华.新时代特殊教育学校职业教育高质量发展的若干思考[J].现代特殊教育,2021(15):11-14.

置一名残疾人,每年度奖励 8000 元,促进残疾人创业带动整体就业[①]。第三,开设了基于残疾人岗位胜任力的残疾人职业教育创新创业拓展课程。为增强残疾学生岗位适应性及解决复杂工作问题的能力,部分学校开设了基于残疾人岗位胜任力的残疾人职业教育创新创业拓展课程。例如,L 校开设了"创业教育"课程,鼓励残疾人创新创业。

三、信息技术推进残疾人职业教育现代化发展

信息技术渗透进残疾人职业教育教学实践的各个环节,优化教学环境,丰富教学资源,转变教学方式,创新教学模式,最终达成教学结构的变革,加快推进了残疾人职业教育现代化发展,提升了残疾人职业教育质量。

(一)形成"职场化＋信息化"人才培养模式

借助应用信息化技术,扎实推进残疾人职业教育供给侧结构性改革,着力提升残疾人服务职场化、信息化和智能化,是促进残疾人服务提档升级的重要途径。本书课题组调研发现,各个残疾人职业教育单位均能够与残疾人就业安置企业积极对接,共同探讨职业教育与现代企业合作发展的契合点,借助校企的全方位数字化平台合作开发,精准对接用人单位的岗位需求信息,对学生开展有针对性的职业技能培训,使残疾人职业技能培养更具科学性、精准性和实用性,更匹配现代企业的岗位技能需求。有的特殊教育学校邀请用人企业通过信息平台订制需求岗位,参与本校人才培养方案、课程计划和评估标准的制定。然后,通过信息平台获取企业发布的岗位订单,精准锁定企业的用人需求,据此生成职业岗位的预订单,按照获取的预订岗位名单展开具体岗位的职业技能培训计划。邀请用人单位个体参与岗位的培养目标、课程计划、教学方法和评估方法的制定,按照校企之间的契合信息展开后续人才培养,以便实现培养的人才符合企业用工需求,实现全员上岗。

(二)搭建"互联网＋"残疾人职业教育实践平台

搭建"互联网＋"残疾人职业教育课程平台,有助于将残疾学生的职业教育学习和实践紧密联系起来,是推进残疾人职业教育现代化发展的途径之一。随着"互联网＋"的发展,市场需求和工作岗位对人才的需求发生了重大变化,越来越多岗位将掌握基础信息化知识和技术作为工作岗位最基本的要

---

① 李蕊,原韬雄,窦瀚洋. 走上工作岗位书写精彩人生[N]. 人民日报,2022-05-19(13).

求。本书调研的特殊教育学校中,部分学校在残疾学生的职业技能强化阶段,通过构建"互联网＋"智慧电子商务实践平台的举措,帮助残疾学生掌握信息化知识和技术。大多数学校构建的电子商务实践平台,将众多职业教育课程与销售实践相结合,促进学生通过平台及创客课程学习如何管理和运营平台,熟悉网上销售的基本流程,包括商品的拍照、图片的美化、商品发布、接受客户订单、订单发货和售后服务的全过程。让学生通过参与电子商务实践平台的建立与实践,提高其电子商务运营能力和网络销售能力,进而能够满足信息化时代对岗位信息素养的基本需求。

(三)建成"互联网＋"残疾人职业教育信息化课程群

有效地构建"互联网＋"残疾人职业教育信息化课程群建设,可以实现媒体素材、题库、课件、案例等信息的充分共享,保障残疾人职业教育高质量与高效益的可持续发展。本书调研的特殊教育学校中,部分学校组织开展了职业教育网络教研活动,建成了"互联网＋"残疾人职业教育信息化课程群。学校要求每个教研组建立研训博客,将教学设计、教学反思、经典文章上传博客资源共享,同时借助博客发起教师论坛,对日常教研活动的热点难点进行更加深入的研讨。此外,学校还通过在全国范围内征集、评比优质的残疾人职业技能教学设计、教学课件、教学视频、主题教学活动等资源,将其数字化后,上传网络平台。该活动引领每一位教师根据自己需求和残疾者的具体情况有针对性地进行参考借鉴,进而提升了残疾人职业教育与技能培训的质量。

四、家校社企协同育人机制得到进一步健全

残疾人职业教育的高质量发展既需要国家政策和资金支持、社会组织的参与,又需要学校、企业、家庭及社区的教育力量协助。残疾人职业教育供给侧结构性改革要充分调动社会各界的教育资源,不断完善其联动机制,推动学校、企业、家庭与社会教育的有机结合,形成了家校社企协同育人机制,具体内容见图 9-3。

如图 9-3 所示,企业、家庭与社区通过参与特殊教育学校促使残障学生受益。政府主要为特殊教育学校提供制度供给和资金支持;企业主要为残障学生的实践活动提供场所,帮助其提升职业能力;家庭与社区主要通过资源共享、信息互通、人员互动等方式参与。

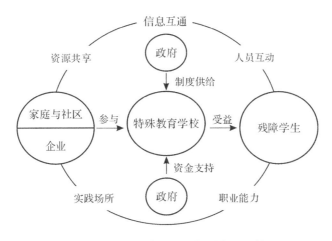

图 9-3　残疾人家校社企协同育人机制

（一）制度供给引领家校社企共育实践

2021 年颁布实施的《中华人民共和国家庭教育促进法》（以下简称《家庭教育促进法》）代表着家庭教育由过去的"家事"上升为"国事"。其核心是为家长赋能，促进家长家庭教育能力的提高。《家庭教育促进法》规定："中小学校、幼儿园可以采取建立家长学校等方式，针对不同年龄段未成年人的特点，定期组织公益性家庭教育指导服务和实践活动，并及时联系、督促未成年人的父母或者其他监护人参加。"国家通过顶层设计，明确了家校社企合作的重要性在于帮助残疾学生的学习与发展。以法律的形式明确建立家校社企合作支持网络，激励营造家校社企协同环境，明确规定了残疾学生家庭的教育功能和家长的职责定位，增加了家庭参与残疾人职业教育的机会。学校能够结合家长团体力量，通过在校特殊教育专任教师、社会相关专业人员分享特殊教育的历程和经验，不断更新家校社企协同理念，完善家校社企协同育人机制，提升残疾学生家庭参与，协助残疾学生学习与成长。

（二）新媒体平台推进家校社企互动方式的多样化

2022 年 4 月，全国妇联联合教育部等 11 个部门共同印发《关于指导推进家庭教育的五年规划（2021—2025 年）》，提出要持续拓展家庭教育媒体服务平台①。家校社企协同育人方式紧跟"互联网十"发展的步伐,积极探索建立远程家庭教育服务网络,拓展微博、微信等新媒体服务平台,利用网络平台有机有效地开展一些家校社企四方互动的教育活动。本书所调研的特殊教育学校,一方面,能够秉持"家校合育、资源共融"的理念,通过建设家长资源中心、召开家长会等形式,实现学校与家长间资源的共享与融合,共同为学生职业教育的发展提供"融合文体项目、支持性就业、教学资源支持"三大模块的资源;另一方面,能够将家长视为一种复合的社会资源,以家校为核心,联动社会其他各界力量,实现家校社企四者的合作与资源共享。除此之外,有个别学校还在"双业一体"模式背景下,运行了更为精细、深入的家校社企合作模式。其模式具体包含三个步骤:首先,通过学校、家长、教师、企业四方共同会诊,为每个学生建立个别化评估档案,制定行为矫正方案。其次,由学校统筹规划教育资源,通过家校合作的方式,供给情景多样化、项目式的学习实践活动。最后,由学校收集家长、社会、企业的反馈信息,根据获取的信息对前期的合作方式、开展内容进行调整,以获取较为满意的实施效果。微信、陪读、春游秋游、家长会已经成为当下家校合作的主要路径。专任教师和家长不仅可以通过新媒体平台精准掌握每一名残疾学生的个人情况,而且可以通过新媒体平台共享教育资源、经验交流、意见反馈等,推进家校社企互动内容的丰富化。

（三）职业培训提升家校社企协同育人质量

本书所调研的特殊教育学校中,有部分学校能够借助家庭和学校教育实验区以及创新实践基地建立的契机,组织开展面向残疾学生家长的职业技能培训,提前帮助家长树立正确的育人观念并掌握科学的育人方法,通过提高家长的文化素质和职业能力,为学校、企业、家庭及社区协同育人打下良好基础。除课堂教学外,有的特殊教育学校将社团活动作为学生和家长职业教育培训的另一种供给渠道。其具体做法是,以社团为载体,通过不同社团载入选修课程内容,设定固定的活动时间和场地,通过专业的师资开展丰富多彩的社团活动,鼓励学生参加多个社团以激发职业兴趣,邀请家长参与其中,以激发亲子之间就共同的职业岗位进行深入的交流。目前,学校已组建了"小

---

① 全国妇联教育部等 11 部门印发《关于指导推进家庭教育的五年规划(2021—2025年)》[EB/OL]. (2022-04-13)[2022-06-02]. http://www. moe. gov. cn/jyb_xwfb/s5147/202204/t20220413_616321.html.

小烘焙师"西点社团、非物质文化遗产民间艺术手工社团、小裁缝的布艺生活社团等众多学生感兴趣而又具有职业实用性的社团。该学校的社团组织和活动既为残疾人家校社企协同育人提供了创新做法和鲜活的典型案例,又为推动残疾人职业教育供给侧结构性改革积累了经验。

本书调研的部分学校通过积极引导社会组织、社会工作者、社区志愿者等参与残疾人职业培训工作。课堂教学之外,教师、志愿者经常与学生共同参加保护环境卫生的公益活动。通过开展一系列社会融合活动提升学生的社会实践能力,比如组织学生和普校学生一同外出,针对某一事件开展团队讨论,或者给学生分配任务,让他们在现实生活中使用现金购买扣子、拉链等物品,甚至鼓励他们和布店老板、小卖部老板进行沟通讲价。学校通过开展上述多样化的融合活动,既丰富了残疾学生的社会性知识和技能,又增强了残疾学生对健全同龄人的观摩能力。上述经验是传统的课堂教学所无法提供的。综上所述,通过一系列的社会融合实践活动,残疾学生的沟通、协作和规划等社会能力均获得了真实的操练,通过家校社企的充分、全面、深度合作,达成了家校社企对残疾人的"同步"共育。

第二节 残疾人职业教育供给侧结构性改革的困境及成因

一、政府管理与制度保障的两翼缺位

(一)重视程度不够,管理体系尚未精准化

为了进一步推进特殊教育学校职业教育的发展,国家相继出台了相关的改进政策。尤兴琴和郭文斌研究发现,目前残疾人职业教育体系建设仍然存在诸多问题,部分地方主管部门的负责人存在"正常人就业尚成问题,哪顾得上残疾人能否就业"的观念[①],从意识层面轻视或者否定残疾人职业教育的价值,在全国范围内无法形成残疾人职业教育的热潮,致使相关的一些支持保

---

① 尤兴琴,郭文斌.我国残疾人职业教育发展的困境及出路[J].山东高等教育,2018(6):7-12.

障体系也无法得以建立。

本书通过调研 10 所特殊教育学校得知,目前大部分学校在管理体系方面还存在招生流程不科学、资源配置缺乏统筹等问题。首先,部分开办残疾人职业教育的学校面临生源不足、招生压力大、中高职衔接矛盾较大等问题,此结论与方威、程蕉和陈伟的研究结果基本一致[①]。其次,我国特殊教育学校职业教育由教育、民政、残联等多部门共同管理,但是,目前尚缺乏统一有效的协调机制,在政策制定与执行、组织与管理等方面各自为政,有的学校甚至产生混乱、冲突,导致残疾人职业教育资源配置缺乏统筹,存在机构分散、条块分割、多头管理的现象,此结论与李尚卫和沈有禄的研究结果基本一致[②]。

(二)政府财政对残疾人职业教育支持保障的资金投入不足

残疾人职业教育发展水平受其所能够获得的外部支持水平的影响。不仅残疾人职业教育的相关设备、资源、实训基地等方面均需要足量的经费予以支持,而且其课程设置、教师队伍培养、教材编写和教师的继续教育等方面亦需要足够的经费投入和支持。在国内经济社会发展水平进一步提升的同时,我国残疾人的总人数也在持续增加,目前我国残疾人总数已经超过 8500 万人,成为不可忽视的重要群体。因此,对适龄的残疾人开展职业教育以提升残疾人职业教育质量是减轻社会和家庭经济负担、体现残疾人自身社会价值的重要途径,需要投入更多的经费支持。然而,部分经济欠发达地区面临缺少办学经费、残疾人职业教育设施不健全、缺乏实训设备等问题,难以适应残疾学生学习和生活方面的特殊需要[③]。根据《中国教育经费统计年鉴》的数据,2001—2010 年,特殊教育学校的国家财政性教育经费支出占全国各级各类教育机构教育经费合计支出的比例为 0.24%—0.35%[④]。经费投资比例与国家 4%的教育投资比例相比明显偏低,导致部分地区的特殊教育学校可用

① 方威,程蕉,陈伟.广州市残疾人中等职业教育招生问题研究[J].教育教学论坛,2019(34):57-61.
② 李尚卫,沈有禄.我国特殊职业教育发展战略:回顾与展望[J].中国职业技术教育,2019(16):37-43.
③ 刘俊卿.发展中等职业学校融合教育的机遇、挑战与策略[J].沈阳师范大学学报(社会科学版),2020(6):84-89.
④ 赵小红,王丽丽,王雁.特殊教育学校经费投入与支出状况分析及政策建议[J].中国特殊教育,2014(10):3-9.

于职业教育的经费严重不足，难以满足实际的办学需求。有部分学校为了办好残疾人职业教育，需要自行筹措资金或者从社会资助中获得资金，资金不足给残疾人职业教育的专业建设和科研创新都带来了不利影响。由于财政资金投入不足困境的客观存在，我国广大残疾人的职业实际需求难以得到充分的满足。总体而言，经费匮乏现已成为我国残疾人职业教育供给侧发展中的最大的阻碍之一。

（三）残疾人职业教育支持保障法律法规建设滞后

近年来，我国残疾人职业教育的法律法规建设取得了重要成就，例如《中华人民共和国残疾人保障法》《中华人民共和国职业教育法》等法规均涉及残疾人职业教育的一系列问题。本书通过整理、分析文献发现，2017年重新修订的《残疾人教育条例》指出"残疾人职业教育应当大力发展中等职业教育，加快发展高等职业教育"。虽然条例明确要加快发展高等职业教育，但是，后续缺乏对残疾人高等职业教育加快发展的细化规定。该条例有关残疾人高等职业教育的表述也较少，对高等职业教育发展仅仅停留于纸面的加快发展，至于如何加快的具体落实举措尚未涉及[①]。当下，我国残疾人职业教育支持保障的相关立法尚未形成一个完整的体系，全国仍然没有出台统一的残疾人职业教育支持保障法。由于缺乏统一的法规支持，残疾人职业教育支持保障往往呈现出无法可依、无正式程序可循的状态。即使部分相关法规中涉及残疾人支持保障体系的相关内容，但除了一般的号召性政策表述，尚未发现对残疾人职业教育支持保障的具体的实施政策，缺乏可以细化的指标与操作流程。因为缺乏适应本地区残疾人职业教育发展的有关政策实施细则，所以大多数特殊教育学校仍然沿用普通学校职业教育课程，不利于建立残疾人职业教育特色课程体系[②]。

二、残疾人职业教育与就业培训供需结构问题

（一）残疾人职业教育发展结构分布不合理

近年来，我国残疾人职业院校逐渐增加，接受残疾人职业教育的人数越

---

① 刁春好.残疾人高等职业教育:成就、问题及对策[J].继续教育研究,2011(3):21-23.
② 纪秀琴,张楠.赤峰市特殊儿童职业教育现状调查[J].赤峰学院学报(自然科学版),2021(11):114-118.

来越多,我国残疾人职业教育发展体系越来越完善。但是,目前我国残疾人中等职业学校(班)数量分布不均衡,大多数集中在经济发达、人口分布较密集的东部地区的大中城市,具体统计数据见表 9-1。

表 9-1 2015—2020 年中国残疾人中等职业学校(班)数量统计

单位:个

地区	2015 年	2016 年	2017 年	2018 年	2019 年	2020 年
东部地区	46	55	71	71	76	75
中部地区	17	24	27	30	26	25
西部地区	19	22	19	18	22	25
东北地区	18	17	15	14	21	22
合计	100	118	132	133	145	147

资料来源:戴连君.中国残疾人事业统计年鉴[M].北京:中国统计出版社,2021:121-203.

表 9-1 相关数据显示,自 2015 年起我国残疾人中等职业学校(班)数量有所增加。截至 2020 年,我国残疾人中等职业学校(班)数量达 147 个,其中东部地区 75 个,中部地区 25 个,西部地区 25 个,东北地区 22 个。本书选取的10 所特殊教育学校作为残疾人职业教育供给侧结构性改革的试点单位,涉及浙江、广东、山东、湖南、江苏、黑龙江等地。截至 2020 年,残疾人中等职业学校(班)的数量分布情况为:浙江省 16 个、广东省 9 个、山东省 10 个、江苏省10 个、黑龙江省 5 个、湖南省 1 个。从上述数据可以看出,虽然我国残疾人中等职业学校(班)数量不断增加,但是依然存在总体数量不足且结构分布东西部不均衡的问题。

本书进一步从办学条件、在校教职员工、在校残疾学生等方面对选取的特殊教育学校发展状况进行了归纳分析,结果见表 9-2。

表 9-2 我国部分特殊教育学校发展状况

学校名称	所属地区	占地面积/亩	在校教职员工/人	在校残疾学生/人
W 学校	浙江温州	185.0	286	883
Z 学校	浙江杭州	177.0	212	1500
N 学校	浙江宁波	107.0	60	300

学校名称	所属地区	占地面积/亩	在校教职员工/人	在校残疾学生/人
Y 学校	广东深圳	108.0	160	408
L 学校	山东青岛	46.0	121	280
C 学校	湖南长沙	81.0	222	722
G 学校	江苏南京	7.6	22	83
Q 学校	江苏南京	12.1	52	223
E 学校	黑龙江齐齐哈尔	11.6	47	140
H 学校	黑龙江哈尔滨	19.5	86	320

由表 9-2 数据可以发现,经济发达、人口分布较密集的东部地区的大中城市的特殊教育学校发展状况相较于中西部地区的特殊教育学校发展状况较好,具体表现为:东部地区学校在占地面积、教职员工人数方面超过西部学校,其接纳的在校残疾人数量也较多,在加快残疾人中、高等职业教育的发展中起到了较大的作用。

(二)残疾人职业教育专有课程与教材资源不足

课题组选择 10 所特殊教育学校作为研究个案,发现特殊教育领域与职业教育领域的专家、学者、一线教师均积极参与了残疾人职业教育领域的教材编写与课程开发工作,短期内成绩显著。其中,G 学校成立于 1983 年,2010年开展智力障碍学生中等职业教育,成立酒店服务专业,在校内打造两个星级酒店标准的实景标准间,为智力障碍学生的职业教育发展提供资源保障。W 学校职业教育资源丰富,开设听力障碍学生服装专业,校内开设职业教育中心,并开设电子商务课程,构建信息化拓展课,促进学生职业技能的发展。Y 学校开发了适合本校各类特殊学生的校本课程,其中职业训练类课程包括劳动技能、办公文员、西式面点、中式厨艺等,截至目前已经编写出版了适合轻、中、重度障碍学生的多门课程的课程标准、教材、教学指导手册、评估手册等。这几所学校有着多年的残疾人职业教育经验,而且持续不断进行残疾人职业教育课程建设,培养出了无数职业领域的专业人才。

但是,本书调查研究中亦发现,多数地区残疾人职业教育在教材与课程方面仍然存在不足之处。首先,教材数量虽多,但是大多数为普通职业学校教材的简化版,缺乏根据残疾人身心特点所编写的专用职业教育教材。其次,教材大多以城市生活为背景,未能充分考虑农村实际的生活环境,体现乡村生活和地方特色的相关职业内容较为欠缺。最后,课程开发未能满足现实需求。尽管教育部于 2016 年出台了《盲校义务教育课程标准(2016 年版)》《聋校义务教育课程标准(2016 年版)》和《培智学校义务教育课程标准(2016 年版)》,为三类特殊学校的教学提供了具体的课程标准,但实施中,这些课程标准未能明确细化标准,未能将各类课程内容与职业教育相互融通,导致实施的碎片化。加之现有的残疾人职业教育普遍以线下课程为主,既难以适应新时代"互联网＋教育"的发展趋势,又难以满足残疾人终身学习的需求。

(三)教育培训供给与残疾人就业市场需求不相适应

目前,残疾人就业的矛盾主要表现为残疾人劳动力在市场中的结构性矛盾,即现有的残疾人劳动力的综合素质与企业的需求匹配之间的错位问题。解决这一矛盾的关键在于供给侧结构性改革,提升残疾人职业教育培训质量是供给侧结构性改革的突破点。目前,残疾人职业教育培训需求量大,国家组织开办的培训机构数量较少,个别民间私营机构收费高、服务差,严重扰乱了残疾人职业教育培训市场秩序。此外,已开班的各类培训机构的培训内容较为单一,大多数以服务业为中心展开,围绕按摩、家政等低技术服务能力的培养,聚焦于高技术、高附加值产业的培训较少。参加职业培训的残疾人因为种类和残障程度不同,其具有不同的生理发展特征,就业需求和状态也存在区别,现有的职业培训未就此现象做出合理调整,降低了职业培训的实效性。

在残疾人劳动力与企业的双向选择中,企业需要掌握残疾人的受教育程度、工作经验等关键信息,以便高效地筛选出所需要的岗位人员;残疾人则关心是否能够第一时间掌握求职企业和岗位信息,短期内找到心仪的岗位就职。但是,目前互联网就业服务平台以及劳动力市场的网络化平台缺乏专门针对残疾人的求职模块,致使残疾人出现求职困难。残疾人求职困难表现在两个方面:一方面,互联网就业服务平台尚无法对残疾人的能力、学习成果、劳动就业信息进行统计与量化,缺乏宏观的统计与分析,无法为企业提供精准、可靠的信息;另一方面,残疾人接受信息的渠道有限,很难通过常规的线下企业职工招募和线上的招聘信息平台获得就业信息,其所掌握的用人信息与企业实际需求信息之间存在较大的差距,双方信息的不对等导致"就业难"与"招工难"并存的局面,这也进一步降低了残疾人劳动力的分配效率。

三、师资质量参差不齐,教师资源尚未得到完全整合

残疾人职业教育在教师领域的改革关注到教师专业技能的提升,培养了一批"双师型"教师,初步实现了残疾人职业教育领域的卓越师资队伍建设。但是,由于各地区经济发展水平存在差异,经费投入不平衡,不同地区的残疾人职业教育的师资数量不足,师资队伍质量参差不齐,阻碍了我国残疾人职业教育整体质量的提升。当下进行的改革主要着眼于教师的个人专业发展,未能充分关注到残疾人职业教育领域教师资源的整合。省际、校际的教师资源零散,东西部师资队伍缺乏合作,这些是目前残疾人职业教育在教师层面所面临的新问题。

(一)残疾人职业教育的师资缺口依然较大

残疾人职业教育具有残疾人教育和职业教育的双重特点,要求特殊教育学校专任教师既需要具备特殊教育专业知识,又需要具备与职业教育专业的相关知识与实践经验。教育部发布的《2021年全国教育事业统计主要结果》和中国残疾人联合会发布的《2021年残疾人事业发展统计公报》统计数据显示,2021年,全国共有特殊教育学校2288所。特殊教育在校生91.98万人,全国特殊教育专任教师6.94万人[①]。全国共有残疾人中等职业学校(班)161个,在校生17934人[②]。若按照《残疾人中等职业学校设置标准(试行)》对师资的相关要求,在残疾人中等职业学校的设置中,教学人员、护理人员及其他相关工作人员与在校残疾学生的比例不应该低于20%,即需要有六成的专职教师队伍。李秀和张碧燕对福建省智力障碍学生职业教育进行调查后发现,22所学校中,有508名智力障碍学生接受职业教育,但是,从事智力障碍学生职业教育的教师仅有106人,师生比约为1∶4.8,且兼职教师有82人,占总

---

① 教育部.2021年全国教育事业统计主要结果[EB/OL].(2022-03-01)[2022-05-11].http://www. moe. gov. cn/jyb_ xwfb/gzdt_ gzdt/s5987/202203/t20220301_603262. html.

② 中国残疾人联合会.2021年残疾人事业发展统计公报[EB/OL].(2022-04-06)[2022-05-11].https://www. cdpf. org. cn/zwgk/zccx/tjgb/0047d5911ba3455396faefcf268c4369. htm.

教师人数近八成,说明智力障碍学生的职业教育教师数量较为缺乏①。从这些数据不难看出,虽然我国特殊教育教师数量在逐年稳步上升,但是残疾人职业教育专任教师数量仍然较为缺乏,无法充分满足残疾人中等职业教育的需求。

(二)残疾人职业教育的师资队伍质量参差不齐

为了加强残疾人职业教育教师的培养培训,2018年,教育部等四部门联合出台的《关于加快发展残疾人职业教育的若干意见》要求,残疾人职业教育"专业课教师每5年应有不少于6个月的企业或生产服务一线实践,没有企业工作经历的新任教师应先实践再上岗"②。然而,本书调研得知,目前除少数学校外,很多学校既没有向国内外相对成功的残疾人职业教育典型学校学习经验,接受国内外的残疾人职业教育专家指导,也没有向内发力,未开展相关研究与改革以强化残疾人职业教育师资质量。由于各地经济发展状况不同,执行方案不统一,加之残疾人职业教育教师的培养培训缺乏整体规划,出现了管理体制不顺、培训总量少等问题,这也导致残疾人职业教育的师资队伍质量建设参差不齐。

(三)缺乏地方层面的校企合作培训师资队伍机制

《教育部、财政部、劳动保障部关于开展东部对西部、城市对农村中等职业学校联合招生合作办学工作的意见》等文件推动了残疾人职业教育地区间的职业教育培训资源交流。但是,地方政府对合作办学的概念认识并不到位,不够重视。合作办学中有的省际、校际师资分配不均,缺乏政府的统一指导。本书调研得知,部分地区参与合作办学的学校资质不够,办学质量良莠不齐,并未从根本上促使西部地区的残疾人职业教育师资水平向好发展,合作办学未能落到实处,教师之间并未因为合作办学获得更多的交流合作机会。深层次的原因是部分残疾人职业学校的办学思路与市场需求不相匹配,这既表现为因为资金缺口大、日常运行成本高、社会对残疾人职业教育的认可度低等原因导致的实验设备、师资水平未跟上企业的发展需求,又表现为

① 李秀,张碧燕.福建省智障学生职业教育现状调查研究[J].中国特殊教育,2016(2):49-55.

② 教育部等四部门关于加快发展残疾人职业教育的若干意见[EB/OL].(2018-04-23)[2022-05-11].http://www.moe.gov.cn/srcsite/A07/zcs_zhgg/201807/t20180718_343400.html.

学校与企业未能够从教学层面展开合作,企业未能深入参与教师的教学,未能用市场需求评价课程与教师技能,导致掌握现代工艺技术的"双师型"教师数量不足。

四、校企合作不够深入,残疾人就业情况不容乐观

产教融合与校企合作是促进残疾学生就业创业的基本形式和有效途径,能够缓和市场需求与残疾人职业教育之间的供需矛盾。目前,我国残疾人职业教育校企合作发展并不理想,人才培养供给侧和产业高质量发展需求侧不同程度地存在"两张皮"现象,具体表现在三个方面:法律法规体系不健全,政策引导滞后;学校沟通机制缺乏,专业设置局限;残疾人就业岗位层次低、结构不合理。

(一)法律法规体系不健全,政策引导滞后

就整体的法治环境而言,目前国家和地方制定的关于职业教育产教融合、校企合作的法律法规还存在刚性不足、水平不高、实施不力等问题。残疾人职业教育产教融合保障的政策常常是国务院部门以条例、通知等形式发布,这些政策内容简略,可操作性不强,缺乏有效的实施机制,不能完整地满足残疾人职业教育产教融合的发展需求。另外,法律法规没有进一步细化,表述以"加强,鼓励,深化,巩固"等用词为主,原则性、政策性、倡导性的条文过多,在实践中无法得到良好的实施。有关残疾人职业教育产教融合、校企合作具体措施方面的立法衔接有待完善,例如,《残疾人就业条例》提到"政府采购,在同等条件下,应当优先购买集中使用残疾人的用人单位的产品或者服务",但是,在《中华人民共和国政府采购法》中却无相关具体内容规定,也未以其他规范形式予以明确落实。

(二)学校沟通机制缺乏,专业设置局限

特殊教育学校和残疾人职业院校的整体发展面临诸多挑战,尤其是残疾人中等职业教育与高等特殊教育缺乏衔接的问题日显突出。主要原因是政策支持力度不够以及学校的"关门教学",彼此之间缺乏相互交流和合作[①]。另外,部分残疾人职业教育院校在设置专业及课程体系时,与企业互动较少,

---

① 陈瑞英,许保生.残疾人中高职教育一体化人才培养情况的调查[J].中国职业技术教育,2017(7):93-96.

未能充分了解市场对人才的需求，导致其专业设置与市场需求之间联系不够紧密，培养的人才与市场需求存在较大差距。校企之间缺乏有效的沟通与对话机制，投射在职业教育现实教学中，就会出现专业设置欠合理、教学资源较分散、实习与专业不衔接等诸多问题，在一定程度上导致了残疾人职业教育"闭门造车"的尴尬局面，进而加深残疾学生就业难和企业招工难的双重矛盾。课题组在调研中发现，少数单位未形成稳定的产教融合发展模式，缺乏销售平台和销售信息，学生手工制作的工艺品大面积滞销，唯有通过爱心义卖才得以部分销售。

（三）残疾人就业岗位层次低、结构不合理

残疾人职业教育的主要目的是通过传授残疾人职业教育相关的知识、技能、理念等，帮助其成功就业，实现自身的社会价值和个人价值。残疾人职业教育院校将不同障碍群体特征的残疾人与岗位工作特点相互结合，根据人职匹配原则设定培养目标，可以有效提高残疾人接受职业教育之后的就业率。但是，当下我国残疾人接受职业教育后的就业情况不容乐观，课题组调查发现，原因主要是两个方面：一方面，部分残疾人因为自身技能掌握情况较差，难以通过普通招聘和市场竞争实现就业；另一方面，残疾人受身体残疾程度或自卑、社交恐惧等心理因素影响，在职业教育结束后难以适应企业的工作环境，无法实现长期就业。此外，当下普遍采用的传统"一刀切"的就业渠道和就业安置模式，无法满足残疾人多样化的就业需求，亦导致残疾人顺利就业、长期就业较为困难。加之部分残疾人职业教育院校忽略残疾人的个体特征，采用传统单一化的培养目标，未能充分关怀到残疾学生的个体兴趣和多样化职业发展需求，致使残疾人学习动机不强，未能积极投入学习中。

第三节　残疾人职业教育供给侧结构性改革的对策建议

一、构建"多翼齐飞"的残疾人职业教育发展新格局

（一）加强省际协作促进残疾人职业教育高质量发展

建议进一步加强省际协作，持续深入推进实施《职业教育东西协作行动计划（2016—2020 年）》。首先，当地政府要打造一批示范性残疾人职业教育

集团,将其所执行的对口帮扶项目或者任务纳入考核指标。其次,统筹规划协调东中部地区的职教集团、国家示范性和重点职业院校以及其他社会组织,鼓励其加大对西部的帮扶力度,对口支援我国西部贫困落后地区残疾人职业教育,有效提升西部地区残疾人职业院校办学水平。通过东西部结对帮扶模式,既有助于更新受援学校的教育教学理念,提高专业建设能力,又有助于借鉴其他地区校企合作的经验,完善师资队伍建设,加大实训基地建设,提高培训能力,推动创新创业教育以及优化学校管理。最后,综合考量东西部残疾人职业教育协作质量提升的策略,不仅要调整结对帮扶关系,改进协作帮扶方式,优化考核评估制度,加强社会资源整合,而且要形成"省际—省内—校内"协作互动机制,以高校科研为主体,政府顶层设计为两翼,教师自身思考和学习为驱动力,不断深化对残疾人职业教育协作质量提升的认识。

(二)建立残疾人职业培训工作新机制

残疾人职业培训工作新机制可以通过五个方面加以体现:第一,扩大残疾人职业培训供给机制。依托普通高校、职业院校、公共实训基地、特殊教育学校、社会职业培训机构、行业企业和社会相关组织等,结合残疾人个体发展需求以及地方特色产业文化,通过挂牌认证的方式,加强各级残疾人职业培训基地的培育和建设。第二,构建多元合作机制。鼓励残疾人职业院校多与其他职业院校、培训机构以及社会组织团体开展合作,提升职业院校办学水平,稳步提升所培养的残疾人的职业技能水平。第三,精准匹配技能输送机制。针对不同需求的残疾人,采取精准匹配的方式为其提供所需要的技能培训。对青壮年残疾人、城乡失业人员、初高中毕业生等群体,应当以就业为方向,依托各级各类残疾人职业技能培训基地,大力组织开展就业技能培训和岗位预先培训。对意图自主创业的残疾人、非物质文化遗产传承人、在校残疾学生、准备参加职业技能竞赛的技术能手、具备专利专长的残疾人等多元群体,应当以为其开展新知识、新技术、新工艺等培训为主要抓手。第四,完善激励机制。既可以通过广泛参加各类职业技能大赛获得名次,鼓励残疾群体参与高级技能培训;又可以通过政府激励政策,例如对残疾人提供大规模就业、岗位需求量大的企业减免各项费用,或者提供各项扶持优惠政策,鼓励更多的企业接纳更多的残疾人就业。第五,依托职业测评制定残疾人职业生涯规划。为更好组织各级各类残疾人职业培训基地工作人员、社会人力资源服务机构、残疾人就业服务机构为残疾人提供高效的职业培训,相关职业院校应当在对残疾人开展职业能力测评,提供职业咨询、岗位需求分析、职业生涯规划等专项服务的基础上,开展有针对性的职业教育,为残疾人就业保驾护航,实现人力资源精准对接,促进残疾人能就业、好就业。

(三)探索"互联网+职业技能培训"残疾人职业教育新模式

根据残疾人职业培训的政策措施对残疾人展开职业培训时,需要为残疾人制定职业技能培训服务与管理办法,以规范和优化培训程序,提高职业技能培训质量。在信息化时代,首先,积极探索"互联网+职业培训"模式。借助信息技术,推动残疾人职业技能培训线上线下协同开展。线上培训要创新残疾人职业技能培训模式,统筹整合残疾人职业培训网络资源,构建我国残疾人就业创业网络服务平台,通过购买、开发、收集等方式,多渠道汇集优质课程资源,建立全国残疾人职业技能线上培训资源库。其次,健全线上培训资源开发、利用、评价、监督、审核等管理机制。通过健全管理机制,有效提高线上培训资源的建设与使用效率,提高资源覆盖面。通过优质线上培训资源向中西部优质教育资源缺乏地区倾斜的优惠措施,促进东西部残疾人职业技能培训协同发展,缩小因资源配置不合理而导致的地区间残疾人职业教育发展的差距。

二、优化残疾人职业教育资源配置促进就业

供给侧与需求侧双方缺乏协调是导致残疾人职业教育结构性就业矛盾的根源,残疾人职业教育与就业培训及企业对岗位需求的对接是解决当前就业问题的主要方式。要真正实现残疾人高质量就业,需要拓宽残疾人职业教育岗位的供给渠道,满足市场岗位需求,从而促使供需之间实现精准高效匹配。

(一)构建系列化的残疾人职业教育课程体系

残疾人职业教育课程体系构建是在挖掘工作岗位需求的基础上,实现从岗位技能需求到培训课程的转换。课程体系是实现残疾人职业教育培养目标的载体,是保障和提高残疾人职业教育质量的关键。高质量残疾人职业教育课程的目标重在培养残疾人独立处理各种问题的能力,使其具有广泛的知识面,从而具备应对工作转换的能力和终身学习的能力。实现此目标需要根据岗位要求设置课程,实现职业教育与学术教育的整合、中学课程与中学后课程的整合、学校与工作的整合,推动专业设置与产业需求、课程内容与职业

标准、教学过程与生产过程对接。唯有如此,方能落实好义务教育课程和职业教育课程的紧密衔接,做好从职业基础教育课程、康复类课程到职业技能类课程转衔。

(二)加大残疾人职业教育教材建设的力度

根据新时代产业发展和岗位需求,要把职业技能等级证书所体现的先进标准融入人才培养方案,及时更新残疾人职业教育教学标准,将新技术、新工艺、新规范和典型生产案例及时纳入残疾人职业教育。除国家层面组织国内残疾人职业教育专家编写统一教材之外,各省市要积极引导和鼓励残疾人职业教育行业和机构编写地方特色教材、行业适用教材和校本专业教材。总结凝练各地残疾人职业教育教材中的优质内容,通过全国积极推广,切实推动残疾人职业教育精品教材建设。在加强审核把关的基础上,根据国内残疾人职业教育的实际需求,适当引进急需短缺的境外高水平残疾人职业教育教材。

(三)优化残疾人职业教育和就业培训服务

首先,政府作为责任主体,负责协调教育、民政和人力资源等相关部门,建立残疾人职业培训机构。根据当地市场需求与地域文化发展,因地制宜地开发职业培训课程,加大对社会民营职业培训机构的支持,完善相关监督与管理机制,使职业技能的培训内容与就业需求相互匹配。其次,根据残疾人的残疾类别和障碍程度对其展开较为精准的分类培训,既要有针对智力障碍、视觉障碍、听觉障碍等不同类型的残疾人的区别培训,又要有针对待业者、新进入企业的劳动力以及因供给侧结构性改革而失业者等不同形态的残疾人的区别培训。亦是说,培训的侧重点应当结合残疾类型与不同就业状态实施精准就业帮扶,提高各类残疾人适应就业市场环境变化的能力,化解就业与产业之间错配的尴尬局面。最后,要建立畅通的残疾人市场信息统计机制。构建残疾人就业信息化平台,制定匹配残疾人就业服务的信息化相关制度,打造公开透明的就业信息交流共享工作机制。提高残疾人劳动服务机构的信息化水平与能力,完善残疾人就业信息的传播渠道。要积极利用社会劳动就业中介机构,建立各类残疾人职业培训和就业信息库,减少企业和残疾人供需双方因信息不对称而造成人力资源浪费。尽可能实现残疾人培训内容与市场岗位的供求信息相互匹配,最终实现劳动力就业能力与岗位需求最大限度的匹配。

三、加强残疾人职业教育师资队伍培养

(一)创建高水平结构化教师教学创新团队

面对新时代对残疾人职业教育教师提出的最新要求,一方面,国家要针对教师专业素质的提升制定相应的改革方案,开启残疾人职业教育卓越教师计划,健全职业教育教师双证制度,鼓励高校与企事业单位"协同教研""双向互聘""岗位互换",为残疾人职业教育提供优质师资。另一方面,要充分发挥教师资源的整体功能,通过建立集资源共享数据库、教师经验交流平台、线上培训与反馈等功能于一体的网上信息交流平台,实现我国残疾人职业教育教师资源的整合和东西部职业教育师资队伍的协作发展,从而建设更符合时代发展需求的残疾人职业教育师资队伍共同体。

(二)完善教师队伍管理和培养制度

师资力量是教育事业发展的最重要的核心力量,残疾人职业教育师资则是残疾人职业教育高质量发展的关键因素。促进残疾人职业教育的发展,首要任务是为残疾人教育培育一批高质量、"双师型"师资队伍。培育残疾人职业教育的师资力量需要政府联合学校、家庭以及企业等多元主体共同行动。政府在残疾人职业教育上主要起宏观调控作用,通过建立师资培训机制,为学校提供优厚的资源,鼓励企业参与到职业院校师资培训当中。此外,政府要针对提高教师专业素质,制定相应的改革方案,开启残疾人职业教育卓越教师计划,健全职业教育教师双证制度。学校作为教师培训的主要场地,要完善职前、职中、职后教师培训,分阶段、分任务对教师开展培训,为职业教师提供进修机会,加强专业技能,提升教师的理论与实践教学能力,从而打造一批高质量的"双师型"教师团队。

(三)打好师资队伍建设组合拳

在残疾人职业教育师资队伍建设过程中,政府要加强顶层设计,完善相关政策制度,拓宽各种渠道,通过"走出去+引进来""线上+线下"等方式广纳优秀职业教师人才,扩大优秀师资储备。为拓宽残疾人职业教育教师的培养渠道,高等职业院校可以将残疾人教育理论课或者实践课作为选修课,鼓励学生通过选修方式了解与学习残疾人职业教育有关知识,积累相关职业教育的工作经验,借此扩大残疾人职业教育教师的来源,不断优化师资队伍结

构。此外,继续推进实施中西部农村地区特教教师定向培养计划、东西部特殊教育协作等专项措施,形成"省际—省内—校内"师资协作互动机制,为中西部地区输送一批高质量教师,缓解特殊职业教育教师缺乏、教师专业水平能力不高的局面,促进东西部残疾人职业教育协同高效发展。

四、支持保障体系从"三螺旋"结构向"四螺旋"结构升级

(一)残疾人职业教育支持保障体系的发展趋势

第二次全国残疾人抽样调查显示,具有大学文化程度的残疾人仅有94万人①。2021年,我国残疾人中等职业学校(班)161个,在校生17934人,毕业生4396人,相较于我国庞大的残疾人口数量,现有的职业院校远不能满足残疾人接受职业教育的现实需求,未来需要持续加大对残疾人职业教育的保障力度。残疾人职业教育的热点与发展趋势业已形成四大热点,分别为人才培养、课程设置、教学与就业以及就业心理。郭文斌和张梁研究发现,未来残疾人职业教育改革发展趋势呈现三个走向,即加大残疾人职业教育改革、完善课程设置与培养目标、发展校企合作②。通过分析残疾人职业教育供给侧结构性改革的未来发展趋势,我们可以找出解决残疾人职业教育存在问题的发展对策。为此,残疾人职业教育支持保障体系未来发展需要积极改革不适应的制度结构,明确残疾人职业教育的工作协调机制,形成政府统筹管理,教育主管部门和残联等在各自职责范围内分别负责,企业、社区及家庭等多组织协同支持的管理体系,建立一个互为供需与融通创新的协调关系。

(二)四螺旋结构的残疾人职业教育供给支持体系模型

潘中多和杨如安剖析三螺旋理论后认为,理想的校企合作支持系统应当是一个螺旋状的互动模式,形成以政府、企业和学校三方互动合作的三螺旋模型③。徐冉、傅玉倩和肖非指出,传统的残疾人职业教育支持保障体系的三

———————————

①　中国发布第二次全国残疾人抽样调查主要数据公报[EB/OL].(2007-05-28)[2023-07-20].https://www.gov.cn/jrzg/2007-05/28/content_628517.htm.

②　郭文斌,张梁.残疾人职业教育研究热点及发展趋势[J].残疾人研究,2018(3):57-65.

③　潘中多,杨如安.三螺旋视角下民族地区职业教育与区域经济融合发展研究[J].职业教育研究,2021(4):27-33.

螺旋模型是建立在特殊教育学校、企业和政府三方的交互作用之上[①]，处于三螺旋状态中的三个主体，其地位与作用是相互对等的，三个主体各自的职能不同，因此，唯有三者都充分发挥才能、相互合作，方能最终发挥积极有效的作用。

根据上述对当前残疾人职业教育支持保障体系的发展趋势和三螺旋模型基本要素的分析，本书引入残疾人家庭与社区作为第四螺旋，将我国残疾人职业教育支持保障体系的三螺旋结构升级为四螺旋结构，以呈现新型残疾人职业教育支持保障体系的主体关系和动力模型，具体内容见图9-4。

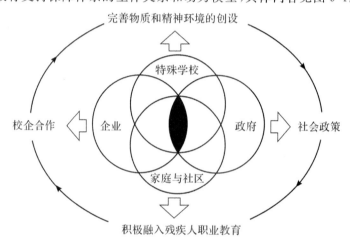

图 9-4　四螺旋结构的残疾人职业教育供给支持体系模型

由图9-4可见，四螺旋残疾人职业教育支持保障体系模型的主体由特殊学校、政府、残疾人家庭与社区、企业构成。残疾人家庭与社区的参与不仅为政府、特殊学校和企业三个部门在履行职能方面赋予了新的内容和方式，而且与上述三个部门之间形成互动，衍生出一系列新的职能，构成了当前残疾人职业教育供给侧结构性改革的重要因素。此外，四者的"交迭"区域是四螺旋残疾人职业教育支持保障体系新模型的核心单元，组建残疾人职业教育学习共同体，使希望掌握、提高自身职业技能的残疾人既可以从内部建立一个支持性和约束性的学习共同体的社会资本，又可以使用这些社会资本获得更

① 徐冉,傅王倩,肖非.培智学校校企合作模式的动力、特征及挑战——基于H学校的个案研究[J].中国特殊教育,2022(1):29-38.

多的社会资源和经济效益,促使"政校企家社"协同育人。学校、政府、残疾人家庭与社区、企业四个部门之间互相联动,既注重了残疾人职业教育过程中社交网络的重要作用,又重视了社会认同对残疾人自我知觉和自尊的心理建构,在这一创新发展进程中,推动残疾人职业教育供给侧结构性改革的创新和推广呈螺旋式上升。

(三)构建四螺旋结构的残疾人职业教育供给支持体系具体路径

四螺旋结构的残疾人职业教育供给支持体系是指由政府、企业、特殊学校、家庭与社区四个主体协同创设的互动关系网络,能够帮助残疾人从中获得所需要的职业技能、物质、情绪情感及心理方面的支持。此支持体系的构建主要可以通过以下五条主要路径加以实现。

第一,政府要提供为残疾人职业教育兜底的社会政策。政策层面要明确规定各地对残疾人职业教育的最低投入额度,根据各地的经济总量明确残疾人职业教育以及接纳残疾学生的职业教育院校的生均拨款水平。为残疾人提供坚实经费及资源支持,根据残疾人及其家庭经济的实际情况,为经济困难的残疾学生优先提供学习用品、交通补助以及国家助学金。为残疾人职业培训者提供合适的庇护性就业场所,为残疾人职业技能的更新换代提供必要的政策支持,为教师提供培训机会,建立并完善融合教育评价体系。鼓励职业院校与现有独立设置的特殊教育学校共建共享实训实习和创业孵化基地。加大残疾人职业教育的政策及法律保障力度。

第二,企业要广泛参与残疾人职业教育与就业培训。利用大数据、云计算等技术手段,建立人才数据和就业岗位需求对接平台。建立校企人员双向交流协作共同体,通过积极从企业引进和聘请相关技术人员,对其展开特殊教育和残疾人职业相关培训,在通过相关考核后聘请其作为残疾人职业教育兼职教师,参与职业课程的开发和教学计划的审核,并通过他们与企业建立长效的合作机制。加强残疾人校内外职训基地建设,应当积极依托企业、职业院校、社会培训机构等,建设一批残疾人职业技能培训和创业孵化基地,打造残疾人职业技能培训、实习见习和就业创业示范服务平台。加强残疾人教育培训与市场(用人单位)需求的对接,推进残疾人中高职文化与职业双重导向的课程建设,促进教育链与产业链的有机衔接。

第三,学校要完善物质和精神环境的创设。特殊教育学校要完善基础教育设施,实施必要的无障碍环境改造,鼓励出版残疾人职业教育技能实用手册,评审并优先资助一批残疾人职业教育国家级、省级优秀教材。针对当前残疾人职业教育课程碎片化现象,研发集生活技能、劳动技能、职业技能于一体的课程体系,将课程内容融入课程体系。此外,积极探索和完善通过社团组织唤醒残疾人的职业教育兴趣的具体操作流程和注意事项。处理好学校内的人际氛围,为残疾人创设融洽的人文环境,尽可能为残疾人职业教育创造舒适、包容的生活环境。

第四,残疾人家庭与社区积极融入残疾人职业教育。家长应当营造好的家庭环境氛围,通过多与教师交流,获得先进、全面的教学理念,并将其内化于家庭教育之中。通过与学校的多方位交流,了解残疾人职业教育中的具体情况,积极配合学校做好家庭教育工作,为子女职业学习树立良好的榜样,并为子女和学校提供力所能及的帮助。家庭要关注残疾人的心理教育,培养残疾人正直、坚强且富有同理心的高尚品格。社区既担负着周围居民基础设施的修缮和维护任务,又肩负着周边居民的教育工作,因此,运行良好的社区不仅需要为生活其中的残疾人提供完善的无障碍设施,而且需要为其营造良好的全纳的人文环境。

第五,加大商业链端与残疾人产品之间的衔接力度。商业链端从事商品的销售,与市场和顾客之间联系紧密,它们可以通过产品销售大数据分析,第一时间获得并掌握市场上的产品供需信息和工艺喜好,进而为残疾人提供精准的产品需求和工艺指导,有助于残疾人产品的适销对路,实现产品的快速变现,对残疾人职业技能学习起到积极的激励作用。

五、未来残疾人职业教育供给侧模型展望

供给侧结构性改革是指通过改革的方式调整供需结构失衡和要素配置不合理,扩大有效供给,减少无效和低端供给,实现高水平的供需平衡。教育作为人力资源的供给侧,其供给的质量既会影响人才的质量,又会影响经济社会的发展。残疾人职业教育作为我国职业教育的重要组成部分,在实现职业教育供给侧结构性改革中具有重要作用。在供给侧结构性改革环境下,残疾人职业教育挑战与机遇并存,虽然面临产业结构升级改造带来的简单重复和低技术层次岗位减少导致的就业空间被挤压的困难,但是固有产业模式被打破后新型职业涌现也使残疾人的就业途径和领域不断变宽,未来残疾人职

业教育需要积极迎合新时代的需求，以供给侧结构性改革为动力，尝试构建"一体四层四翼"下残疾人职业教育供给侧结构性改革理论模型，促进残疾人职业教育高质量发展，具体内容见图9-5。

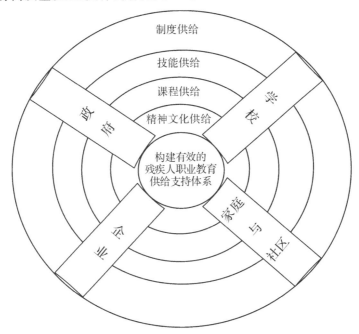

图 9-5　"一体四层四翼"的残疾人职业教育供给侧结构性改革理论模型结构

如图 9-5 所示，"一体"是总体框架，"四层"与"四翼"是"一体"的有机组成部分，它们共同构成了实现残疾人职业教育供给侧结构性改革的理论体系。其中，"一体"指的是把构建有效的残疾人职业教育供给支持体系当作改变残疾人职业技能学习方式，增强残疾人职业学习的自信心以及对有效的知识获取和管理；"四层"指的是残疾人职业教育供给侧结构性改革过程中，需将"制度供给""技能供给""课程供给""精神文化供给"作为供给侧结构性改革内容的四个重要组成部分；"四翼"是由"政府、学校、家庭及社区、企业"四方共同创设的互动关系网络。

本书在绪论（问题的由来、核心概念界定、文献综述、研究视角、思路和方法）、理论基础以及残疾人职业教育供给侧结构性改革的内涵、特征及实施路径的基础上，围绕残疾人职业教育高质量供给、优化课程供给内容、丰富供给方式、建设卓越师资队伍、改革质量保障体系五个方面展开了实证研究。

对5所代表性残疾人职业教育供给案例进行剖析发现,残疾人职业教育高质量供给特征具体内容包含个体发展目标、职业需求目标、人职匹配的教育目标三个维度,具体表现为强调生存技能、注重社会融入、关心精神品质、把握职业能力要求、关注职业素养需要、激发职业兴趣、提高职业适应能力、培育适用且够用的职业本领八个要点(见图4-1)。残疾人职业教育的个体发展目标强调生存技能、注重社会融入、关心精神品质三个方面典型特征。残疾人职业教育的职业需求目标体现出把握职业能力要求、关注职业素养两个方面特点。残疾人职业教育的人职匹配教育目标重在激发职业兴趣、提高职业适应能力、培养适用且够用的职业本领三个方面。建议通过以下三种途径对存在的不足予以改善:第一,从残疾人发展需求和市场发展需求两大源头入手,制定科学、精准、系统的培养目标体系;第二,将市场和企业的人才需要置于首要位置,精确地考察和定位职业知识和技能、职业素养等各方面的具体要求;第三,充分展现职业教育的"教育性"和"职业性",在满足市场人才要求的前提下,依照残疾人的个体兴趣和能力基础,灵活并合理地调整目标内容和难度,设定科学化和多元化的人职匹配教育目标。

基于岗位胜任力的残疾人职业教育课程分为基础课程、特色课程和拓展课程。基础课程包括基础性、科学性、贴近性、服务性四个特征;特色课程包括专业特色化、实用性导向、贯通性、岗课赛证融合和理实一体化五个特征;拓展课程包括个性化需求、发展性目标、现实性条件和信息化平台四个特征(见图5-1)。通过对4所学校的调查发现,基于岗位胜任力的残疾人职业教育课程体系特色鲜明,基础课程的建设呈现基础性、科学性、贴近性和服务性的特点;特色课程的建设呈现专业特色化、实用性、贯通性、岗课赛证融合、理实一体化的特征;拓展课程的建设呈现满足个性化需求、实现发展性目标、以现实性条件为依据、打造信息化平台的特征;但是,也存在一些不足之处。为此,建议残疾人职业教育课程设置应参考如下三条对策进行完善:第一,在残疾人职业教育基础课程的设置上,应注突出课程的基础性,把握基础文化课程和品德教育的奠基作用,确保科学性,保证课程结构合理,课程内容充分;第二,要凸显专业特色化,针对不同专业的特色课程要把握特色化,提高职业技能培养的专业性,以满足不同专业学生的教育需要;第三,在残疾人职业教育拓展课程的设置上,依据学生的兴趣和特长来开展课程,满足个性化需求。

残疾人职业教育供给方式改革主要涵盖供给主体改革和供给渠道改革

两个方面。供给主体改革的成效主要为校企合作、家校合作、学校与市场合作等多维主体合作机制(见图6-1)。通过对5所具有代表性的特殊教育学校进行实地访谈调查,结果显示,残疾人职业教育的供给主体改革方面取得了良好的成效:构建了校企合作、家校合作、学校与市场合作等多维主体合作机制;在供给渠道改革方面,拓展了"互联网+"线上供给渠道以及非教学供给等多元化的教育供给渠道。未来,建议残疾人职业教育供给应将主体改革与供给渠道改革相融合,通过以下三种途径对存在的不足加以改进:第一,建立家校合作供给的制度规范和管理机制,有效提高家校合作的质量,改善合作供给的效果;第二,深化校企合作层次,提升企业合作意向,建立长效合作供给机制;第三,完善多元化供给渠道的物质、人员、制度等配套机制,激发后续发展动力。

残疾人职业教育卓越师资队伍构建包含师资数量、专业化、职后培训、教师管理四个方面特征(见图7-1)。其中,师资数量表现为身兼数职和数量不足,专业化表现为专业基础好、系统性不足以及缺乏大师,职后培训表现在培训形式、培训内容、培训针对性和培训重视度,教师管理表现在编制管理、支持力度和奖励晋升。结果发现,数量充足是建设残疾人职业教育卓越师资队伍的前提和基础;教师专业化是建设残疾人职业教育卓越师资队伍的重要体现;职后培训是建设残疾人职业教育卓越师资队伍的重要途径;教师管理制度是建设残疾人职业教育卓越师资队伍的重要保障。未来,建议通过下面四种方式对存在的不足加以改进:第一,增加残疾人职业教育教师数量;第二,进一步加强残疾人职业教育师资队伍专业化建设;第三,改善培训效果;第四,完善残疾人职业教育教师管理制度。

残疾人职业教育支持保障体系分为外部质量保障和内部质量保障。外部质量保障主要通过对学生个人综合能力与校企合作予以质量保障,以学生个人综合能力为保障导向,以校企合作为保障方式;内部质量保障通过对学生的综合素质、标准化考核、就业支持进行质量保障,其中以学生的综合素质为保障内容,以标准化考核为质量保障方式,以就业支持为保障补充(见图8-2)。通过对5所残疾人职业教育学校的调查研究发现:第一,残疾人职业教育质量保障体系由外部保障体系和内部保障体系两部分构成;第二,外部质量保障体系以企业为主体,围绕学生个人综合能力开展;第三,内部质量保障体系以残疾人职业学校为主体,以学生综合素质为质量保障内容,以标准化考核为质量保障方式,学业评价和技能考核为主要手段。为改进现存的不足特提出如下三条对策建议:第一,残疾人内部保障体系和外部保障体系均为保障体系的重要构成部分,需要对二者同等重视,在聚焦于目标一致的系统考量下,对内、外部保障体系进行顶层设计;第二,残疾人职业教育的外部保障应加强政府的引领机制,为残疾学生提供优惠补偿措施的同时,以产教融合为出发点,大力满足企业的发展需求;第三,残疾人职业教育的内部保障应从校内职业教育质量管理体制着手,建立学校、系(部)、教研室分工明确的管理体系,可以组建由教师、家长、企业多主体组成的职业教育质量评估组织。

　　综合上述实证研究结果,在考量政策支持视域下,本书提出了"一体四层四翼"的残疾人职业教育供给侧结构性改革理论模型结构。具体而言,"一体"是总体框架,"四层"与"四翼"是"一体"的有机组成部分,它们共同构成了实现残疾人职业教育供给侧结构性改革的理论体系。其中,"一体"指的是把构建有效的残疾人职业教育供给支持体系当作改变残疾人职业技能学习方式,增强残疾人职业学习的自信心以及对有效知识获取和管理的能力;"四层"指的是残疾人职业教育供给侧结构性改革过程中,需将"制度供给""技能供给""课程供给""精神文化供给"作为供给侧结构性改革内容的四个重要组成部分;"四翼"是由"政府、学校、家庭及社区、企业"四方共同创设的互动关系网络。

参考文献

Bebonchu A, Liu Q. Public education expenditures, taxation and growth: A state-level analysis [J]. Applied Economics Letters, 2020 (21): 1730-1734.

Beck W, van der Maesen L. J. G, Thomese F, et al. Social Quality: A Vision for Europe[M]. Hague: Kluwer Law International, 2001.

Blancard S, Bonnet M, Hoarau J. The influence of agriculture on the structural economic vulnerability of small island spaces: Assessment using DEA based composite indicators[J]. Applied Economics, 2021 (1):79-97.

Charmaz K. Constructing Grounded Theory: A Practical Guide through Qualitative Analysis[M]. London:Sage,2006.

Cobb S. Presidential Address-1976. Social support as a moderator of life stress[J]. Psychosomatic Medicine,1976(5):300-314.

Cohen S, Wills T A. Stress, social support, and the buffering hypothesis [J]. Psychological Bulletin,1985(2):310-357.

De Freitas S, Neumann T. Pedagogic strategies supporting the use of synchronous audiographic conferencing: A review of the literature[J]. British Journal of Educational Technology,2009(6):980-998.

Denhardt R, Denhardt J V. The new public service: Putting democracy first [J]. National Civic Review,2001(4):20-23.

Floyd F J, Olsen D L. Family-peer linkages for children with intellectual disability and children with learning disabilities[J]. Journal of Applied Developmental Psychology,2017(52):203-211.

Gao H，Liu L. Construction of School-Enterprise Cooperation Training Platform for Preschool Education in the "Internet ＋" Era[M]// Yang C T，Pei Y，Chang J W. Innovative Computing. Singapore：Springer，2020.

Giddens A. The Third Way and Its Critics[M]. Bristol：Polity Press，2013.

Giust A M，Valle-Riestra D M. Supporting mentors working with students with intellectual disabilities in higher education [J]. Journal of Intellectual Disabilities，2016(2)：144-157.

Hesse B W，Hansen D，Finholt T. Social participation in health 2. 0[J]. Computer，2010(43)：45-52.

Houser M A，Fontrnot C L，Spoede J. Home-school collaboration for students with ASDs：Parents' perspectives[J]. Journal of the American Academy of Special Education Professionals，2015：83-97.

Jacobs P，MacMahon K，Quayle E. Transition from school to adult services for young people with severe or profound intellectual disability：A systematic review utilizing framework synthesis[J]. Journal of Applied Research in Intellectual Disabilities，2018(6)：962-982.

Kahn R L，Quinn R P. Mental health：Social support and metropolitan problems[D]. Michigan：University of Michigan，1976.

Keshvardoost-Masooleh L，Keshavarz-Gildeh F. Resource allocation and target setting in DEA with preservation of ranking scheme [J]. International Journal of Imaging and Robotics，2021(1)：9-26.

Kyriazopoulou M，Weber H. Development of a Set of Indicators—For Inclusive Education in Europe [M]. Odense：European Agency for Development in Special Needs Education，2019.

Levin H M. A comprehensive framework for evaluating educational vouchers[J]. Educational Evaluation and Policy Analysis，2002(3)：159-174.

Levinson E M. Current vocational assessment models for students with disabilities[J]. Journal of Counseling ℰ Development，1994(1)：94-101.

Lytvyn A，Lytvyn V，Rudenko L，et al. Informatization of technical vocational schools: Theoretical foundations and practical approaches [J]. Education and Information Technologies,2020(1):583-609.

Maher C, Hadfield M, Hutchings M, et al. Ensuring rigor in qualitative data analysis: A design research approach to coding combining Nvivo with traditional material methods [J]. International Journal of Qualitative Methods,2018(17):1-13.

Mckee T. Thirty years of distance education: Personal reflections[J]. International Review of Research in Open and Distance Learning,2010 (2):100-109.

Moores D F. Educating the Deaf: Psychology, Principles, and Practices [M]. Washington, D.C.: Gallandet University Press,1987.

Roach V. Supporting inclusion: Beyond the rhetoric[J]. Phi Delta Kappan, 1995(4):295-299.

Rodriguez C D, Cumming T M, Strnadová I. Current practices in schooling transitions of students with developmental disabilities[J]. International Journal of Educational Research,2017(83):1-19.

Rothman J. Social Work Practice Across Disability [M]. New York: Routledge,2018.

Sabel C, Saxenian A, Miettinen R, et al. Individualized service provision in the new welfare state: Lessons from special education in Finland[J]. Hel-sinki: Sitra Studies, 2011(62):10.

Sakouvogui K, Shaik S, Doetkott C, et al. Sensitivity analysis of stochastic frontier analysis models[J]. Monte Carlo Methods and Applications, 2021(1):71-90.

Schultz T W. Investment in human capital: Reply [J]. The American Economic Review,1961(5):1035-1039.

Sheldon P, Thornthwaite L. Employability skills and vocational education and training policy in Australia: Ananalysis of employer association agendas [J]. Asia Pacific Journal of Human Resources, 2005 (3): 404-425.

Sondermann T. The German Vocational Training Reform Act of 2005:

What is new, what is different? [J]. Berufsbildung in Wissenschaft und Praxis, 2005(S):18.

Swail W S, Perna L W. Precollege outreach programs: A national perspective[J]. Increasing Access to College: Extending Possibilities for all Students, 2002(1):15-34.

Taylor S. E. Health Psychology[M]. Boston:McGraw-Hill,2003.

Teo A R. The development of clinical research training: Past history and current trends in the United States[J]. Academic Medicine, 2009(4): 433-438.

Wang Y, Xu D, Luo T, et al. The realistic dilemma and promoting path of secondary vocational education talent training model under the background of education Supply-side reform [J]. Journal of Contemporary Educational Research,2021(4):74-77.

安富海.教育技术:应该按照"教育的逻辑"考量"技术"[J].电化教育研究,2020(9):27-33.

卞波,刘绍鹏."工匠精神"的培育:高职院校教育的理念与路径[J].中国高校科技,2021(9):76-80.

曹娟.基于学生职业需求的高职体育教学模式构建研究[J].辽宁农业职业技术学院学报,2019(6):38-39.

曹强.西部高职院校"双师型"教师培养的问题与路径[J].教育与职业,2021(10):82-85.

陈蓓琴,连福鑫,王辉.关于我国残疾人中等职业学校教师队伍现状的调查[J].中国特殊教育,2011(11):60-65.

陈德泉.德国双元制职业教育的重新审视[J].中国高教研究,2016(2):92-96.

陈桂良,童子双.高职院校基础课程与专业课程关系失衡及其原因辨析[J].中国职业技术教育,2011(23):61-64.

陈吉胜,黄蓉生.人职匹配理论视域下高职院校就业模型的建构[J].国家教育行政学院学报,2015(4):37-40.

陈江,查良松.岗位适应:高职院校实践教学的逻辑路向和基本路径[J].中国职业技术教育,2016(8):10-13.

陈瑞英,王光净.残疾人职业教育产教融合的推进策略[J].中国高等教育,

2020(23):49-51.

陈瑞英,许保生.残疾人中高职教育一体化人才培养情况的调查[J].中国职业技术教育,2017(7):93-96.

陈瑞英.企业参与残疾人高等职业教育的现状调查——以浙江省为例[J].中国特殊教育,2016(8):14-18.

陈水斌.现代化经济体系建设背景下的职业教育供给侧改革[J].教育与职业,2019(2):25-31.

陈向明.扎根理论的思路和方法[J].教育研究与实验,1999(4),8-63.

陈向明.扎根理论在中国教育研究中的运用探索[J].北京大学教育评论,2015(1),2-15.

陈咏.五国中等职业教育文化基础课程比较及启示[J].职业技术教育,2008(13):87-89.

陈云英.中国特殊教育学基础[M].北京:北京教育科学出版社,2004.

戴连君.中国残疾人事业统计年鉴[M].北京:中国统计出版社,2021.

邓泽民,苏北春,赵沛.中等职业教育课程体系研究[J].中国职业技术教育,2008(27):37-40.

丁建石.第三方参与职业教育质量评价的现状、问题及法律政策建议[J].教育与职业,2017(20):26-32.

董兆伟,李培学,李文娟."互联网+"时代的新型学习支持服务体系构建研究[J].远程教育杂志,2015(6):93-98.

范莉莉,方仪.残疾人现代职业教育发展策略研究[J].教育理论与实践,2019(36):22-24.

方仪,朱岩岳.残疾人职业教育体系:现状与挑战——基于残疾人高等职业教育的视角[J].教育理论与实践,2016(27):27-29.

冯建新,冯敏.陕西省特殊教育教师专业发展现状的调查研究[J].中国特殊教育,2011(1):65-69.

甘华银.新时代高职院校高质量发展的困境与突围[J].教育与职业,2020(7):34-39.

甘昭良.促进残疾人就业的职业教育支持研究[J].北京联合大学学报,2017(4):84-92.

甘昭良.聋校职业教育模式研究[J].中国职业技术教育,2010(9):46-49.

郭福春,王玉龙.规模、结构、质量、政策:高等职业教育供给侧结构性改革的四重维度分析[J].黑龙江高教研究,2019(3):39-43.

郭广军,赵雄辉,钟建宁.新时代高等职业教育供给侧结构性改革路径与供需联动机制研究[J].教育与职业,2018(4):5-11.

郭文斌,何溪.特殊教育学校职业教育课程设置现状及对策研究[J].现代特殊教育,2018(13):63-69.

郭文斌,张梁.残疾人职业教育研究热点及发展趋势[J].残疾人研究,2018(3):57-65.

郭璇瑄,陶红.数字经济赋能职业教育适应性研究[J].贵州师范大学学报(社会科学版),2022(1):65-74.

韩喜梅,潘海生,王世斌.职业教育质量第三方评估的现实背景、合法性危机及化解路径[J].高校教育管理,2018(6):29-36.

韩毅.现代职业教育"互联网＋"平台发展新模式探索[J].中国电化教育,2017(10):32-38,135.

韩永霞,韩玉.我国职业教育学业评价研究的分析与展望[J].职业教育研究,2017(3):10-15.

郝天聪.指向一体化的高质量职业教育人才培养路径探析[J].中国职业技术教育,2022(7):18-22.

郝文武.推进农村教育现代化亟需全面优化教师队伍结构[J].中国教育学刊,2020(9):32-37.

何婉亭,赵计平.高职教师教学能力专业化发展三维三阶培养模式[J].教育与职业,2021(15):93-96.

黄才华.职业教育校企合作机制研究[J].中国职业技术教育,2014(13):66-68,76.

黄建行,雷江华.智障学生职业教育模式[M].北京:北京大学出版社,2017.

黄文伟,李海东.职业教育供给侧改革的制度安排与政策设计[J].中国职业技术教育,2017(3):10-14.

黄银华,刘珣.培智职高教育多元支持模式的建构与实施[J].现代特殊教育,2019(7):56-57.

黄云飞.基于国外经验完善我国职业教育质量保障体系[J].教育与职业,2015(2):17-19.

黄志欣,董国峰.听障艺术设计专业实践教学技能培养模式构建探究[J].长春大学学报,2018(3):109-112.

江卉.本科职业教育专业教学改革路径研究——以艺术设计类视觉传达设计专业为例[J].中国职业技术教育,2021(20):84-87.

江军.职业院校"双师型"教师的专业特质及其培养培训[J].职业技术教育,2015(16):50-54.

蒋乃平.努力构建中国特色职教文化课体系——"宽基础、活模块"课程模式再论之十三[J].职业技术教育,2008(16):51-55.

金保华,刘晓洁.高等教育供给侧结构性改革的理论逻辑与实践路径[J].教育与经济,2016(6):17-23.

赖立香.听障生学习质量监控保障体系构建初探——以浙江特殊教育职业学院为例[J].现代特殊教育,2018(20):41-45.

雷江华.新时代特殊教育学校职业教育高质量发展的若干思考[J].现代特殊教育,2021(15):11-14.

李欢,王苗苗,孟万金.试论学前特殊儿童生态化支持保障体系的建构[J].中国特殊教育,2013(4):7-10.

李嘉美.发挥自贸试验区优势促进残疾人职业教育高质量发展[J].成人教育,2022(3):79-84.

李坤宏.类型教育视域下职业教育人才贯通培养的原则、问题及路径[J].教育与职业,2022(2):13-20.

李尚卫,沈有禄.我国特殊职业教育发展战略:回顾与展望[J].中国职业技术教育,2019(16):37-43.

李铁绳,袁芳.我国教师教育专业化的三重逻辑[J].教师教育研究,2021(3):1-6.

李秀,张碧燕.福建省智障学生职业教育现状调查研究[J].中国特殊教育,2016(2):49-55.

李颖,康铁钢.高职技能型人才岗位胜任力分析及培养模式构建[J].教育与职业,2015(6):107-109.

李钰.职业教育大发展背景下上海市中等职业教育外部质量保障体系的构建[J].中国职业技术教育,2011(14):37-43.

李政.职业教育供给侧结构性改革的现实之需[J].教育发展研究,2016(9):

65-70.

林靖云,刘亚敏.我国教育治理中的社会参与:困境与出路[J].现代教育管理,
　　2020(11):44-50.

林琳,任锁平.基于"互联网＋职业教育"的职业教育课堂教学模式重构[J].陕
　　西教育(高教),2019(10):51-52.

刘本部.聋校职业教育的思考与实践[J].长春大学学报,2018(5):121-124.

刘春生,徐长发.职业教育学[M].北京:教育科学出版社,2006.

刘带.文化取向下职业教育课程本质对"双师型"教师培养要求[J].黑龙江高
　　教研究,2018(11):88-91.

刘俊卿.特殊教育学校中等职业教育的现状分析及策略选择[J].中国职业技
　　术教育,2010(18):23-26.

刘俊卿.我国特殊教育学校职业教育发展的历史经验、现实问题及未来选择
　　[J].中国特殊教育,2011(3):3-7.

刘振天.系统·刚性·常态:高等教育内部质量保障体系建设三个关键词[J].
　　中国高教研究,2016(9):12-16.

卢晓中.基于"职普融通"的现代职业教育体系构建[J].河北师范大学学报(教
　　育科学版),2022(1):6-14.

陆明玉.职业教育供给侧改革:理念与路径[J].继续教育研究,2017(11):
　　53-55.

陆燕飞,陈嵩.百万扩招背景下高等职业教育供给侧改革的路径探析[J].职教
　　论坛,2019(7):32-36.

吕景泉,马雁,杨延,等.职业教育:供给侧结构性改革[J].中国职业技术教育,
　　2016(9):15-19.

吕炜,魏胜广.教育供给方式与教育满意度——基于入学方式的考察[J].经济
　　学动态,2019(9):39-51.

马国勤.成果导向的高职教学质量评价改革探索与实践[J].职教论坛,2021
　　(5):62-69,69.

马磊.职业教育就业导向异化及矫正路径[J].成人教育,2018(7):75-79.

孟庆楠,杨秀莲.基于教育供给侧改革背景下职业院校人文教育的理性回归
　　[J].黑龙江高教研究,2019(6):71-74.

孟照海.教育扶贫政策的理论依据及实现条件——国际经验与本土思考[J].

教育研究,2016(11):47-53.

南旭光,张培.基于1＋X证书制度的职业教育课程体系建设:问题、逻辑与进路[J].中国职业技术教育,2020(32):5-10.

潘威.残疾人职业教育专业设置改革的探索[J].哈尔滨职业技术学院学报,2016(3):50-52.

潘中多,杨如安.三螺旋视角下民族地区职业教育与区域经济融合发展研究[J].职业教育研究,2021(4):27-33.

苏晗,赵长亮,石伟星.新常态下特殊教育学校职业教育专业设置研究——基于十所残疾人中等职业学校的办学实践[J].现代特殊教育,2017(4):60-64.

孙会,张金福.政策过程视域下我国残疾人职业教育支持服务体系的建构、困境与优化[J].职业技术教育,2020(19):46-51.

孙琳,李刚,孙鹏.我国职业教育师资队伍类型结构的演变与分类管理逻辑[J].中国职业技术教育,2021(30):65-69.

汤夺先,张甜甜,王增武.农村残疾人发展困境论析[J].残疾人研究,2012(1):12-16.

汤生玲.职业教育质量评价中的民主、和谐与群策群力——《职业院校质量诊断:授权评价理论与实践》评介[J].职业技术教育,2019(36):58-61.

王丽.1＋x证书制度下劳动精神引领高职生职业素养提升研究[J].湖北开放职业学院学报,2021(24):62-63,69.

王琳琳.云南省少数民族地区特殊教育学校职业教育现存问题及建议[J].中国特殊教育,2016(11):7-11.

王晓宗.吸引社会力量参与举办职业教育形式、路径及保障机制[J].职业技术教育,2018(26):16-18.

王欣,金红梅.基于大职教观的职业教育"岗课赛证"融合育人的学理基础、内在要求及实施路径[J].教育与职业,2022(2):21-28.

王亚盛,赵林.1＋X证书制度与书证融通实施方法探索[J].中国职业技术教育,2020(6):13-17,64.

王洋,顾建军.智能职业教育:人工智能时代职业教育的发展新路向[J].现代远距离教育,2022(1):83-90.

吴涛,程蕉,陈伟,等.广州市残疾人职业教育课程研究[J].教育教学论坛,

2018(42):229-231.

伍成艳.职业教育供给侧改革的内涵、理念与路径探索[J].教育与职业.2017(3):11-17.

冼梨娜.高职院校卓越教师培养的价值追求与实施路径[J].教育与职业,2017(10):80-82.

谢笑珍."产教融合"机理及其机制设计路径研究[J].高等工程教育研究,2019(5):81-87.

谢鑫.高职学生职业核心素养与专业技能一体化培育的新模式探索[J].中国职业技术教育,2022(1):80-85.

修南,唐智彬.基于职业核心素养的职业教育专业课程标准研发理念[J].中国职业技术教育,2019(29):23-28.

徐畅,解旭东.产教融合视角下职业教育政校行企协同育人机制构建[J].教育与职业,2018(19):25-30.

徐国庆.论职业教育中的普通文化课程改革[J].职教论坛,2012(3):4-11.

徐冉,傅王倩,肖非.培智学校校企合作模式的动力、特征及挑战——基于 H 学校的个案研究[J].中国特殊教育,2022(1):29-38.

徐知宇,王雁.学习《全面深化新时代教师队伍建设改革的意见》——加快建设高素质专业化特殊教育教师队伍[J].教师教育研究,2019(1):24-30.

许保生,陈瑞英,蔺洪杰,等.浙江听力障碍学生中高等职业教育衔接状况调查[J].中国特殊教育,2011(6):32-36.

许保生,陈瑞英.残疾人职业教育的"2+3"学制改革实践研究[J].职教论坛,2015(18):35-38.

杨寒,曹照洁."十四五"时期我国中等职业教育师资队伍建设研究——基于《中国教育统计年鉴》(2016—2020 年)数据分析[J].职业教育(下旬刊),2021(9):25-34.

杨柳,崔铭香.残疾人职业技能培训问题与策略[J].中国成人教育,2016(1):127-131.

杨梅.终身教育视野下职业院校发展改革的思考[J].职教发展研究,2021(1):67-76.

杨欣斌.职业本科教育人才培养模式的思考与探索[J].高等工程教育研究,2022(1):127-133.

尹成鑫,和震,任锁平.劳模、工匠精神融入高职文化素质教育的有效路径探究[J].中国职业技术教育,2021(36):59-64.

尤兴琴,郭文斌.我国残疾人职业教育发展的困境及出路[J].山东高等教育,2018(6):7-12.

余朝宽,张扬群,邓朝平,等.中职学生综合素质"多元立体"评价模式研究——以重庆市渝北职业教育中心为例[J].中国职业技术教育,2021(8):52-58.

俞林亚,雷江华.基于评估的智障学生职业教育[M].北京:科学出版社,2018.

雨田.南京加快推进特殊教育学业就业"双业一体"培养模式[J].现代特殊教育,2012(6):22.

曾阳,黄崴.政府干预职业教育校企合作的限度及其改进——基于公共选择理论的分析[J].现代教育管理,2016(5):73-78.

张更庆,王萌.1+X证书制度下"三教"改革:意蕴、困境与突破[J].成人教育,2022(1):80-86.

张慧青,王海英,刘晓.高职院校"岗课赛证"融合育人模式的现实问题与实践路径[J].教育与职业,2021(21):27-34.

张建平.供给侧结构性改革背景下高职教育高质量发展研究[J].职业技术教育,2019(31):18-24.

张金福.我国残疾人职业教育的发展及职业能力开发[J].教育理论与实践,2016(27):21-23.

张雪,罗章.职业教育供给侧改革的内涵、价值与策略[J].教育与职业,2017(1):19-24.

张忆雯.协同理论视域下职业院校"双师结构"教学团队的内涵及建设路径[J].教育与职业,2021(15):87-92.

赵敏,袁潇.东、中、西部中等职业教育师资结构的现状、影响因素及优化策略[J].教育与职业,2021(23):75-81.

赵小红,都丽萍.我国三类残疾人中等职业教育发展现状及对策[J].中国特殊教育,2014(1):10-16.

赵小红,王丽丽,王雁.特殊教育学校经费投入与支出状况分析及政策建议[J].中国特殊教育,2014(10):3-9.

赵小红.近20年中国智力残疾学生职业教育研究进展[J].中国特殊教育,

2009(8):28-35.

赵志群,何兴国,沈军,等.产出导向的职业教育质量监控——职业院校的职业能力测评案例[J].中国职业技术教育,2015(9):5-13.

赵志群.现代职业教育质量保障体系研究:现状与展望[J].西南大学学报(社会科学版),2014(4):64-70,182.

朱颂梅.社会福利视角下职业教育公共产品供给路径探析——以残疾人职业教育为例[J].教育发展研究,2015(23):14-19.

庄西真.职业教育供给侧结构性困境的时代表征[J].教育发展研究,2016(9):71-78.

附　录

残疾人职业教育高质量供给访谈内容

残疾人职业教育高质量供给特征具体内容包含个体发展目标、职业需求目标、人职匹配的教育目标三个维度,具体表现为强调生存技能、注重社会融入、关心精神品质、把握职业能力要求、关注职业素养需要、激发职业兴趣、提高职业适应能力、培育适用且够用的职业本领八个要点。残疾人职业教育的个体发展目标强调生存技能、注重社会融入、关心精神品质三方面典型特征。残疾人职业教育的职业需求目标体现出把握职业能力要求、关注职业素养需要两方面特点。残疾人职业教育的人职匹配教育目标重在激发职业兴趣、提高职业适应能力、培养适用且够用的职业本领三个方面。

访谈对象:

1.学校管理者(见附录1)

2.教师(见附录2)

残疾人职业教育优化课程供给访谈内容

基于岗位胜任力的残疾人职业教育课程分为基础课程、特色课程和拓展课程。基础课程包括基础性、科学性、贴近性、服务性四方面特征;特色课程包括专业特色化、实用性导向、贯通性、岗课赛证融合和理实一体化五方面特征;拓展课程包括个性化需求、发展性目标、现实性条件和信息化平台四方面特征。

访谈对象:

1.学校管理者(见附录3)

2.教师(见附录4)

3.学生(见附录5)

残疾人职业教育供给方式访谈内容

残疾人职业教育供给方式改革主要涵盖供给主体改革和供给渠道改革两个方面。供给主体决定了残疾人职业教育的供给格局,供给主体改革的成效主要为构建了校企合作、家校合作、学校与市场合作等多维主体合作机制。供给渠道是残疾人职业教育的重点发展路径,供给渠道改革的成效在于拓展了"互联网＋"供给以及非教学供给等多元化的教育供给渠道。

访谈对象:

1.学校管理者(见附录6)

2.教师(见附录7)

3.学生家长(见附录8)

残疾人职业教育卓越师资队伍建设访谈内容

残疾人职业教育卓越师资队伍构建包含师资数量、专业化、职后培训、教师管理四方面特征。其中,师资数量表现为身兼数职和数量不足,专业化表现为专业基础好、系统性不足以及缺乏大师,职后培训表现在培训形式、培训内容、培训针对性和培训重视度,教师管理表现在编制管理、支持力度和奖励晋升。

访谈对象:

1.学校管理者(见附录9)

2.教师(见附录10)

3.学生(见附录11)

残疾人职业教育质量保障体系访谈内容

残疾人职业教育支持保障体系分为外部质量保障和内部质量保障。外部保障体系主要通过对学生个人综合能力与校企合作予以质量保障,以学生个人综合能力为保障导向,以校企合作为保障方式;内部保障体系通过对学生的综合素质、标准化考核、就业支持进行质量保障,其中以学生的综合素质为保障内容,以标准化考核为质量保障方式,以就业支持为保障补充。

访谈对象:

1.企业管理者(见附录12)

2.教师(见附录13)

访谈记录分析

基于访谈记录分析表(见附录 14)的收集、汇总、梳理进行分析。

附录1　学校管理者访谈提纲

尊敬的校领导：

您好！我们是陕西师范大学"基于供给侧改革的残疾人职业教育支持保障体系构建的实证研究"课题组,此次访谈主要目的是了解残疾人职业教育在供给质量方面的改革情况,以更好地为提升残疾人职业教育的质量提出对策建议。在访谈过程中,您需要回答我们一些问题,为了便于整理,请允许我们使用手机进行录音。我们向您保证,访谈内容与录音仅用于本人学术研究,绝不做其他用途,并对访谈内容严格保密。访谈可能占用您约40分钟,对于您的理解与支持,我们深表感谢！

访谈日期_____:访谈地点：_____
受访者基本信息：
(年龄_____,性别_____,教龄_____,职务_____,职称_____,学历_____)

1.学校设立职业班的原因是什么？

2.贵校职业教育课程建设的理念和目标是什么？职业教育想要达到的教学目标是什么？学校职业教育课程建设中的特殊性有哪些明确体现？

3.学校中职阶段专业课程开设的依据有哪些？课程的重点是什么？存在什么样的问题？对未来开设课程有哪些想法？

4.贵校一般如何进行职业教育教学？有哪些需要改进的地方？

5.对就业毕业生是否有跟踪指导？时间是多久？采取的措施是什么？

附录2　教师访谈提纲

尊敬的老师：

您好！我们是陕西师范大学"基于供给侧改革的残疾人职业教育支持保障体系构建的实证研究"课题组,此次访谈主要目的是了解残疾人职业教育在供给质量方面的改革情况,以更好地为提升残疾人职业教育的质量提出对策建议。在访谈过程中,您需要回答我们一些问题,为了便于整理,请允许我们使用手机进行录音。我们向您保证,访谈内容与录音仅用于本人学术研究,绝不做其他用途,并对访谈内容严格保密。访谈可能占用您约40分钟,对于您的理解与支持,我们深表感谢！

访谈日期_____:访谈地点:_____

受访者基本信息：

(年龄_____,性别_____,教龄_____,职务_____,职称_____,学历_____)

1.您的专业方向？职称？从事职业教育有多长时间？(或从事特殊教育有多长时间？)

2.进入学校中职阶段学习,对学生的能力或者水平有什么要求？与普通学生在学习专业课方面有什么不一样？专业课对残疾学生难度大吗？

3.发展特殊教育学校职业教育是否有必要？如果把学生的职业教育部分交给职业教育学校来做,您认为怎么样？

4.贵校职业教育课程建设的理念和目标是什么？职业教育想要达到的教学目标是什么？

5.贵校职业教育的师资(专业背景、特教背景等教师)是否充足？能否满足职业教育的需求？您对职业教育段的师资队伍建设有哪些建议？

6.毕业生就业情况如何？原因？

附录 3 学校管理者访谈提纲

尊敬的校领导：

您好！我们是陕西师范大学"基于供给侧改革的残疾人职业教育支持保障体系构建的实证研究"课题组，此次访谈主要目的是了解残疾人职业教育在供给内容方面的改革情况，以更好地为提升残疾人职业教育的质量提出对策建议。在访谈过程中，您需要回答我们一些问题，为了便于整理，请允许我们使用手机进行录音。我们向您保证，访谈内容与录音仅用于本人学术研究，绝不做其他用途，并对访谈内容严格保密。访谈可能占用您约 40 分钟，对于您的理解与支持，我们深表感谢！

访谈日期＿＿＿＿＿＿＿＿＿:访谈地点：＿＿＿＿＿＿＿＿＿

受访者基本信息：

(年龄＿＿＿＿，性别＿＿＿＿，教龄＿＿＿＿，职务＿＿＿＿，职称＿＿＿＿，学历＿＿＿＿)

1.学校中职阶段专业课程开设的依据有哪些？课程的重点是什么？存在什么样的问题？对未来开设课程有哪些想法？

2.贵校职业教育阶段大体的课时安排是怎样的？(专业课、理论课的课时比例是怎样的？依据什么确定？)在确定这样的课时安排时曾遇到哪些问题？您对这样的安排怎么看？

3.贵校职业教育阶段教材的来源都有哪些？学校如何开发校本教材(成果，困难)？您认为如何更好地进行校本教材开发？

4.您对发展残疾人中等职业教育课程建设有什么建议？

5.您对发展残疾人中等职业教育特色课程和拓展课程有什么建议？

附录4　教师访谈提纲

尊敬的老师：

　　您好！我们是陕西师范大学"基于供给侧改革的残疾人职业教育支持保障体系构建的实证研究"课题组,此次访谈主要目的是了解残疾人职业教育在供给内容方面的改革情况,以更好地为提升残疾人职业教育的质量提出对策建议。在访谈过程中,您需要回答我们一些问题,为了便于整理,请允许我们使用手机进行录音。我们向您保证,访谈内容与录音仅用于本人学术研究,绝不做其他用途,并对访谈内容严格保密。访谈可能占用您约40分钟,对于您的理解与支持,我们深表感谢！

　　访谈日期：＿＿＿＿＿＿＿＿＿　访谈地点：＿＿＿＿＿＿＿＿＿
　　受访者基本信息：
　　(年龄＿＿＿＿＿,性别＿＿＿＿＿,教龄＿＿＿＿＿,职务＿＿＿＿＿,职称＿＿＿＿＿,学历＿＿＿＿＿)

　　1.贵校职业教育课程建设的理念和目标是什么？职业教育想要达到的教学目标是什么？
　　2.在学校中职阶段,中职阶段课程内容和教学内容通过什么途径或方式确定？课程设置的重点是什么？存在什么样的问题？对未来开设课程有哪些想法？
　　3.贵校中职阶段学生教育的主要课程模式是什么？为什么？
　　4.贵校职业教育段教材的来源都有哪些？学校如何开发校本教材(成果,困难)？您认为如何更好地进行校本教材开发？
　　5.对贵校职业教育课程评价都有哪些？如何评价(评价的主体、范围与方式)？
　　6.贵校中等职业教育是如何与高等职业教育课程衔接的？

附录5 学生访谈提纲

亲爱的同学：

您好！我们是陕西师范大学"基于供给侧改革的残疾人职业教育支持保障体系构建的实证研究"课题组,此次访谈主要目的是了解残疾人职业教育在供给内容方面的改革情况,以更好地为提升残疾人职业教育的质量提出对策建议。在访谈过程中,您需要回答我们一些问题,为了便于整理,请允许我们使用手机进行录音。我们向您保证,访谈内容与录音仅用于本人学术研究,绝不做其他用途,并对访谈内容严格保密。访谈可能占用您约40分钟,对于您的理解与支持,我们深表感谢!

访谈日期:_____访谈地点:_____

受访者基本信息:

(年龄_____,性别_____,班级_____,学习时间_____,学习内容等级_____,障碍程度_____)

1.你对现在的专业课程学习有什么看法吗？哪些地方满意(或者不满意)？

2.你觉得现在所开职业教育课程能否满足你实际工作的需要？

3.你认为学完职业教育课程后最大的收获是什么？

4.你觉得开设什么样的职业教育课程可以帮助你找到一份满意的工作？

5.你发现学校开设除了基础课程,还有哪些特色课程和拓展课程？

附录6　学校管理者访谈提纲

尊敬的校领导：

　　您好！我们是陕西师范大学"基于供给侧改革的残疾人职业教育支持保障体系构建的实证研究"课题组，此次访谈主要目的是了解残疾人职业教育在供给方式方面的改革情况，以更好地为提升残疾人职业教育的质量提出对策建议。在访谈过程中，您需要回答我们一些问题，为了便于整理，请允许我们使用手机进行录音。我们向您保证，访谈内容与录音仅用于本人学术研究，绝不做其他用途，并对访谈内容严格保密。访谈可能占用您约40分钟，对于您的理解与支持，我们深表感谢！

　　访谈日期：_____访谈地点：_____
　　受访者基本信息：
　　(年龄_____，性别_____，教龄_____，职务_____，职称_____，学历_____)

　　1.贵校职业教育教材的来源都有哪些？您认为如何更好地进行校本教材开发？
　　2.贵校一般如何进行职业教育教学？
　　3.贵校职业教育供给方式有哪些需要改进的地方？
　　4.贵校中职学段的职业教育资源配置如何？能满足职业教育需求吗？
　　5.目前政府、企业、学校对学生的职业学习、就业有什么支持吗？

附录 7　教师访谈提纲

尊敬的老师：

您好！我们是陕西师范大学"基于供给侧改革的残疾人职业教育支持保障体系构建的实证研究"课题组,此次访谈主要目的是了解残疾人职业教育在供给方式方面的改革情况,以更好地为提升残疾人职业教育的质量提出对策建议。在访谈过程中,您需要回答我们一些问题,为了便于整理,请允许我们使用手机进行录音。我们向您保证,访谈内容与录音仅用于本人学术研究,绝不做其他用途,并对访谈内容严格保密。访谈可能占用您约 40 分钟,对于您的理解与支持,我们深表感谢!

访谈日期：_____ 访谈地点：_____

受访者基本信息：

(年龄_____,性别_____,教龄_____,职务_____,职称_____,学历_____)

1.贵校职业教育教材的来源都有哪些? 您认为如何更好地进行校本教材开发?

2.贵校一般如何进行职业教育教学? 有哪些需要改进的地方?

3.贵校中职学段的职业教育资源配置如何? 能满足职业教育需求吗?

4.贵校职业教育资源都有哪些供给渠道和供给主体? 您对其未来发展有什么建议?

5.您认为发展特殊教育学校职业教育是否有必要? 如果把学生的职业教育部分交给职业教育学校来做,您认为怎么样?

6.毕业生就业情况如何? 主要有哪些就业渠道? 这些就业渠道主要是由哪些供给主体提供的?

7.目前企业、学校及家长对学生的职业学习、就业有什么支持吗?

附录8　家长访谈提纲

尊敬的家长朋友:

您好! 我们是陕西师范大学"基于供给侧改革的残疾人职业教育支持保障体系构建的实证研究"课题组,此次访谈主要目的是了解残疾人职业教育在供给方式方面的改革情况,以更好地为提升残疾人职业教育的质量提出对策建议。在访谈过程中,您需要回答我们一些问题,为了便于整理,请允许我们使用手机进行录音。我们向您保证,访谈内容与录音仅用于本人学术研究,绝不做其他用途,并对访谈内容严格保密。访谈可能占用您约40分钟,对于您的理解与支持,我们深表感谢!

访谈日期:＿＿＿＿＿＿＿＿＿　访谈地点:＿＿＿＿＿＿＿＿＿

受访者基本信息:

(年龄＿＿＿＿,性别＿＿＿＿,学生班级＿＿＿＿,学生学习时间＿＿＿＿,与学生关系＿＿＿＿)

1.您觉得学校对孩子的培训或教育效果是否明显? 您认为目前还需要哪些必要的技能培训?

2.您对目前职业班的课程设置是否满意? 您认为学校开办的职业班有哪些方面需要改进?

3.孩子在家会对所学到的职业技能进行巩固和练习吗? 您为此提供了哪些帮助?

4.孩子所在学校对孩子未来就业提供了哪些帮助? 可以举例说说吗?

5.您对孩子的未来就业有什么期望? 您认为目前家庭对学生的职业学习、就业有什么支持吗?

附录9 学校管理者访谈提纲

尊敬的校领导：

您好！我们是陕西师范大学"基于供给侧改革的残疾人职业教育支持保障体系构建的实证研究"课题组，此次访谈主要目的是了解供给队伍建设方面的改革情况，以更好地为提升残疾人职业教育的质量提出对策建议。在访谈过程中，您需要回答我们一些问题，为了便于整理，请允许我们使用手机进行录音。我们向您保证，访谈内容与录音仅用于本人学术研究，绝不做其他用途，并对访谈内容严格保密。访谈可能占用您约40分钟，对于您的理解与支持，我们深表感谢！

访谈日期：_____访谈地点：_____
受访者基本信息：
（年龄_____，性别_____，教龄_____，职务_____，职称_____，学历_____）

1.学校设立职业班的原因是什么？

2.职业班的设立取得了哪些方面的成效？

3.贵校职业教育的师资（专业背景、特教背景等教师）是否充足？

4.贵校职业教育的师资能否满足职业教育的需求？

5.您对职业教育的师资队伍建设有哪些建议？

6.您认为如何鼓励教师更好地参与校本教材开发？

7.您对发展残疾人中等职业教育师资队伍建设有什么建议？

8.目前政府、企业、学校对教师的职业发展有什么支持吗？

附录10　教师访谈提纲

尊敬的老师:

您好! 我们是陕西师范大学"基于供给侧改革的残疾人职业教育支持保障体系构建的实证研究"课题组,此次访谈主要目的是了解供给队伍建设方面的改革情况,以更好地为提升残疾人职业教育的质量提出对策建议。在访谈过程中,您需要回答我们一些问题,为了便于整理,请允许我们使用手机进行录音。我们向您保证,访谈内容与录音仅用于本人学术研究,绝不做其他用途,并对访谈内容严格保密。访谈可能占用您约40分钟,对于您的理解与支持,我们深表感谢!

访谈日期:_____访谈地点:_____

受访者基本信息:

(年龄_____,性别_____,教龄_____,职务_____,职称_____,学历_____)

1.您的专业方向? 职称? 从事职业教育有多长时间? (或从事特殊教育有多长时间?)

2.进入学校中职阶段学习,对学生的能力或者水平有什么要求? 与普通学生在学习专业课方面有什么不一样? 专业课对残疾学生难度大吗?

3.发展特殊教育学校职业教育是否有必要? 如果把学生的职业教育部分交给职业教育学校来做,您认为怎么样?

4.贵校职业教育课程建设的理念和目标是什么? 职业教育想要达到的教学目标是什么?

5.在学校中职阶段,中职阶段课程内容和教学内容通过什么途径或方式确定? 课程设置的重点是什么? 存在什么样的问题? 对未来开设课程有哪些想法?

6.贵校职业教育段的师资(专业背景、特教背景等教师)是否充足? 能否满足职业教育的需求?

7.您对职业教育段的师资队伍建设有哪些建议?

附录 11　学生访谈提纲

亲爱的同学：

　　您好！我们是陕西师范大学"基于供给侧改革的残疾人职业教育支持保障体系构建的实证研究"课题组,此次访谈主要目的是了解供给队伍建设方面的改革情况,以更好地为提升残疾人职业教育的质量提出对策建议。在访谈过程中,您需要回答我们一些问题,为了便于整理,请允许我们使用手机进行录音。我们向您保证,访谈内容与录音仅用于本人学术研究,绝不做其他用途,并对访谈内容严格保密。访谈可能占用您约 40 分钟,对于您的理解与支持,我们深表感谢!

　　访谈日期：_____访谈地点：_____
　　受访者基本信息：
　　(年龄_____,性别_____,班级_____,学习时间_____,学习内容等级_____,障碍程度_____)

　　1.你为什么选择现在所学的专业?
　　2.你对现在的专业课程老师的教学有什么看法? 哪些地方满意(或者不满意)?
　　3.你认为现在老师的教学方式怎么样?
　　4.你认为什么样的教学方式会更好地提升你的专业技能?
　　5.你觉得现在所开职业教育课程能否满足你实际工作的需要?
　　6.你认为学完职业教育课程后最大的收获是什么?
　　7.毕业后,你想做什么工作?
　　8.你觉得开设什么样的职业教育课程可以帮助你找到一份满意的工作?

附录 12　企业管理者访谈提纲

尊敬的领导：

您好！我们是陕西师范大学"基于供给侧改革的残疾人职业教育支持保障体系构建的实证研究"课题组,此次访谈主要目的是了解对残疾人职业教育在供给保障方面的改革情况,以更好地为提升残疾人职业教育的质量提出对策建议。在访谈过程中,您需要回答我们一些问题,为了便于整理,请允许我们使用手机进行录音。我们向您保证,访谈内容与录音仅用于本人学术研究,绝不做其他用途,并对访谈内容严格保密。访谈可能占用您约 40 分钟,对于您的理解与支持,我们深表感谢！

访谈日期：_____访谈地点：_____

受访者基本信息：

(工作单位_____,年龄_____,职务_____,学历_____)

1.您能谈一谈贵企和设置残疾人职业教育的学校所开展的校企合作的合作内容是什么吗？具体是如何实施的？动力机制是什么？

2.您认为校企合作对学校和企业都产生了哪些影响？

3.您认为从事贵企目前所设置的岗位工作的残疾学生需要具备的职业能力包括哪些？

4.结合您的企业,谈谈对于刚毕业的相关专业的残疾学生来说,通常就职于哪些岗位？从职场新手到胜任工作大约需要多少时间、经历哪些阶段？

5.根据您的了解,对于残疾学生而言,若要胜任上述职业岗位,应具备何种专业技能和专业知识(职业资格证书)？

6.您对贵企业已就职的残疾人或参与实习的残疾学生的职业能力有何评价(优势和不足有哪些)？

7.你认为残疾学生普遍欠缺的职业能力是什么,对于提升这方面的能力您有什么具体的建议？

附录 13　教师访谈提纲

尊敬的老师：

　　您好！我们是陕西师范大学"基于供给侧改革的残疾人职业教育支持保障体系构建的实证研究"课题组，此次访谈主要目的是了解对残疾人职业教育在供给保障的改革情况，以更好地为提升残疾人职业教育的质量提出对策建议。在访谈过程中，您需要回答我们一些问题，为了便于整理，请允许我们使用手机进行录音。我们向您保证，访谈内容与录音仅用于本人学术研究，绝不做其他用途，并对访谈内容严格保密。访谈可能占用您约 40 分钟，对于您的理解与支持，我们深表感谢！

　　访谈日期：_____访谈地点：_____
　　受访者基本信息：
　　（年龄_____，性别_____，教龄_____，职务_____，职称_____，学历
_____）

　　1.您的专业方向？职称？从事职业教育有多长时间？（或从事特殊教育有多长时间？）

　　2.进入学校中职阶段学习，对学生的能力或者水平有什么要求？与普通学生在学习专业课方面有什么不一样？专业课对残疾学生难度大吗？

　　3.贵校职业教育的师资（专业背景、特教背景等教师）是否充足？能否满足职业教育的需求？您对职业教育的师资队伍建设有哪些建议？

　　4.贵校职业教育教材的来源都有哪些？学校如何开发校本教材（成果，困难）？您认为如何更好地进行校本教材开发？

　　5.贵校一般如何进行职业教育教学？有哪些需要改进的地方？

　　6.毕业生就业情况如何？原因？

　　7.目前学校和企业对学生的职业学习、就业有什么支持吗？

附录 14　访谈记录分析表

访谈对象编号：

访谈对象：

访谈日期：

访谈地点：

访谈次数：

基于供给侧改革的残疾人职业教育支持保障体系构建的实证研究	反思与评价

跋

  2017年，笔者的课题"基于供给侧改革的残疾人职业教育支持保障体系构建的实证研究"（BJA170099）有幸获得国家社会科学基金教育学一般课题立项。能够负责国家级课题，笔者备感荣幸，但很快就感受到了国家课题结项的压力，从获得课题的欢快转向结项的压力，担忧因自己的懈怠难以结项。面对国内各地残疾人职业教育的快速发展，对笔者而言，如何快速地在短短三五年时间内到全国各地进行深入的调研，对国内残疾人职业教育开展较好的学校进行经验的总结并提出有效对策，成了迫在眉睫的问题。其中，既要面对新冠疫情防控带来的出行不便，又要处理好自己援疆期间的工作与科研之间的平衡，巨大的压力使我非常焦虑，感到完成课题结项似乎异常艰难。该如何对国内残疾人职业教育开展情况展开深入的实证研究，并使研究结果达成国家项目的结项条件？笔者为此苦闷、焦虑不已。有一天，笔者带队到佛山市顺德启智学校实习，头脑中忽然灵光闪现，何不将我所带的研究生置于国内各地开展残疾人职业教育较好的特殊教育学校进行深入的调研，既进行我所承担的国家课题实证素材的收集，又开展我国残疾人职业教育研究质性资料库的构建，为后续团队深入开展残疾人职业教育积累前期资料。鉴于此，笔者对全国开设有残疾人职业教育的特殊学校进行了简单的罗列，按照地区位置分布进行了筛选，每年选派自己的几位硕士研究生深入全国各地展开实际调研。

  此想法也获得了全国各地特殊教育学校校长的大力支持，在我的博士生导师方俊明先生及南京特殊教育师范学院李泽慧教授的大力推荐和引领下，笔者有幸与全国各地的特殊教育学校校长建立了良好的关系。随着笔者所带研究生到全国各地深入调研残疾人职业教育发展情况，笔者欣喜地发现，此种方式不仅在短时间内实现了对国内残疾人职业教育的深入研究，而且密切了笔者与全国各地特殊教育学校之间的联系。

随着笔者所带研究生在全国多个省份的近20所特殊教育学校开展残疾人职业教育研究材料的积累工作,笔者越来越感受到对此主题展开研究的重要性和紧迫性。笔者近几年也多次到兄弟单位和多个省市进行残疾人职业教育主题的论坛,参与与残疾人职业教育相关的讲座并发言,很多对此领域感兴趣的教师、学生也经常会与笔者进行更为深入、细致的探讨。在对残疾人职业教育不断地探讨和思考中,笔者对残疾人职业教育的想法开始变得清晰,萌生了将相关内容和思考整理出版的想法,希望借助书稿的出版使更多朋友了解并思考国内残疾人职业教育的高质量发展问题。

在书稿交付全国教育规划办结项审核之前,笔者再次对残疾人职业教育进行了认真思考,在书稿后期加工润色中添加了近年来国家有关残疾人职业教育、就业方面的相关政策文件内容,使本书稿的内容更加具有时代性。因为残疾人种类较多,本书没有对残疾职业教育进行细致的种类划分,给研究留下了一定的遗憾。未来在可能的情况下,笔者计划围绕中等智力障碍者展开涉农类职业教育的深入研究,以弥补此遗憾。

本书作为国家社会科学基金教育学一般课题"基于供给侧改革的残疾人职业教育支持保障体系构建的实证研究"(BJA170099)项目的结项成果能够顺利出版,离不开李延平教授、陈秋珠教授、王庭照教授、荆伟副教授、李科博士、李耘秘书长等课题组成员的大力支持,亦与开题、中期检查和成果鉴定的各位专家的辛劳付出和不断督促具有密切的关系,更少不了陕西师范大学社会科学处各位领导以及教育学部科研秘书李少博老师的辛劳付出。在书稿打磨过程中,浙江大学出版社的吴伟伟编辑、梅雪编辑和相关工作人员细致、耐心的工作态度,给笔者留下了深刻的印象,在此再次向她们表示诚挚的感谢!

残疾人职业教育是一个非常值得深入研究的主题领域,国家教育规划课题的项目虽然已经结项,书稿付梓在即,但是,笔者对残疾人职业教育的探讨并不会随书稿的刊出而停止,今后笔者将继续在此领域展开研究。恳请各位专家和读者见到本书后,能够开诚布公地指出不足,以便笔者今后对本研究领域能够进行更全面、系统的完善和思考。

郭文斌

2022 年 10 月 25 日于长安静心斋